# 참여예산

## 시민이 정부를 바꾼다

임성일 · 송창석 · 최인욱 · 김상철

도서출판 해남

# 참여예산 시민이 정부를 바꾼다

초판1쇄 인쇄 2018년 7월 2일
초판1쇄 발행 2018년 7월 6일

지은이 임성일 · 송창석 · 최인욱 · 김상철
발행인 노현철
발행처 도서출판 해남

출판등록 1995. 5. 10 제 1-1885호
주 소 서울특별시 서대문구 충정로 38-12(충정로 3가) 우리타워 6F
전 화 739-4822 팩스 720-4823
이 메 일 haenamin30@naver.com
홈페이지 www.hpub.co.kr

ISBN 978-89-6238-126-9 03350

# 추천사

1989년 브라질에서 처음 시작된 참여예산제도는 지구 반대편인 우리나라를 포함하여 전 세계 약 2,700여 개 도시에서 시행되고 있습니다. 참여예산제도는 단순히 주민의 감시나 불편함을 호소하는 의견 제시가 아닙니다. 주민이 필요한 사업을 제안하고 주민이 심사하고, 주민이 직접 사업을 선정함으로써 재정 민주주의를 촉진하는 데 큰 의미가 있습니다.

참여예산제도가 시행되기 전에는 자치단체장과 공무원들이 폐쇄적이고 독점적으로 행사해 왔던 예산 편성에 대해 시민과 함께 계획을 공유하고, 예산 편성 권한을 행사하도록 함으로써, 참여와 자기결정이라는 지방자치의 이념을 구현할 수 있는 매우 중요한 제도입니다.

이와 같은 이유로 세계은행과 UN에서는 예산 편성 과정에 주민 참여를 보장하여 예산의 투명성과 재정민주성을 증대하여 참여 민주주의를 활성화시킬 수 있는 혁신적인 제도라고 극찬하고 있습니다. 서울시도 이와 같은 흐름에 부응하여 시민단체와 시의회가 긴밀히 협의한 끝에 2012년 조례를 제정하였고, 매년 새로운 쟁점을 만들어 내고 그에 따라 제도를 수정하고 보완하면서 한층 성숙한 제도로 발전시켜 나가고 있습니다. 현재까지 25개 구청과 긴밀히 협조하며 제도 정착을 위해 계속 진화하고 있고, 시민 스스로 원하는 서울의 모습을 만들기 위해 사업을 제시하고 채택될 수 있도록 노력하고 있습니다.

이 책은 참여예산제도의 태동과 발전에 대한 국내 · 외 사례와 의의를 학문적으로 재조명해 보는 차원에서 한 발 더 나아가 직접 이 제도를 운영함에 있어 관계공무원과 참여예산위원들이 손쉽게 적용할 수 있도록 매뉴얼 형식으로 작성한 소중한 자료입니다. 공동 필자 4명은 모두 서울특별시 참여예산지원협의회 위원으로 제도 도입 초기부터 현재까지 열성적으로 활동해 온 전문가와 현장 활동가들이며, 서울시의 참여예산제가 안정적이고 모범적으로 정착될 수 있도록 헌신적인 노력과 열정을 기울여 왔습니다. 이 자료가 더욱 많은 시민의 관심과 애정을 이끌어 내고, 대한민국의 참여예산제도가 한 단계 더 성장하는 데 디딤돌이 될 것으로 확신하며 그동안 제도 정착을 위해 노력해 주신 저자들의 헌신과 열정에 감사드립니다.

참여예산제도는 시민들의 것입니다. 이 책자 발간을 계기로 우리 사회에서 참여예산제도가 더욱 활성화되고 지방자치를 더욱 풍요롭게 만드는 견인차 역할을 할 수 있기를 기대합니다.

2018년 6월 25일

서울특별시장 박원순

# 서문

오늘날 참여예산제도는 민주주의의 신 발명품이자 풀뿌리 민주주의의 새로운 스타로 등장해 있다. 참여예산제도가 추구하는 기본 가치는 민주성, 대화와 소통, 신뢰, 사회적 포용 등인데, 이 중에서도 특히 의사소통과 '대화의 가치'(value of dialogue)를 존중하고 그것을 통해 예산 의사 결정 방식을 바꾸는 것은 참여예산의 정수(精髓)이다. 참여예산제도의 가장 큰 매력은 정부의 예산 운영에 주민의 목소리와 판단을 질서 있게 투영시키는 풀뿌리 민주주의의 실현에 있다. 무엇보다도 주민이 직접 예산 결정 과정에 참여해서 자기의 의견과 목소리를 내고 영향력을 행사할 수 있는 기회를 열어 준 점에서 참여예산제도는 정부와 국(주)민 간의 관계에 신기원을 이루었다.

새롭게 거듭난 정부와 주민 간의 관계에서는 과거와 다른 새로운 게임의 룰이 양자 간에 형성되고, 새로운 예산 스토리가 창출된다. 이때 만들어지는 스토리는 정부와 의회(국회, 지방의회)가 주인공이던 전통적인 틀과 구조를 벗어나 주민(시민)이라는 제3의 주인공이 합세하여 새롭게 구성된다. 이제 예산을 둘러싼 핵심 플레이어가 종전의 2원 체제에서 3원 체제로 변화되고, 각 플레이어의 권한과 역할에 거시적 · 미시적 조정이 가해진다. 만일 이러한 새로운 관계와 구조가 잘 형성되어 작동한다면, 이미 참여예산의 모범 국가들이 경험한 바와 같이 예산 의사 결정의 민주화, 재정 투명성, 재정 운영의 효과성(주민의 의사와 수요의 효과적 구현), 정부 운영의 총체적 책임성 향상 등의 효과가 나타난다. 한마디로, 정부의 거버넌스 방식과 공적 책임성에 신선한 변화의 바람이 일어나고, 정부(국가, 지방자치단체)와 국(주)민 간에 새로운 신뢰 관계가 형성된다.

참여예산제도는 1989년에 브라질의 포르투알레그리(Porto Alegre)에서 세계 최초로 실시되었다. 놀랍게도 이것이 지난 28년 이상 전 세계를 휘저으면서 지구촌 곳곳에 막대한 영향을 미쳤다. 일정 기간 브라질에서 활성화되다가 남미 지역으로 크게 번졌고, 그 후 유럽, 아시아, 북미, 아프리카 등 전 세계로 확산되는 위력을 과시하였다. 그 배경에는 각국의 정치 · 경제 · 사회적 차이에도 불구하고 참여예산의 취지와 지향 가치 그리고 목표가 그 모든 차이를 넘어 풀뿌리 민주주의와 재정 민주주의를 구현할 수 있는 매력과 혁신적 특성(창조성)이 든든히 버티고 있었다. 무엇보다도 이해관계자 간의 대화와 소통을 통해 정부의 예산 독주를 차단하고 상호 협력적 상승 관계를 도모할 수 있는 취지와 수단과 과정을 참여예산제도가 보유하고 있었기에 그것이 가능하였다. 실로 참여예산제도를 대단한 민주주의의 창조물이라고 말하지 않을 수 없다. 각국의 경험 사례를 보면, 참여예산제도가 시민의 합리적 사고와 응집된 힘을 공공 부문에 밀어 넣어 정치 · 행정과 시민 간에 새로운 균형과 효율을 도모하는 현상들이 나타나고 있다.

이 책은 참여예산제도가 국(주)민과 시민사회의 열망과 지지를 업고 우리나라의 예산 운영 방식에 새롭고 참신한 변화의 바람을 불러일으키는 데 일조할 목적으로 집필되었다. 이러한 목적 하에 이 책은 크게 다음의 세 부분으로 구성되어 있다.

첫째 부분(제1부, 제2부)은 참여예산제도가 무엇이고 어떤 배경과 목적 하에서 도입되었으며, 제도의 장점과 순기능 및 위험 요인이 무엇인지에 대해 전반적으로 기술하고 있다. 그리고 여기서는 참여예산제도가 1989년에 브라질의 포르투알레그리시에서 처음 도입된 이후 지난 28년간 전 세계로 확장된 배경과 과정에 대하여 전체 맥락을 중심으로 살펴보고 있다. 그 과정에서는 민주주의와 경제가 상대적으로 낙후된 브라질과 남미에서 활성화된 참여예산제도가 민주주의와 경제의 선진국인 유럽과 북미에서 어떻게 각광을 받게 되었는지, 아프리카와 아시아 지역은 어떤 이유와 배경에서 참여예산제도를 수용하였는지 등에 대해 개괄적으로 다루고 있다. 그리고 참여예산제도가 전 세계로 퍼져 나가면서 국가와 지역에 따라 그 모습과 실체가 어떻게 달라지고, 또한 어떤 형태와 내용에 중점을 두고 있는지에 대하여도 기술하고 있다.

두 번째 부분(제3부, 제4부)은 우리나라에 초점을 두고 참여예산제도의 도입 배경과 현황 및 운영 실태에 대해 거시적으로 점검하면서 일부 미시적 현상과 사안에 대하여 다루고 있다. 그 과정에서는 현행 주민참여예산제도의 현상과 순기능에 대하여 기술하는 한편 문제와 한계에 대하여도 객관적으로 기술하고자 노력하고 있다. 그리고 주민참여예산제도의 현상에 대한 진단을 토대로 참여예산의 중장기 발전 방안을 모색하고 있다. 이것은 궁극적으로 다수 주민의 참여에 의한 예산 의사 결정, 주민의 목소리와 재정 수요가 민주적 절차와 방법을 통해 충실히 반영되는 재정 민주주의(fiscal democracy)의 구현, 그리고 국가와 지방자치단체의 재정 투명성 및 책임성 제고에 초점을 맞춘다.

세 번째 부분(제5부, 제6부)은 지방자치단체(또는 공공기관)가 참여예산제도를 실시할 경우, 그리고 실시하면서 고민하거나 개선해 나가는 과정에서 실제로 직면하는 여러 가지 과정과 절차, 수단과 방법, 주요 내용과 이슈, 그리고 지역의 환경과 여건에 따라 탄력적으로 고려해야 할 특수하고 고유한 이슈들에 대해 체계적으로 다루고 있다. 한마디로, 이 부분은 참여예산의 지침서(guidebook, tool-kit)를 목표로 기술되었다. 이와 관련하여 참여예산의 기본 단계(과정)와 주제로부터 세부적인 절차와 현안 및 조건들에 관한 내용들을 가능한 체계적이면서 간단명료하게 기술하고자 노력하였다. 제6부에서는 지금까지 주민참여예산제도를 비교적 충실히 실시하고 있는 국내 수범 단체의 실시 현황을 살펴보고, 각종 참신하고 좋은 사례에 대해 일정한 잣대를 두고 점검·정리하고 있다.

이 책을 집필하면서 일관되게 강조하는 것은 참여예산제도의 본래 취지와 기본 가치가 한국적 상황과 특성에 매우 잘 녹아져서 정부(국가, 지방자치단체)와 국(주)민 간에 새로운 협력적 관계, 신뢰 관계가 구축되어 '우리들의 돈(예산)'이 국(주)민의 목소리와 수요를 가장 적절히 포용하는 방식으로 사용되는 변화이다.

책의 집필과 관련하여 몇 가지 간단히 언급하고자 한다. 먼저, 제1부에서 제4부까지는 임성일이 주된 집필을 하였고, 그 과정에서는 그동안 필자가 각종 세미나 등(국회, 서울시 등)에서 발표하였던 글들을 상당 부분 직접 활용하거나 수정 보완해서 활용하였다. 제5부와 제6부는 송창석, 최인욱, 김상철 세 사람이 주도적으로 기술하였으며, 그 과정에서는 다년간 축적된 시민단체 활동 경험이 충실히 반영되었다.

끝으로, 이 책의 출간을 위해 많은 관심과 지원 그리고 좋은 조언을 아끼지 않으신 도서출판 해남의 노현철 대표님께 깊은 감사를 드린다.

2018년 6월 22일<br>저자 대표 임성일

# 차례

# 제2부 참여예산제도의 세계적 도입과 확산



# 제3부 우리나라 참여예산제도의 현 주소: 도입과 경험



# 제4부 주민참여예산제도의 발전 방향: 전환과 과제(참여예산 버전 2.0)

## 제5부 참여예산 어떻게 하나요?: 가이드북



## 제6부 참여예산 우수 사례

제 1 부

# 참여예산제도의 개요

1. 참여예산제도의 개념: 제3의 주인공 등장
2. 참여예산제도의 특징: 빅 텐트, 광장
3. 새로운 가치 추구와 시민참여제도의 새로운 지평
4. 참여예산제도의 힘: 대화와 소통
5. 참여예산제도는 정치 · 행정 · 사회 변화의 원동력
6. 참여예산제도와 시민사회 역량 강화
7. 참여예산의 긍정적 파급 효과와 위험성
8. 참여예산제도의 성공 요인, 지방의회와의 관계
9. 참여예산제도의 운영 기구
10. 주민의 예산 관여 단계와 방식 및 한계

1

## 참여예산제도의 개념: 제3의 주인공 등장

### 참여예산제도란 무엇인가?

참여예산제도는 정부가 결정해 오던 예산의 일부를 시민이 직접 결정하는 제도이다. 그리고 참여예산제도는 시민이 직접 예산을 결정하지 않더라도 예산의 편성과 운영 과정에 시민의 원함과 목소리가 적극 반영될 수 있도록 지방자치단체와 정치가에게 자극과 압박을 주는 제도이다. 그렇다고 하더라도 참여예산제도는 국(주)민이 국가나 지방자치단체와 각을 세우고 다투도록 만든 제도가 아니다. 참여예산제도는 정부(행정부)의 예산 편성 기능과 권한을 주민과 나누는 새로운 협력적 정부 운영 시스템이다.

참여예산제도가 지니는 가장 큰 매력은 정부의 예산 운영에 주민의 목소리와 판단을 강하게 투영시키는 풀뿌리 민주주의의 실현에 있다. 그 과정에서는 당연히 기회 균등 원리가 적용되고 민주적 절차와 방법이 사용된다. 참여예산은 주민이 직접 예산 결정(사업과 금액의 결정) 과정에 참여해서 자기의 의견을 피력하고 영향력을 행사할 수 있는 기회를 열어 준 점에서 정부와 국(주)민 간의 관계에 신기원을 이루었다. 이때 기회의 참된 의미는 단순한 참여에 있지 않고, 주민의 재정 수요와 목소리가 예산에 반영되고 영향을 주는 데 있다.

참여예산제도는 제도와 관행에 의해 예산 과정(budget process)에서 늘 배제되었던 주민들을 예산이라는 광장에 초대하여 일정한 영역에서 관여하고 영향력을 행사하도록 만들어 주는 매우 참신한 민주주의의 발명품이다. 이때 주민의 관여 범위와 영향력의 행사 수준에 따라 행정부와 의회가 독점해 왔던 전통적 의사 결정 방식과 권한에 크고 작은 변화가 일어난다. 작게는 정부와 의회가 주민의 목소리에 귀를 기울이고 예산 운영에 주민의 눈치를 보는 변화가 나타난다. 그리고 크게는 시민들이 시장과 공무원을 대신하여 직접 예산 운용(즉, 어떤 사업에 얼마의 예산을 투입할지에 대한 운영)을 결정하는 획기적인 변화가 나타난다. 전자가 주민의 필요와 바람을 이전보다 좀 더 잘 파악해서 반영하는 변화라면, 후자는 행정 권한의 일부를 주민에게 넘겨주는 엄청난 변화이다. 어느 것이든 정부와 시민 간의 관계가 새롭게 거듭난다. 그리고 과거와 전혀 다른 새로운 게임의 룰(rule of game)이 양자 간에 만들어진다.

조금 쉽게 비유적으로 설명해 보자. 참여예산제도의 도입은 가정에서 아빠와 엄마가 늘 각종 의사 결정을 도맡아 해오던 관행이 깨어지고, 이제는 자녀들의 생각과 목소리가 가정사에 적극적으로 반영되는 가족 관계의 변화와 비슷하다. 이때 사안에 따라서는 엄마와 아빠의 의사 결정 권한 중 일부가 통째로 자녀들에게 넘어가는 변화도 생겨난다. 예를 들어, 매년 엄마와 아빠가 결정하던 여름 가족 여행 계획에 관한 모든 권한을 이제는 자녀들이 넘겨받아 서로 협의해서 계획을 짜고 결정하는 변화이다(이것은 권한 이양에 해당한다). 물

참여예산제도 비유: 아빠 · 엄마 권한의 자녀 이양

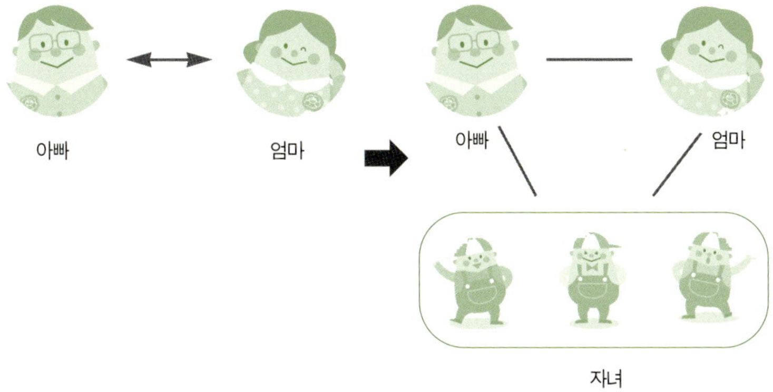


론 이때 부모는 자녀들이 사용할 수 있는 예산의 총액(예컨대, 전체 국내 가족 여행 비용 100만 원)을 정해 준다. 그리고 여행 계획을 짜면서 반드시 해서는 안 되는 최소한의 조건 내지 구상(예컨대, 청소년들에게 적절하지 않은 물건의 구매나 여행 계획, 일부 가족이 원하지 않는 계획 등)을 한두 가지 정도 제시할 수 있을 것이다. 만일 자녀들이 제시된 조건을 위배하지 않고 민주적 절차(대화, 소통, 합의, 투표 등)에 따라 여행 계획을 잘 만들었다면, 부모가 할 일은 그것을 그대로 수용해서 실천하는 일뿐이다. 그 외에도 자녀들이 매주 한 시간 정도 시간을 내어서 여러 가지 가정사(집안일)의 운영에 대해 서로의 의견을 교환한 다음(필요하다면 몇 가지 조사와 연구를 함) 하나의 합의된 의사와 사려 깊은 목소리를 엄마와 아빠에게 나타낼 수 있다. 이때 엄마 · 아빠는 과거와 달리 아이들의 목소리에 귀를 기울이고, 가능하면 그것을 가정사에 반영하도록 노력한다. 이와 같은 예시는

### 우리나라의 참여예산제도는 세계에서 몇 안 되는 법정 제도

우리나라는 참여예산제도를 법률에 의해 실시하는 세계에서 몇 손가락 안에 드는 나라에 속한다(도미니카공화국, 칠레, 폴란드 등). 현재 주민참여예산제도는 지방재정법(제39조)과 동법 시행령(제46조)에 근거하여 모든 지방자치단체가 실시해야 하는 법직 의무 제도로서 전국적으로 실시 중에 있다. 동 법령에서는 지방 예산의 편성 과정에 주민 참여의 문호 개방과 절차를 마련할 것과 아울러 주민의 참여 범위와 운영 절차 및 방법 등에 관한 세부 실시 사항을 조례로 정할 것을 의무 사항으로 규정하고 있다.

참여예산제도에 대한 이해를 돕기 위해 단순화한 설명이다.

참여예산제도가 실시되면 지방자치단체와 지방 정치가들은 달라진 주민의 권한을 인정하고, 민주적 절차를 거쳐 나오는 주민의 응집된 목소리와 판단을 가능한 예산에 반영하도록 노력해야 한다. 그 이유는 참여예산제도의 취지가 국(주)민이 부담한 공적 자금(즉, 예산)의 사용을 결정하는 광장에 주민들을 초대하여 주민으로 하여금 자신이 원하는 재정 수요를 표현하고, 때로 예산 결정에 관여하도록 해주는 데 있기 때문이다. 그리고 참여예산제도와 그 기구는 모든 주민의 목소리가 정부 내에서 잘 들릴 수 있도록 강하고 힘 있게 전달해 주어야 하는 시대적 사명을 지닌다. 참여예산의 본질은 주민의 목소리를 예산 수치로 변화시키는 것이다. 예산은 정부의 철학과 가치와 정책을 담은 국민과의 약속이지만, 그것은 기본적으로 국민의 수요와 목소리를 충실히 담고 있어야 한다. 완전한 참여예산제도 하에서는 누가 말한 것처럼, 행정의 현장에서 모든 주민의 목소리가 들려지고 인정되어야 한다.

참여예산제도를 움직이는 원동력은 주민의 '관심과 참여', '목소리와 의

### 참여예산제도는 민주주의의 창의적 발명품

참여예산제도는 정부 운영과 공공 행정 분야에서 세계적인 금자탑을 이루었다고 말할 만큼 획기적이고 창의적인 민주주의 발명품이다. 정부의 예산 운영에 시민 참여라는 직접 민주주의 요소를 가미하여 정치와 행정의 독주를 막는 민주주의의 신제품이다. 특히, 참여예산제도가 시민의 합리적 사고와 응집된 힘을 공공 부문에 밀어 넣어 정치 · 행정과 시민 간에 새로운 균형과 효율을 도모한 것은 실로 제도적 묘미이자 매력이다. 참여예산제도를 세계에서 처음으로 실시한 브라질의 포르투알레그리(Porto Alegre)시는 과거 세계에서 무명 도시였지만, 참여예산제도가 성공을 거두자 일약 세계적으로 명성이 자자한 유명 도시가 되었다.

주: 이 책에서 사용되는 '주민'과 '시민' 용어는 동일한 개념으로 문맥과 상황에 따라 양자를 편의적으로 사용하고 있다.

견', '대화와 소통', '시민 영향력의 존중과 실천'이다. 이들은 정부와 국(주)민 간에 새로운 빛을 비추어 주고, 궁극적으로 정부의 책임성과 투명성을 높여 주며, 나아가 국(주)민 친화적인 행정 서비스의 품질 향상을 추구한다.

## 정부 예산 운영에 제3의 주인공 등장

참여예산제도는 정부의 예산 운영에 제3의 주인공, 즉 '시민 주인공'이 등장해서 활약하는 내용을 핵심 스토리로 한다. 참여예산제도가 도입되기 전까지는 정부가 예산을 짜면 의회(국회, 지방의회)가 예산안을 심의 · 확정하고, 확정된 예산을 정부가 집행하는 예산 스토리가 매년 반복되었다. 따라서 국민의 세금을 사용하는 복잡다단한 '예산 스토리'는 행정부(집행부)와 의회라는 두 주인공(플레이어(player))이 만들어 내었다. 보통 뉴스에 나오는 크고 작은 예산 이야기들은 결국 이들 두 주인공이 연출해 내는 작품들이다. 그러던 것이 참여예산제도라는 획기적인 창조물이 개발되자 이제는 기존의 두 주인공 외에 주민(시민)이라는 제3의 주인공이 등장하는 새로운 예산 스토리가 만들어지기 시작하였다. 따라서 많은 사람들은 참여예산의 등장을 통해 그동안 식상했던 정부의 예산 스토리가 보다 새롭고 신선하게 다시 만들어지기를 기대한다. 조금 과장하면 보다 흥미진진하고, 자신에게 와 닿으며, 국민에게 감동을 주는 드라마틱한 예산 드라마가 연출될 수 있기를 기대한다.

참여예산제도가 등장하면서 가장 두드러지게 나타나는 현상은 예산에 관한 의사 결정 방식과 권한의 변화이다. 한마디로, 행정부와 의회의 권한은 과거에 비해 줄어들고, 주민과 시민사회의 권한과 역할은 전에 없이 증강된 모습으로 부상한다. 예산을 둘러싼 핵심 플레이어가 종전의 2원 체제에서 3원 체제 내지 다극 체제로 변화됨에 따라 각 플레이어의 권한과 역할에 거시적 · 미시적 조정이 가해진다. 이 과정에서 각 플레이어 간의 관계가 새롭게 설정되는 것은 당연하다.

새로운 관계는 기본적으로 긴장과 견제 관계를 포함하지만, 궁극적으로 수평적 · 협력적 관계를 지향한다. 무엇보다도 중요한 것은 정부와 주민, 주민과 주민 간에 서로를 제대로 이해하고 소통과 신뢰를 구축해 나가는 새로운 관계 설정의 변화이다. 이러한 변화가 순조롭게 잘 진행되면 예산이 만들어지고 사용되는 과정과 내용 그리고 사용된 결과를 담는 예산 스토리가 과거와 크게 달라진다. 뒤에서 자세히 설명되지만, 참여예산제도의 운영 품질과 창의성이 높아질수록 예산 스토리는 점점 다양하고 풍부해진다. 다양하고 풍부해지는

정부의 예산 결정 주체(전통적 주체, 새로운 주체)

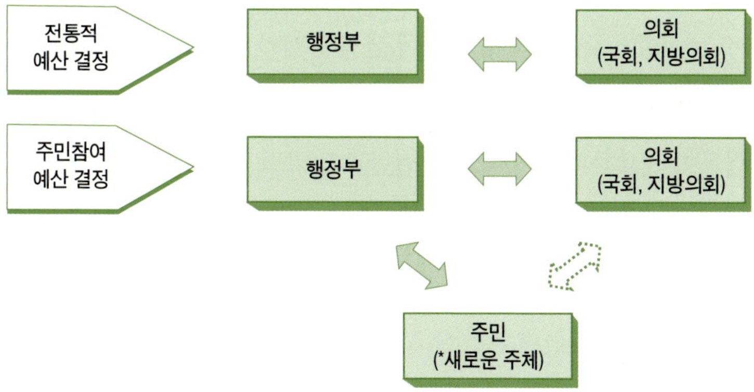


예산 스토리는 고스란히 국민의 영양제가 되고, 정부 운영의 활력소가 된다. 이것은 행정 서비스의 질과 국민 만족도를 높여 주고, 정부와 국민의 공적 책임성을 강화해 준다.

제3의 주인공이 등장하는 참여예산은 주민, 시민사회(조직), 모든 수준의 정부와 의회, 공공 서비스 등의 역학 관계에 전면적인 변화를 몰고 온다. 그리고 제3의 주인공이 품고 있는 '풀뿌리의 힘'이 정치 · 행정 · 입법을 가로지르면서 새로운 정책적 · 정치적 스토리를 다양하게 엮어 낸다.

## 참여예산의 도입 배경: 정부는 진정 국(주)민의 재정 수요를 반영해 주고 있는가?

지방자치단체들이 예산을 사용해서 다양한 공공 서비스를 제공하지만 그것이 실제로 주민이 필요로 하는 수요를 제대로 충족시켜 주고 있는지에 대하여는 사실 많은 사람들이 의구심을 갖는다. 지역에 따라 차이가 있기는 하지만, 이것은 지방자치단체와 주민 간에 신뢰 관계가 튼튼하지 못함을 의미한다. 이러한 현실을 타개하려면 국가와 지방자치단체의 운영 방식과 통치 방식에 일대 전환이 필요하다. 무엇보다도 권한과 영향력을 분산하고, 그것을 행사하는 구조와 과정을 새롭게 혁신해야 한다. 중앙정부와 지방정부, 정부 내부의 조직 계층, 그리고 정부와 국민(주민) 간에 권한과 영향력을 분산하는 동시에 상호 협력적으로 의존하는 유연한 사고방식과 제도의 변화가 반드시 필요하다.

역사적으로 참여예산제도가 도입되기 이전에는 정부의 예산이 행정부와 의회 두 주체(기구)에 의해 주도되었다. 두 주체는 국(주)민의 선거에 의해 당선된 정치가와 관료(공무원)들로 구성되며, 이들의 존재 의의는 국민이 원하는 행정 서비스를 효율적이고 공평하게 공급하는 데 있다. 의회(국회와 지방의회)는 국민과 지역 주민을 대표하여 국(주)민이 원하는 바를 적극적으로 예산에 반영하고, 국민의 세금이 가장 값있게 사용될 수 있도록 행정부를 견제하고 촉구하는 사명을 지닌다.

그러나 오늘날의 현실은 안타깝게도 정부의 예산을 결정하는 행정부와 의회가 자신의 존재 의의와 사명을 충실히 이행하지 못하여 국민의 실망과 불만(때로는 분노)을 사고 있다. 이와 같은 상황에서 정부가 운영하는 예산 과정에 주민이라는 제3의 주인공이 새롭게 등장하여 기존의 예산 스토리를 크게 바꾸려는 시도는 참여예산이 갖는 시대적 사명이자 도전이다. 시민과 시민의 대표들이 행정 현장에 직접 뛰어들어 예산 편성의 절차와 내용 그리고 의사 결정(권한)에 이르기까지 광범위하게 영향을 미치는 참여예산제도의 등장은 행정

## 참여예산제도의 도입 배경에는 정부 운영에 대한 국(주)민의 불신과 불만이 있다

참여예산제도는 정부의 재정 활동 전반에 대한 국(주)민의 불신과 불만을 배경으로 탄생하였다. 다시 말해서, 국민이 정부에게 맡긴 세금이 국민이 원하는 방식과 수준으로 사용되지 않는 데 대한 국민의 불신과 불만이 참여예산제도를 촉발시킨 가장 큰 계기라고 말할 수 있다. 이것은 한편으로 공공 부문의 비효율성과 책임성 결여와 같은 정부실패(government failure)에도 기인하지만, 또 다른 한편으로 정보 공개의 부족 등 정부와 국(주)민 사이의 긴밀한 소통과 협력적 경영의 부재에 기인하기도 한다. 이러한 상태에서 진보적 정치 지도자들과 시민사회가 단결하고 나서서 예산 과정에 주민이 직접 참여하여 정부를 향해 자신의 의사와 선호를 피력하고 영향력을 행사하는 새로운 메커니즘, 즉 참여예산제도를 고안한 것이다.

의 효율과 현대화를 촉진시킬 뿐 아니라 정부와 의회로 하여금 바짝 긴장하게 만든다. 다시 말해서, 참여예산은 정부의 행정 활동에 시민 참여의 폭과 깊이를 확장해 줌으로써 정부의 거버넌스(governance) 내지 경영 방식을 향상시키고, 그 결과 행정의 투명성과 책임성, 효과성, 사회적 형평성을 높이는 데 중요한 역할을 한다.

세계은행(World Bank)은 참여예산제도가 그동안 국민의 돈을 어떻게 사용할 것인지를 결정하는 과정에서 철저히 소외되고 무시되었던 국(주)민을 핵심 이해관계자(stakeholder)로 인정해 주고 있는 점을 높이 평가한다. 아울러 참여예산제도가 공공 자원의 배분과 활용에 새로운 역학 관계와 협력 체계를 구축하는 새로운 전기를 가져다준 점에 대하여도 큰 점수를 부여한다. 이러한 이유로 세계은행은 2000년대 이후 후진국과 개발도상국의 참여예산제도 도입을 적극

## 참여예산 Yes, 쪽지 예산 No

참여예산제도가 도입되기 이전에는 항상 정부(행정부)와 의회(국회, 지방의회)가 국(주)민의 세금을 어떻게 사용할지를 독점적으로 결정하였다. 물론 정부와 의회가 국민의 의사와 수요를 완전히 무시하는 방식으로 예산을 운용하는 것은 아니다. 하지만 종종 국민의 수요를 도외시하고 정치적 · 행정 편의적으로 예산을 결정하고 사용하는 행태가 관측되었다.

극단적인 예이지만, 매년 언론에 보도되는 국회의원의 '쪽지 예산' 문제를 지적할 수 있다. 이것은 매년 연말에 국회의 예산 심의 마지막 단계에서 국회의원들이 자기 지역구의 사업을 챙기는 예산 거래 행위를 말한다. 쪽지 예산은 국회와 행정부 간에 이루어지는 일종의 밀실 담합의 예산 거래로서 국민의 수요와 바람을 대표하는 예산 결정 행위와는 거리가 멀다. 쪽지 예산 관행은 예산의 정치적 과정, 특히 부정적 의미의 정치적 과정을 극단적으로 보여 준다.

이러한 행위는 참여예산제도가 제대로 자리를 잡게 되면 더 이상 진행되거나 용납될 수가 없다. 참여예산은 국민과 시민이 정부의 예산 편성에도 직접 개입하지만, 정부와 의회의 예산 활동에 대하여도 깊숙히 모니터링하기 때문이다.

적으로 지원하였다.

2

## 참여예산제도의 특징: 빅 텐트, 광장

### 참여예산은 주민이 쉽게 출입할 수 있는 일상적인 빅 텐트이고 광장이다

참여예산은 주민의 단순한 의사 표시나 제안, 시위와 다르다. 참여예산은 모든 주민들에게 예산에 대한 권한과 영향력을 공적(사회적)으로 행사할 수 있는 기회의 공간을 만들어 준다. 쉽게 말해서, 주민들이 언제나 예산 문제를 가지고 자신의 목소리를 낼 수 있고, 그것을 다른 사람들과 토의하고 협의할 수 있는 빅 텐트(big tent)를 쳐주는 것이 참여예산이다. 빅 텐트는 시청이나 시청 밖의 일정한 물리적 공간(모임의 장소)을 필요로 하지만, 동시에 인터넷 등 전자 매체를 통한 가상 공간에 설치될 수도 있다.

참여예산제도가 도입되기 이전에는 주민이 좋은 정책 아이디어나 청원 또는 민원이 있을 경우 개별적으로 관공서에 가서 제안을 하거나 부탁을 하였다(온라인 포털 등도 가능함). 극단적으로, 주민이 정책에 불만을 갖거나 불이익을 받았다고 생각할 경우 시청 앞에서 혼자 또는 일군의 동조자들과 함께 시위를 하면서 자기 표현을 하였다. 이것은 분산된 시민으로서 할 수 있는 공적 통로이다. 현재 우리나라에서 실시되고 있는 제도화된 주민의 직접 참여 방식으로는 조례 제정・개폐 청구, 주민감사 청구, 주민 투표, 주민소송, 주민소환 등이 있다.

그런데 이들은 참여예산제도와 같은 참여의 연속성(연중 지속적인 모임, 매년 반복되는 예산참여 일정 및 활동 등)과 다수가 함께 모여 소통하는 광장 내지 빅 텐트와 같은 수단과 방법을 갖고 있지 못하다. 대부분 일시적 참여제도로서 목적이 달성되면 주민의 참여는 종료된다. 그리고 주민 상호간에 대화하고 소통할 수 있는 공식 통로도 갖지 못한다. 예를 들면, 주민감사청구제도나 주민투표제도의 경우 감사 청구의 대상이 제시되거나 주민 투표가 완료되면 그것으로 주민의 참여는 일단락된다.

그러나 참여예산제도 하에서는 주민은 언제든지 참여예산이 마련해 둔 광장이나 빅 텐트 아래 모이기만 하면 된다. 그 곳에 가면 자신의 정책 아이디어를 제시할 수가 있고, 시의 예산 사용에 대해 자신의 목소리를 낼 수 있다. 다른 주민과 의견을 교환할 수도 있고, 열띤 토론도 할 수 있다. 굳이 공무원과 다투거나 옥신각신할 필요가 없다. 왜냐하면 참여예산의 광장은 시민들이 자유롭게 국(주)민의 세금, 즉 예산을 어떻게 사용할지에 대해 자신의 생각과 바람을 표출하도록 의도적(제도적)으로 만들어진 기회의 공간이기 때문이다. 다만, 그 공간에서는 타인을 존중하고 민주적 절차와 참여예산의 방식을 따르면서 자신의 목소리를 최대한 설득력 있게 제시하고 토론하며 협의해야 한다. 그리고 필요 시 민주적 방식에 의한 투표에도 참여해야 한다.

참여예산의 광장에서는 주민들이 자기 목소리를 내고 아이디어를 제시할 뿐 아니라, 때로 직접 예산을 짜는 데 합세할 수 있다. 그리고 관계 공무원과 생활 밀착 공공 서비스에 대한 대화나 전문적인 토의를 할 수가 있고, 시의 예산·재정 정보에 대한 공유도 가능하다. 참여예산제도는 투명성을 전제로 출범하면서 동시에 정부 운영의 '최상급 투명성'을 목표로 한다. 이를 위해서는 예산의 편성과 운영 그리고 참여예산 사업과 관련된 모든 정보와 회의 내용이 기록되고 적극적으로 공개되어야 한다.

참여예산의 광장은 시민 모두에게 개방된 공간이다. 시민이면 누구라도 제한 없이 자신의 의견을 전달할 수 있는 기회가 보장되는 공간이다. 특히, 이 공간은 '우리들의 돈'을 어떻게 사용하는 것이 가장 바람직한지를 논의하고 결정하는 특수한 공간이다. 물론 내가 목소리를 낸다고 해서 그것이 그대로 시정에 반영되는 것은 아니다. 내 목소리와 함께 다른 많은 주민의 목소리도 같이 들려지는데, 이것은 토의, 심사숙고, 투표 등 민주적 과정과 방법을 통해 가장 합리적이라고 판단되는 목소리로 최종 정리된다. 그 과정에서는 개인적으로 답답하고 실망스러운 순간도 있을 것이다. 하지만 이것은 수많은 사람으로 구성된 사회가 공존하는 방법이고, 민주주의의 질서이다.

참여예산은 시민들이 언제나 문을 열고 들어올 수 있는 '상시 열린 공간'이어야 한다. 비록 휴식을 취하는 빅 텐트나 산책을 할 수 있는 광장은 아니지만, 그 속에 들어오면 우리들의 세금이 어떻게 사용되고 있는지에 대해 알 수 있다. 그리고 세금이 어떻게 사용되는 것이 바람직한지에 대해 번뜩이는 아이디어와 가치를 논할 수 있다. 나아가 중지를 모아 세금의 가치를 높이고 행정 서비스의 품질 향상을 이루어 낼 수 있다. 민중의 힘, 다수의 지혜, 더불어 함께 가고자 하는 사회적 협력이 잔잔한 개혁을 창출해 내는 것이다.

참여예산제도는 단속적 · 일회성 행사가 아니고 연중, 연간 지속성을 갖는 시스템이다. 다시 말해서, 1년 중 잠시 열렸다가 닫히는 행사가 아니라 연도 중, 연도 간에 마련된 상설 빅 텐트이자 광장이다. 이러한 상설, 연속성이 변화의 힘을 갖는다.

## 참여예산은 민주주의의 활성화 수단이자 방법

참여예산은 민주주의를 활성화시키고 강화하는 현대적 수단이자 방법이다. 이것은 여러 분야에 적용될 수 있지만, 그중에서도 특히 국민의 세금을 관장하는 재정(또는 예산) 분야에서 두각을 나타낸다. 민주주의의 원리와 특성은 몇 가지로 압축된다. 그중에서도 특히 모든 사람에게 기회와 권한이 평등하게 부여되고 중요한 의사 결정을 투표(1인 1표 다수결)로 행하는 원리를 결코 빼놓을 수 없다.

참여예산제도는 이러한 민주주의의 기본 원리를 그대로 수용해서 출발한다. 예를 들면, 시민 누구나가 원하기만 하면 지방자치단체의 예산 결정에 대해 자신의 목소리를 내는 광장에 참여할 수 있고, 때로는 예산의 사용을 결정하는 과정에 직접 참여해서 영향력을 행사할 수 있다. 그리고 시민들이 제안한 다양한 예산 사업을 최종적으로 선정할 때 시민에 의한 민주적 투표 방식이 사용된다. 그뿐 아니라 참여예산제도를 진행하는 과정과 방법들 – 시민(또는 시민 대표)의 모임 구성이나 모임의 진행(회의 운영), 토의와 숙의(진지한 심사숙고)를 통한 대안 도출, 시민과 사회적 약자의 목소리 반영, 기타 각종 절차와 수단의 사용 과정과 방법 – 이 민주적 절차와 방법을 철저히 준수한다. 만일 참여예산제도가 민주주의의 요소와 절차를 결여한다면, 그 순간 제도의 동력이 상실된다.

참여예산제도가 도입된 지 약 30년이 가까워지는 오늘날 제도는 다면적 특성을 보유하는 존재가 되었다. 민주주의는 다양성과 다원성을 존중하고 그것을 최대로 발전시켜 나가는 정치 · 사회 체제이다. 이러한 시스템은 끊임없이 창조와 진화를 반복한다. 민주주의에 새로운 활력을 불어 넣고 있는 참여예산제도는 이제 결코 정적이지 않고 부단히 변신하여 진화하는 재정 민주주의의 핵심 도구가 되었다. 지난 약 30년간 참여예산제도가 전 세계로 확산되는 과정에서 하나의 표준적 모델이 창조되지 않고 수많은 제도가 다양한 모습으로 운영되고 있다. 이러한 현상은 참여예산제도가 민주주의의 다양성과 다원성을 온전히 구현해 주고 있음을 말해 준다. 이에 대하여는 조금 뒤에서 기술 있다.

## 참여예산은 풀뿌리 민주주의의 실천 광장

지방자치는 풀뿌리 민주주의(grassroots democracy)를 실현하는 제도이자 공간이다. 풀뿌리 민주주의는 사회의 모든 구성원들이 동등한 권한과 기회를 갖고 각자의 생각과 주장을 공동의 광장(대화, 소통, 숙의, 협력 · 연대, 투표 등 의사 결정 광장)에서 경합하고, 그 결과를 민주적 방식으로 합의 수용해서 공공의 목표를 이루어 내는 무형적 정치 시스템이다. 따라서 풀뿌리 민주주의에 기반을 두는 지방자치가 강화되기 위해서는 주민들이 지역의 의사 결정 과정에 되도록 많이 참여할 수 있는 기회와 제도적 장치가 마련되어야 한다. 이러한 관점에서 주민이 지방자치단체의 예산 활동에 참여하여 자신과 공동체의 발전을 도모하는 참여예산제도는 풀뿌리 민주주의의 실천 광장이다. 이것은 앞서 기술한 바와 같이, 참여예산제도가 개별적으로 분산된 주민 개인을 참여예산의 매력과 힘(공동의 재정 관심사 실현, 다수 시민의 응집된 목소리와 영향력 행사, 행정 서비스 품질 향상, 투명한 정부 등)을 통해 대중화하고, 또한 모인 대중들이 유형 · 무형의 공간에서 민주적 절차와 방법을 통해 정부의 운영 방식과 태도에 변화와 영향을 주는 결과를 만들어 내기 때문이다. 그리고 풀뿌리 민주주의 방식에 의한 참여예산제도는 주민의 지역 귀속감(소속감)과 애향심 그리고 주인 의식을 고양시키면서 지역 사회의 발전에 이바지한다.

풀뿌리 민주주의가 실현되려면 그야말로 보통 시민들이 지역의 정치 · 사회 · 재정적 이슈에 대해 관심을 갖고 목소리를 높일 수 있는 여건이 조성되어야 한다. 많은 사람들이 개인적으로 오피니언(opinion)과 입장을 갖고 있지만, 그것은 통상 집이나 직장 아니면 사석에서 대화나 토론으로 끝난다. 하지만 건강한 민주사회는 각자의 오피니언과 입장이 체계적으로 잘 정리되어 표출될 때 합리적으로 진보해 나간다.

그동안 다양한 형태의 주민참여제도가 개발되었지만, 풀뿌리 민주주의를 실현하기에는 아쉽고 몇 퍼센트 부족한 그 무엇이 있었다. 보통 시민이 상시에 모여서 서로의 목소리를 내고 상호 경합해 볼 수 있는 소통과 영향력의 공간이 없었기 때문이다. 참여예산제도는 이러한 문제와 한계를 극복해서 풀뿌리 민주주의의 실현 가능성과 희망의 새로운 지평을 열어 주었다. 참여예산의 가장 큰 특징은 풀뿌리 민주주의의 주역인 주민을 포함한 모든 이해관계자가 자발적으로 예산 과정에 참여할 수 있고, 또한 참여의 기회와 문호가 모든 주체에 동일하게 주어지는 데 있다.

이를 위해서는 모든 주체들이 실질적으로 각종 유의미한 참여의 기회와 공간에 쉽게 접할 수 있는 제도적 · 수단적 장치가 마련되어야 한다. 예를 들어, 인구 백만 명이 넘는 대도시가 1년에 한두 번 주민 의견을 수렴하고 몇 번 특정 장소에서 예산 공청회를 개최하는 것으로 그친다면, 이는 결코 주민의 참된 목소리를 반영하는 참여예산의 취지를 구현하는 것이 아니다. 이 경우 다양한 지역 구분과 보다 주기적인 대화의 광장을 개설하는 등 주민과 실질적으로 소통(주민의 의견을 접수)할 수 있는 체제의 전환이 필요하다.

종합적으로, 참여예산은 지방재정의 수입과 지출을 결정하는 의사 결정 과정에 보통 시민을 중심으로 하는 이해관계자들이 머리를 맞대어 논의하고 대화함으로써 조세 부담에 대한 합의와 지역의 사업 우선순위에 대한 결정을 보다 합리적으로 도출하는 데 그 핵심이 있다. 이것은 그동안 구현해 보지 못하였던 직접 민주주의의 한 단면을 정부의 예산 분야에서 실천해 보는 지방 민주주의의 강화 노력이라고 말할 수 있다.

## 3

## 새로운 가치 추구와 시민참여제도의 새로운 지평

### 참여예산의 기본 가치

참여예산이 추구하는 기본 가치에는 민주성, 대화와 소통, 신뢰, 사회적 포용 등이 있다. 민주성은 참여예산의 출발에서부터 과정과 끝에 이르기까지 전체를 관통하는 핵심 가치이다. 주민이 정부의 예산 운영과 활동에 직접 개입해서 영향을 미치는 전체 과정이 민주주의의 원리와 방식에 의해 전개될 때, 참여예산제도는 빛을 내고 힘을 발휘한다. 대화와 소통은 참여예산제도가 공공 서비스에 대해 서로 다른 생각과 목소리를 갖고 있는 이해 주체들(주민, 시민단체, 정부, 정치가, 의회, 직능단체, 투자가 등)로부터 예산에 대한 합의된 선택(대안)을 도출해 내는 데 필수적인 수단이자 가치이다. 다양한 참여자가 존재하는 상황에서 누가 무엇을 원하고 어떤 것이 다수를 위해 바람직한 선택인지를 알려면 참여자 간에 많은 대화와 고민과 소통이 있어야 한다. 참여예산제도는 모든 시민의 아이디어와 목소리를 받아들이되, 그것을 상호 대화와 숙의 과정을 거쳐 다수를 위한(때로 사회적 약자와 소외자를 위한) 숙성된 아이디어와 목소리로 승화시키는 민주 제도이다.

참여예산제도는 의사소통과 '대화의 가치'(value of dialogue)를 존중하고 그것을 통해 예산 의사 결정 방식을 바꾸는 특성을 지닌다. 참여예산제도를 실시하는 과정에서는 예산과 관련된 주민의 다양한 투입(citizen input: 아이디어 · 의사 표현, 지속적인 논의와 협의, 투표 등)이 필수적으로 요구된다. 이것은 대화와 의사소통을 핵심으로 한다. 참여예산제도가 기본적으로 지향하는 바는 정부와 지방자치단체가 예산을 편성하고 사용함에 있어서 더 이상 일방적으로 권한을 행사하지 않고, 주민과 더불어 협의하여 공동선을 도모하는 것이다. 이것은 달리 표현해서 참여예산제도는 과정과 수단으로서 예산 권한의 공유 · 이양 · 협력의 형식을 취하지만, 본질은 주민과 행정부, 지방의회 간에 예산 결정의 의사소통을 원활히 하는 데 있음을 의미한다.*

신뢰는 대화와 소통의 전제이자 열매이다. 이는 참여예산의 이해 주체들이 각자의 제안과 목소리에 대해 따뜻한 마음과 존중하는 자세로 대화와 소통에 임하고, 또한 그 결과를 겸허하게 받아들이는 것을 의미한다. 매우 기본적인 것이지만, 내 제안과 주장이 합리성을 지닌다고 생각하는 만큼 다른 사람의 제안과 주장에도 합리성이 있다고 인정하면서 대화와 숙의를 하는 것이 참여예산의 기본 가치이다.

사회적 포용(social inclusion)은 예산을 계획하고 결정(영향력 행사 포함)해 나가

* 참여예산제도가 성공하기 위해서는 주민의 적극적인 관심과 참여가 필수적임은 물론 행정부와 의회가 주민의 참여를 존중하고 적극적으로 소통하려는 인식과 행태의 변화가 반드시 필요하다. 이러한 변화가 일어날 때 지방자치의 현장에서 거버넌스(governance) 체제가 새롭게 변화되고, 지방자치의 모든 주체들이 상호 보완성과 연계성을 가지면서 발전의 경로를 함께 걸어갈 수 있다.

는 과정에서 경제적 · 사회적 약자와 소외자(저소득층, 장애인, 여성, 노인층 등)의 입장에 서서 그들의 필요와 바람을 적극적으로 반영하는 따뜻한 마음, 열린 마음의 가치이다. 참여예산제도는 자신의 선호와 수요에 대해 목소리를 내지 못하거나, 혹 목소리를 내어도 행정에 잘 반영되지 못하는 사회적 약자와 소외된 계층을 따뜻하게 보듬어 주는 사회 정의와 형평의 정신을 품고 있다. 따라서 참여예산제도는 '차가운 자본주의'가 아닌 '따뜻한 민주주의'의 수단이다. 이것은, 특히 브라질의 포르투알레그리시를 비롯한 남미의 참여예산제도가 지니는 특징적 현상이다. 브라질과 일부 유럽 지역에서 참여예산제도를 논하면서 강조하는 개념 중 하나가 사회적 포용이다.*

참여예산이 강조하는 캐치프레이즈(catchphrase) 중 하나가 '관심과 배려', '배제(exclusion)로부터 포용(inclusion)'임을 인식할 때, 사회적 포용은 참여예산의 중요한 가치이자 기조이다. 다만, 그것을 지나치게 강조할 경우 전체 주민을 대상으로 하는 참여예산제도의 의미와 균형이 깨어질 수가 있다. 따라서 일정한 수준과 범위에서 적절한 균형을 유지하는 접근이 필요하다.

요약하자면, 주민참여예산제도는 주민자치 이념을 재정 분야에서 구현하는 새로운 지방 거버넌스 체제로서 참여 민주주의의 실현, 집행부 재정 권한의 주민 공유, 집행부 기능의 유연한 보완, 지방정부와 주민 간의 새로운 소통경로 개설, 대의 민주주의 제도의 보완적 기제 등의 의미를 지닌다.**

---

* 이러한 관점에서 혹자는 참여예산을 '빈곤자 배려 예산'(pro-poor budgeting)이라고 부르기도 한다. 남미를 제외한 유럽과 북미, 아시아 지역 등에서는 참여예산의 사회적 포용 측면이 상대적으로 크게 완화되거나 위축되었다.

** 많은 학자들이 포르투알레그리시 등의 사례를 연구하면서 참여예산제도의 작동에 관한 중요한 원리를 제시하였다. 그것은 풀뿌리 민주주의(grassroots democracy) 실현, 예산 배분 공식을 통한 사회 정의의 실현, 위원회(예컨대, 참여예산위원회) 수단 등을 통한 주민 통제(citizen control) 실현의 세 가지 원리로 압축된다(Sintomer 외, 2008).

## 참여예산제도, 시민참여제도의 새로운 지평을 열다

참여예산제도는 그동안 존재하였던 다양한 민주적 시민 참여 운동과 제도에 새로운 획을 긋는 혁신적인 발명품이다. 그 이유는 크게 다음의 두 가지 면에서이다. 첫째, 기존의 각종 시민참여제도들이 시민과 정부(집행부, 의회) 간에 존재하는 유 · 무형의 수직적 관계를 수평적 관계로 전환시키는 데 초점을 두는 것에 비해 참여예산제도는 수직적 관계의 수평적 관계 전환은 물론 시민이 정부와 대등한 의사 결정 권한을 확보하는 새로운 관계 설정을 추구한다.

둘째, 기존의 각종 시민참여제도가 시민과 정부와의 관계 개선에 중점을 두는 데 비해 참여예산은 거기에서 한 걸음 더 나아가 시민 상호간의 수평적 관계를 개선하는 막강한 소통의 민주적 수단이다.

참여예산의 세계적 학자인 신토머(Y. Sintomer) 등(Nelson Dias(org), 2014)은 전통적인 주민 참여와 주민참여예산제도 간에 나타나는 가장 두드러지는 차이는, 참여예산제도가 정부와 쌍방적 관계를 유지하면서 주민과 주민 간의 수평적 관계(의사소통 등)를 동반하는 점이라고 강조한다(p. 24 그림 참조).

## 단순한 제안, 민원 · 청원, 개인 · 그룹 시위는 참여예산과 다르다

시민들이 예산에 관해 단순히 의견을 제시하거나 좋은 아이디어를 제안하는 것은 참여예산이 아니다. 이와 유사한 방법은 오래전부터 각국 정부가 국민(시민) 제안을 수렴하기 위해 많이 사용해 왔다. 참여예산은 예산에 관한 아이디어를 단순히 제시하는 데 그치지 않고, 제시된 아이디어가 참신하고 유용

전통적 주민참여 형태와 참여예산제도

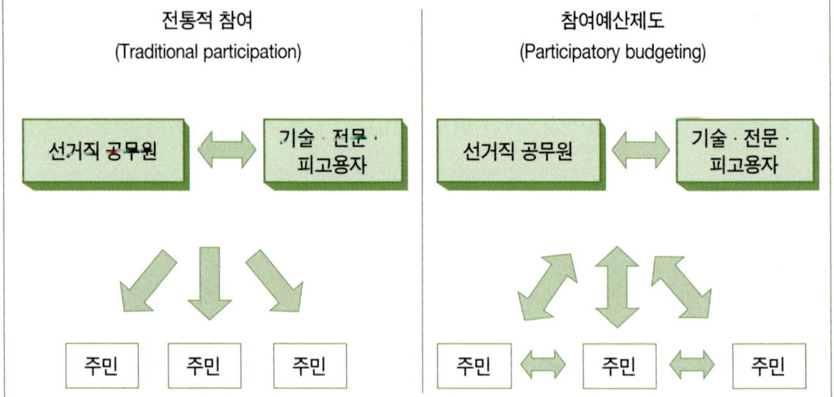


자료: Sintomer, Herzberg, Röcke(2014).
주: 기술 · 전문 · 피고용자는 지방자치단체에서 근무하는 공무원 등을 의미함.

한 것인지에 대해 참여 대중의 중지를 모아 판단하는 민주적 과정과 상호 학습을 필요로 한다. 그 과정에서는 시민들 사이에서 반응이 좋은 것을 예산 사업으로 만들어 나가는 '시민 파워(power)'가 입증되고 성취되는 즐거움이 있다. 즉, 참여예산은 정부의 요구에 의해 피동적으로 반응하는 시민의 활동이 아니라 시민 다수가 적극적으로 아이디어와 의견을 제시하고, 또한 그것을 직접적 또는 간접적 방식에 의해 예산으로 연결시키는 능동적 시민 활동이다.

참여예산은 시민이 사업을 제안하고 결정할 뿐 아니라 지방자치단체의 전체 예산에 대한 방향이나 주요 부문별(예컨대, 교통, 아동 복지, 환경오염(미세먼지 문제), 안전 등) 우선순위, 희망 사업 및 정책 등에 대해 다수의 응집된 목소리를 내는 데 주력한다. 이때 나오는 목소리는 단순한 목소리가 아니고 지방자치단체가 어떤 방식으로든 반드시 응답해야 하는 목소리이다. 그리고 구체화된

### 우리나라의 주민참여제도

우리나라의 주민참여제도는 크게 직접 참여제도와 간접 참여제도로 구분될 수 있다. 전자에는 조례 · 제정 · 개폐 청구제도, 주민감사청구제도, 주민투표제도, 주민소송제도, 주민소환제도, 그리고 주민참여예산제도 등이 있다. 후자에는 반상회, 민원, 제안, 청원, 위원회, 공청회, 정보공개(요구 및 참여) 등이 있다.

예산 사업과 정책으로 연계될 수 있는 힘과 영향력을 지니는 목소리이다.

이러한 힘과 영향력은 참여예산제도가 유 · 무형으로 설치해 둔 빅 텐트(광장)가 있기에 가능하다. 참여예산이 전통적인 참여 기법이나 방식과 차별성을 보이는 것은 실천력 있고 살아 움직이는 힘을 갖고 있기 때문이다. 보통 시민이 마음만 먹으면 편하게 들락날락 할 수 있는 대화의 광장, 빅 텐트를 어떻게 잘 마련해 주고 운영하는지에 따라 참여예산의 성공 여부가 결정된다.

## 참여예산은 시민들이 논의해서 예산 사용을 결정

참여예산은 정부의 예산을 두고 보통의 시민들이 머리를 맞대어 토론하고 투표를 해서 어디에 얼마를 쓸지에 대해 확정해 나가는 민주적 예산 수립 방식이다. 이를 위해서는 가능한 많은 시민이 예산을 만들어 내는 과정에 참여하여 토론하고 고민하며, 필요 시 예산 사업 결정 투표에 참여할 수 있어야 한다.

주민의 예산 참여 방식은 공청회, 설문 조사(인터넷 조사 포함), 위원회 참석,

직접 면담, 아이디어 및 의견 제시 등의 소극적 의사 표현 형태로부터 주민이 예산 편성 과정에 직접 관여해서 의사 결정에 영향력을 미치거나 예산의 일부를 직접 결정하는 적극적 참여 형태에 이르기까지 다양하다. 전자는 시민이 예산 사용에 대해 목소리를 내는 것이고, 후자는 시민이 공적 권한(예산 편성 권한)을 행사하는 것이다.

참여예산 중에서도 가장 파격적이고 강력한 형태는 주민들이 재정 지출 사업을 직접 구상하고 관련 예산을 결정하는 것이다. 이것은 예산 권한의 주민 이양(영어로는 'empowerment'라고 함)을 의미하는데, 여기에는 몇 가지 전제와 조건이 필요하다. 그중에서도, 특히 지사 · 시장 · 군수 · 구청장과 같은 정치 지도자의 의지와 결단이 필요하고, 아울러 지역 주민의 강한 열망과 지지가 반드시 필요하다. 이들은 지방행정의 핵심 주체이자 이해관계자로서 참여예산이 필요로 하는 하향식(top-down) 요인(정치 지도자의 개혁 의지와 결단)과 상향식(bottom-up) 요인(지역 주민 · 시민사회의 열망과 지지)의 조화를 만들어 내는 원동력이 된다. 그런데 일반 주민은 각자의 생활에 바쁘고 조직화되지 못하기 때문에 참여예산제도의 실시 초기에는 조직적 힘과 경험을 갖춘 시민사회(시민단체 포함)가 적극적으로 나서서 지역 주민의 보편적 참여를 독려하고 촉진하는 역할을 해주는 것이 매우 중요하다.

적극적 참여 형태의 예산 결정 방식이라고 해서 시민들이 모든 예산을 결정하는 것은 아니다. 현실적으로 시민이 직접 예산을 결정할 수 있는 범위와 수준은 국가와 지역에 따라 차이가 난다. 세계적으로 보면, 시민이 직접 예산을 결정하는 참여예산은 통상 지방자치단체 전체 예산의 1% 내외 수준에 불과하다. 다만, 매우 예외적으로 브라질의 일부 도시에서는 전체 예산의 10% 이상을 시민이 직접 결정하는 파격적인 참여예산제도를 시행하고 있다(하지만 이들 도시의 정치 · 사회 · 재정적 상황은 우리나라와 매우 다르다).

시민 결정 예산의 범위와 크기는 시대적 환경, 정치 · 행정 시스템, 사회 구성원의 합의 등에 의해 언제라도 변화될 수 있는 유동성을 지닌다. 아울러 민주적 절차에 참여하는 시민이 얼마나 많고, 또한 시민들이 얼마나 강한 책임감과 예산(재정) 지식을 갖고서 좋은 예산 아이디어로 사업 우선순위를 정하는지에 따라 시민 결정 예산의 크기가 달라질 수 있다.

4

# 참여예산제도의 힘: 대화와 소통

## 참여예산의 힘은 대화와 소통으로부터

예산 과정에 주민이 참여한다는 것은 세금을 부담하는 주민과 세금의 사용을 위탁 받은 지방자치단체 간에 예산 과정 전체(예산의 계획, 편성, 집행, 결산 및 피드백)에 걸쳐 의사소통이 원활해지고 의사 결정이 보다 민주적으로 이루어지는 것을 의미한다. 이때 의사소통은 주민과 집행부(시장, 공무원 등) 간의 대화와 논의만을 의미하지 않고, 주민 상호간의 대화와 논의를 포함한다. 참여예산은 '대화의 가치'(value of dialogue)를 예산 의사 결정 과정에 투입시켜 구체적인 사업과 수치(예산 금액)를 만들어 내는 막강한 민주주의의 힘이다. 이때 그 결과가 얼마나 효과적이고 좋은 성과를 가져다줄지는 전적으로 참여하는 주민과 공무원들이 얼마나 진지하게 대화하고 고민해서 좋은 사업을 만들어 내는지에 달려 있다.

참여예산제도는 주민의 목소리를 예산으로 바꾸는 변화의 힘을 지닌다.

참여예산제도는 주민의 모든 목소리를 중요시하여 경청하는 것이고(making all voices count), 그것이 궁극적으로 의도하는 바는 예산의 내용과 모습을 다수 주민이 원하는 형태로 바꾸는 것이다. 그리고 이것이 함축하는 의미는 다양한 주민의 원함과 바람이 무엇인지를 확인하고, 그것이 과연 실제로 예산화할 수 있는 것인지를 고민하고 결정하는 것을 뜻한다. 주민의 목소리는 일방적이거나 단일의 목소리가 아니고, 대화와 토론과 숙고를 거친 정돈된 목소리이다. 이런 의미에서 볼 때, 참여예산의 힘은 절대적으로 이해관계자 간의 대화와 소통에서 나온다.

참여예산은 대화와 소통을 본질로 하되, 그 바탕에는 상호 신뢰가 전제되어 있다. 대화는 최소한 두 주체 이상이 존재할 때 가능하다. 그리고 이것이 소통을 통해 조화로운(또는 합의된) 결과를 도출해 내려면 서로 다른 주체들이 상호 신뢰를 갖고 상대방의 입장을 이해하는 기본 자세가 필요하다. 나만이 아닌 상대방의 원함과 필요에 대해 진정한 관심을 갖고 참여예산에 임하여야 한다. 참여예산의 선진 사례를 보면, 주민과 지방자치단체(공무원), 주민과 주민 간에 신뢰를 확실히 구축하는 것이 제도 발전의 첩경임을 알 수 있다.

참여예산제도가 대화와 소통을 통해 발전하기 위해서는 이해 주체들 간에 부단히 대화의 기법과 예의를 학습하고 연마해 나가는 과정이 필요하다. 이는 참여예산이 진정한 민주적 수단으로서 계속해서 강한 힘을 발휘해 내려면 반드시 필요한 과정이다. 주민을 위하여 존재하는 지방자치단체는 주민의 필요와 원함을 정확히 파악해야 한다. 그리고 주민들은 서로 간의 대화와 토론 및 숙의 과정을 통해 '우리들의 돈'이 어떻게 사용되는 것이 가장 바람직한지에 대한 필요와 원함을 끄집어내고, 그것을 지방자치단체에 적극적으로 의사 표현을 하고 영향을 미칠 수 있어야 한다.

참여예산제도를 잘못 이해할 경우 기득권(행정부와 의회의 예산 독점권)을 제한하고 기득권자로부터 권한을 빼앗아 오는 것만을 제도의 핵심인 것으로 잘못 착각할 수 있다. 이 경우 주민들은 이들을 제거하고 정부의 활동에 관여해서 예산을 직접 짜고 조정하고 감독해 보려고 애를 쓰는 우를 범하게 된다. 사실, 참여예산제도는 그러한 인식과 접근을 하지 않는다. 참여예산제도는 그동안 정부와 주민 사이에 꽉 막혔던 소통 부재의 담을 허물고 상생 발전을 도모하는 새로운 접근이다. 이는 참여예산제도를 일관적으로 관통하는 원칙과 개념이 소통과 이해와 신뢰라는 사실이 말해 준다.

참여예산제도의 국제 사례를 보면, 초기에는 대부분의 행정부와 의회가 참여예산제도를 불편하고 부담스럽고, 때로 불합리하기조차 한 그 무엇으로 인식하였다. 그 결과 제도의 시행에 소극적이고, 주민의 전문성과 책임성에 대해 비판과 회의적 시각을 강하게 표출하였다. 어떤 면에서 예산 과정에 전에 없던 주민의 참여와 관여가 허용된다는 자체가 집행부와 의회의 입장에서 귀찮고 성가신 그 무엇으로 인식되는 것은 자연스러운 현상이다.*

하지만 시간의 경과와 함께 참여예산의 이해관계자들(행정부, 의회, 주민, 시민단체 등)이 제도의 취지를 올바로 인식하고 지식과 경험을 축적하면서 차츰 그것이 정부와 주민 모두에게 득이 되는 것으로 받아들이기 시작한다. 이러한 과정에서 사람들은 참여예산제도가 집행부와 지방의회의 기능적 취약성과 한

* 참여예산제도를 집행부와 의회의 기득권 침해로 간주할 경우 운영 주체인 지방자치단체는 자기 방어적이고 소극적인 입장에 서게 된다. 반면에 참여예산제도를 주민과의 소통과 대화에 의한 새로운 협력적 관계로 인식할 경우 지방자치단체는 적극적이고 진취적인 입장을 갖게 된다. 이러한 구도에서 어떤 지방자치단체가 지방자치의 이념에 입각해서 책임성을 갖고 주민 복지를 향상시켜 나갈 것인지는 충분히 짐작할 수 있다.

계점을 유연하게 보완해 주는 역할을 한다는 사실을 인식하게 된다. 마찬가지로 공무원과 의원들도 참여예산제도가 자신의 권한과 역할에 제약을 가하는 것보다 대화와 소통을 통해 상호 협력적 상생을 도모하는 장점이 더 많다는 사실을 깨닫게 된다. 이때 만일 참여예산제도가 조건을 더 단단히 정비하고 참여 주민의 수와 열의가 증가하게 되면 제도는 탄력을 받고 큰 힘을 발휘하게 된다.

종합적으로, 참여예산제도는 특성상 예산 권한의 공유나 이양의 형식을 취하지만 그 본질은 주민과 행정부, 지방의회 간에 예산 결정의 의사소통을 원활히 하는 데 있다. 그러므로 참여예산제도가 성공하기 위해서는 주민의 적극적인 관심과 참여가 필수적임은 물론 행정부와 의회가 주민의 참여를 존중하고 적극적으로 소통하려는 인식과 행태의 변화가 반드시 필요하다. 이러한 변화가 일어날 때 지방자치의 현장에서 거버넌스 체제가 새롭게 변화되고, 지방자치의 모든 주체들이 상호 보완성과 연계성을 가지면서 발전의 경로를 함께 걸어갈 수 있다.

## 참여예산의 대화는 일상적 대화와 다르다

참여예산제도가 가동되는 과정에서 이루어지는 대화와 소통(주제, 방식, 절차 등)은 일상생활 중 개인 간에 이루어지는 것과는 다르다. 즉, 통상 친한 사람들이나 이웃 간에 오가는 일상적인 이야기나 정담(情談)과는 다르다. 참여예산의 대화는 주민이 낸 세금을 어떻게 쓰는 것이 가장 바람직한지에 대한 주제들을 주로 담는다. 때로는 예산의 감시 · 감독에 관한 주제나 최근의 국가재정과 지방재정에 관한 이슈들도 참여예산의 대화 대상이 된다. 때로는 주민이 부담하는 세금의 적절성과 공평성 등에 대한 논의도 포함된다.

예산 · 재정과 관련된 대화와 소통은 가능한 객관적인 정보와 지식과 사실(fact)에 입각해서 이루어져야 한다. 흔히 말하는 '정통한 대화'가 필요하다(이것은 결코 예산 · 재정 전문가 수준의 대화를 의미하지 않는다). 그렇지 않을 경우 예산에 대해 수없이 다른 생각과 입장을 지니는 불특정 주민들 간에 합의나 공감을 도출해 내는 소통을 이루어 낼 수가 없다. 아울러 때로 관계 공무원과 토론도 하고 그들을 설득도 시켜야 하는 상황에서는 객관적 사실과 지식에 입각한 합리적이고 전문적인 소통을 하는 것은 대단히 중요하다.

이와 같은 대화와 소통을 하기 위해서는 일반 시민들도 예산과 재정에 대해 공부를 해야 한다. 이것은 다소 시간이 걸리고 때로 참여예산제도의 진전에 장애 요인이 되기도 한다. 하지만 참여예산의 선도 주체들(시민단체, 참여예산 관련 부서, 전문가 등)이 적극적으로 나서서 '예산학교' 등 다양한 수단과 방법을 활용할 경우 충분히 해결될 수 있는 문제이다.

참여예산에 참여하는 주민들은 '우리들의 돈', 즉 공공의 자금을 두고 그 사용 용도를 결정하는 대화와 논의를 할 때 '우리 마을', '나 중심'이 아니라 '우리 지역', '우리 시'라는 공동체의 이익에 중심을 두어야 한다. 아울러 공공의 자금을 사용하는 데 필요한 규칙(예산 규칙)에 대해 일정한 지식을 갖는 동시에 사회 구성원의 다수와 사회적 약자가 어떤 사업을 필요로 하는지에 대한 충분한 정보를 갖고 있어야 한다.

5

# 참여예산제도는 정치 · 행정 · 사회 변화의 원동력

## 참여예산은 정치 · 사회적 운동

참여예산제도가 지니는 직접 민주주의 특성은 현실 세계에서 참여예산에 정치적 변화를 몰아칠 수 있는 강한 역량과 추진력을 제공해 준다. 민주주의의 정신과 민주적 절차에 의해 모여든 시민들이 시정에 통일된 목소리를 내기 시작하고, 예산을 시민의 손으로 결정하는 경우가 많아지면 시민의 투표에 의해 존재하는 정치가들은 사고와 행태를 바꿀 수밖에 없다. 이러한 관점에서 참여예산은 정부의 의사 결정(특히, 재정 의사 결정) 방식과 행태를 바꾸는 정치적 · 사회적 운동이다. 참여예산제도의 적용 대상이 공공 자금(즉, 정부 예산)이므로 그 운동은 일차적으로 예산의 의사 결정 절차와 방법 및 수단을 시민 친화적으로 개선 또는 개혁을 하는 데 중점을 둔다.

참여예산제도가 세계적으로 확산되는 과정과 결과를 보면, 참여예산은 정부의 예산과 재정을 넘어 정치 · 사회 전반에 걸쳐 매우 광범위한 영향력을 발휘하고 있다. 그 원인은 참여예산의 실시 과정이 민주주의의 원리와 요소를 실천하는 것이고, 적용 결과가 사회적 자원 배분과 정치적 파급 효과를 수반하기 때문이다. 어떤 의미에서 참여예산의 운영 원리와 구조는 매우 단순하고 평범하다. 하지만 그것이 민주주의라는 막강한 보루 위에서 강한 창의력과 혁신의 힘을 갖고 구축되었기 때문에 많은 사람들이 열광한다. 그리고 완전하지는 않지만, 참여예산제도가 직접 민주주의의 실천(학습) 수단과 방법을 지니고 있는 점도 참여예산이 많은 시민과 시민단체로부터 호응을 얻는 매력 포인트이다.

오늘날 참여예산제도는 국가와 지역과 사회의 제도를 변혁시키는 개혁 수단이다. 이는 주민들이 공개적으로 예산(사업)의 우선순위를 결정하고, 정부와 관료 사회가 주민의 목소리와 요구를 결코 외면할 수 없도록 정부의 경영 방식을 바꾼다. 그리고 한 걸음 더 나아가 비록 전부는 아니지만, 주민들이 자신이 원하는 재정 수요를 확인하고 결정하는 권한 구조의 변화까지 몰아친다. 현실적으로 시장 · 군수 · 지사와 의원들이 시민과 지역 사회를 제대로 대표해주지 못하는 상황에서 내 목소리가 시정에 들릴 수 있고, 내가 예산의 결정에 실제로 영향을 미칠 수 있다는 직접 민주주의의 실현 가능성은 시민들에게 신선한 바람과 함께 참여에 대한 유인과 유혹을 불러일으킨다.

## 참여예산제도의 등장으로 긴장하는 정부와 의회

정부가 자신이 수행하는 활동과 업무의 실적을 국(주)민으로부터 평가를 받는 일은 매우 중요하고 당연하다. 이것은 1990년대 이후 지금까지 세계적으로 강조되고 있는 공공 부문 책임성 향상의 핵심 개념이다. 참여예산제도는 정부의 성과 관리와 개선을 촉진시키는 새로운 제도적 장치로서 대두되었다. 무엇보다도 참여예산제도가 정부의 예산 활동에 주민이 직접 개입하고 관여해서 감시 · 감독을 하는 메커니즘을 갖추고 있기 때문이다. 주민들이 과거와 달리 예산 편성에 적극적으로 참여해서 영향력을 행사하고, 정부에 대해 활동 성과를 강하게 요구할 때 정부는 압력과 긴장감을 느낄 수밖에 없다. 특히, 참여예산제도가 태생적으로 행정부와 의회에 대해 명시적이고 묵시적인 압력의 속성을 타고난 점이 무엇보다도 정부를 긴장하게 만든다. 따라서 지방자치단체는 주민 생활 밀착 사업이나 재정 성과에 대해 전에 없는 관심을 갖게 되고, 주민과의 소통을 강화하고자 노력하게 된다.

참여예산 체제에서는 지방자치단체가 예산 과정의 일부와 예산 관련 정보를 주민과 공유해야만 한다. 이는 필연적으로 지방자치단체장, 집행부, 지방의회에 대한 주민 통제 내지 주민 압력의 속성과 힘을 동반한다. 이러한 속성과 힘이 참여예산제도의 순기능(주민과의 소통 강화, 재정 정보 공개의 비율과 빈도 증가, 재정규율(fiscal discipline) 강화, 예산 절감 방안 모색과 예산 낭비 차단, 주민 생활 밀착 사업의 실용성 제고, 재정의 투명성과 책임성 향상, 예산 지출 성과 향상을 위한 노력 제고 등)을 창출해 낸다.

항상 집행부 내부에서만 협의 · 조정해서 확정되던 예산안이 유례 없이 주민의 관여를 거치게 된다면 집행부는 원하든 원하지 않든 주민의 의견과 영향력 행사에 대해 민감하게 반응할 수밖에 없다. 한 걸음 더 나아가 만일 주민들이 일부 예산의 결정에 직접적인 영향력을 행사하거나 예산의 집행 과정과 결과에 대해 적극적으로 감시 · 감독을 한다면 지방자치단체는 자연히 긴장하고 조심할 수밖에 없다. 이제 주민이 예산 분야에 새로운 조언자이자 실력자이면서 견제자로서 부상하고 있는 것이다. 이는 외견상 작은 변화처럼 보일 수 있지만, 실제로는 지방자치단체의 운영 방식에 새로운 변화의 바람을 불러일으킬 수 있는 막강한 동인과 폭발력을 내포한다.

6

# 참여예산제도와 시민사회 역량 강화

## 참여예산은 심으면 저절로 열매를 맺는 민주주의 나무가 아니다

참여예산이 지니는 가장 큰 의미는 주민이 더 이상 예산 결정의 방관자가 아니고 주된 플레이어로 변신하는 데 있다. 이제 주민은 정부의 의사 결정 과정에 직접 개입해서 정부가 반드시 들어야 하는 목소리를 내는 주체가 되었다. 그리고 세금의 사용에 대한 참신한 아이디어를 제안하고 다수 주민과의 토의와 투표를 통해 공무원이 아닌 주민 스스로가 예산을 결정해 내는 주체로 우뚝 서게 되었다.

그런데 참여예산제도를 형식적으로 도입했다고 해서 바로 예산 편성 시스템이 바뀌는 것은 아니다. 참여예산이 변화의 잠재력을 갖고 있는 것은 틀림없지만 그것이 정부를 바꾸는 강한 힘으로 바뀌려면 무엇보다도 많은 시민이 '나와 우리들' 모두에게 유익한 결과를 가져다주는 참여예산의 긍정의 힘을 깨닫고 실천해야 한다.

이러한 깨달음과 실천에는 상당한 시간이 소요된다. 이는 세계에서 참여예산제도를 처음으로 실시한 브라질에서도 제도의 실질적인 성과가 확연히 나타나기까지 약 10년의 기간이 소요되었던 사실이 말해 준다. 이것은 참여예산제도의 성패를 결정하는 중요한 요인 중 하나가 시간과의 인내 싸움임을 시사한다.

우리보다 일찍 참여예산제도를 실시한 외국의 사례를 보면, 많은 시민들이 참여예산에 가담해 본 이후에야 비로소 그 진가를 알게 되었다. 시민들이 자기 지역의 공공 시설과 행정 서비스가 개선되는 것을 피부로 체감하기 시작한 것이다.* 그 후 참여예산의 효과가 시민들 사이에서 입소문을 타기 시작하고, 점점 많은 사람들이 행정 활동에 관심을 갖고 견제와 개선에 동참하는 등 참여예산이 확대일로를 걷게 된다.

문제는 지역 주민들이 참여예산제도에 적극적으로 관여하기까지는 시민사회와 지방자치단체의 많은 수고와 노력이 필수적으로 요구된다는 사실이다. 사람들은 어떤 제도나 조치가 좋다고 해서 금방 자발적으로 그에 동참하지 않는다. 참여예산제도도 마찬가지이다. 그것이 입소문이 나고 진가가 알려지기까지는 오랜 시간이 소요되고, 그 과정에서 많은 보이거나 보이지 않는 주체의 노력과 봉사가 녹아 있다. 특별히, 제도 도입의 초기 단계에서는 지방자치단체장의 인식과 역할이 매우 중요하다. 그것은 참여예산제도의 빅 텐트를 설치하는 과정에서 많은 행정적 지원과 배려(권한 이양, 시간 및 자원 지원 등)가

* 예를 들어, 지역의 사회 · 문화 시설, 쓰레기 수거와 처리, 상하수도, 환경 문제, 도로 개선, 안전 등 주민 생활과 밀접한 공공 서비스에 대한 시민의 관심과 요구가 높아진다. 그리고 이러한 공공 서비스를 지방자치단체의 손에만 맡기기보다 지역의 필요와 수요를 잘 아는 주민들이 나서서 예산 운영에 직접적인 영향을 미치는 것이 바람직하다는 생각을 하게 된다.

필수적으로 요구되기 때문이다. 지방자치단체장의 인식과 태도가 참여예산제도의 성패를 결정짓는 것은 아니지만, 적어도 제도의 발달 장애나 부진을 초래하는 중요한 요인인 것만은 틀림없다. 세계적으로 보아 참여예산제도가 활성화된 도시들은 하나 같이 자치단체장이 참여예산제도의 가치와 유용성을 높이 평가하고 제도 친화적 · 우호적 태도를 보인 것으로 나타났다.

### 주민은 무엇을 해야 하나?

참여예산제도가 도입되면서 주민이 예산의 효과적 사용에 관한 의사 결정에 적극적으로 관여하는 능동적 주체로 변화된 이상 주민은 그에 걸맞는 성과를 내야 한다. 이를 위해서는 예산에 대한 기본 지식으로 무장된 주민의 적극적인 참여가 무엇보다도 중요하다.

현실적으로 불특정 다수의 시민들은 다양한 재정 수요와 선호를 갖고 있다. 이러한 다양성 구조 하에서는 무턱대고 주민이 많이 참여한다고 해서 참여예산의 성과가 올라가지 않는다. 참여예산에 동참하는 주민이 적어도 제도의 취지와 기본 규칙을 잘 알아야 하고, 정부의 예산 운영에 대한 기본 지식을 갖추는 사전적 · 사후적 준비가 되어 있어야 한다. 참여예산제도가 정부와 주민이 더불어 협력하여 예산 운영의 공동선을 도모하는 것이지만, 그 과정에서는 서로 다른 입장과 판단 그리고 정보 불균형(information asymmetry) 등으로 인해 자칫하면 이해 주체들 간에 쉽게 충돌이 발생할 수 있다. 이러한 충돌 상황을 방지하기 위해서는 무엇보다도 객관적 사실과 정보에 입각하는 대화와 소통이 이루어질 수 있는 여건이 마련되어야 한다. 아울러 공무원이 주민의 입장을 이해하고 그 목소리를 경청하려는 변화된 자세가 필요하다.

일반적으로 공무원들은 예산에 대한 기본 지식과 함께 각종 법률 · 규칙 등에 비교적 정통한 반면 일반 주민은 그러하지 못하다. 이러한 상황에서 대화와 소통이 이루어지려면 공무원들은 주민의 입장에서 사안을 바라보고, 필요할 경우 예산의 운영에 관한 사항과 정보를 주민이 이해할 수 있도록 설명해 주는 인내와 대화의 자세를 갖추어야 한다. 마찬가지로, 참여 주민들은 예산과 관련된 기본 지식과 정보의 습득을 위해 노력하는 한편 내가 원하는 예산 운영을 공무원의 입장에서 생각해 보는 자세를 지녀야 한다.

### 정부의 예산 및 재정에 관한 기본 지식 함양

참여예산제도가 실제로 성과를 내기 위해서는 참여 시민이 정부의 예산과 관련된 법규를 비롯하여 운영의 절차와 내용 그리고 참여의 결과(성과)에 대한 기본 지식을 습득해야 한다. 선거에 참여하는 것과 달리 정부의 예산 사용을 결정하는 과정에 참여하는 것은 정부의 재정과 예산에 관한 최소한의 기본 지식을 필요로 한다. 가정이나 일반 기업의 자금 운영은 계획은 하지만 그때그때의 상황에 따라 임의로 변경해서 사용할 수가 있다. 하지만 정부의 예산은 일단 확정되면, 집행부와 의회가 합의하여 수정하지 않는 한 당초 확정된 대로 집행되어야 한다.

쉬운 비유를 하자면 다음과 같다. 친구를 집으로 초대해 된장국이 포함된 한정식을 하기로 약속하였다가 부득이한 사정으로 한정식 대신 만둣국이나 간이 양식을 마련할 수 있다. 이 경우 친구들에게 양해를 구하면 된다. 그러나 정부의 예산 운영은 반드시 된장국이 포함된 한정식을 제공해야만 한다(이때 한정식을 생산하는 데 드는 재료의 단가와 한정식 총금액(지출 예산)이 정확한 수치로 제시되어야 한다). 정부의 입장에서 만일 된장국이 포함된 한정식 대신 간이 양식을 제공하기로 메뉴를 바꾸고자 한다면, 국회(지방의회)를 통해 변경된 메뉴에 대한 심의 의결을 받아야 한다. 그러므로 정부의 예산은 처음 계획해서 편성할 때 여러 가지 사정을 다각도에서 면밀히 검토하여 신중히 확정해야 한다.

정부 예산에 대한 기본 지식을 갖고 있지 않는 사람의 입장에서는 일견 불합리한 것처럼 보일 수 있다. 그러나 이것은 여러 가지 장 · 단점을 종합적으로 검토한 이후 전 세계에서 보편적으로 운영되는 정부의 예산 운영 규칙이다. 이러한 규칙이 준수되는 가장 큰 이유는 국가와 지방자치단체는 개인 · 가정 · 기업과 달리 철학 · 가치 · 선호 · 여건 · 환경 등이 다양한 무수한 국(주)민의 자금(즉, 예산)을 조달하고 사용하는 사안을 다루기 때문이다.

참여예산제도에 동참하는 시민은 예산과 재정에 대한 기본 지식뿐 아니라 참여의 본질과 의미를 다른 시민과 합리적으로 공유(대화, 토론, 상호 숙의 등)하는 데 필요한 태도와 기술을 연마해야 한다. 여기에는 회의의 절차와 운영 방식, 토론의 태도와 기법(듣는 방법, 전달하는 방법, 질서 등), 소통의 방식과 상호 존중, 협상 기법, 상호 조화와 갈등 해소 방법 등 민주적 의사 결정의 방법과 기술을 습득하는 것이 포함된다. 아울러 예산 사용에 대한 의사 결정 과정에서 자기 중심적이거나 지역 이기주의에 함몰되지 않고, 공공성, 공익성, 사회적 정의와 형평성 등을 우선시하는 사고를 함양하는 공동체 학습이 수행되어야 한다. 이와 같은 인식 · 기법 · 태도의 함양은 참여예산이 공동체와 민주 사회의 번영을 추구하는 것이기 때문에 매우 중요하다. 이것은 어떤 면에서 참여예산이 지속적으로 발전하는 데 필요한 영양소이자 기본 역량이라고 말할 수 있다.

시민의 예산 지식 강화를 위해서는 정부와 시민단체의 적극적인 노력이 필요하다. 일반 시민이 예산과 정부의 운영 방식에 대해 지식을 습득할 수 있는 방법 중 하나는 각 지방자치단체나 시민사회가 예산학교를 설치하여 적극적으로 운영(필요 시 상시 운영)하는 것이다. 실제로 참여예산제도의 중요성을 인식하고 활성화를 도모하는 지방자치단체들은 대부분 비록 명칭은 다르지만 일반 시민에게 정부의 재정 및 예산에 관한 지식을 전파하는 예산학교를 운영하고 있다.

## 참여예산은 상호 학습을 통한 예산 성과 도출

참여예산제도가 풀뿌리 민주주의의 수단이자 방법이라는 것은 참여 주민이 상호 협력하고 학습(배움)해야 하는 것을 의미한다. 상호 학습은 정부와 주민, 주민과 주민, 그 외의 참여 주체들 간에 부단히 배우고 토론하며 숙의해 나가는 것을 의미한다. 이는 주민의 예산 기여도를 높여 줌은 물론 자치단체의 현안과 예산 제약 및 정책 여건에 대한 주민의 이해도 향상에도 기여한다. 이와 같은 학습 효과는 예산을 실제로 운영하는 집행부 공무원에게도 마찬가지로 나타난다.

참여예산제도가 활성화되기 위해 이해 주체들 간의 상호 학습이 반드시 필요한 이유는 다음과 같다.

첫째, 참여예산 체제 속에서 이루어지는 주체들 간의 만남(주민과 공무원 ·

정치가, 주민과 주민 등)은 대화와 상호 학습 과정을 거치면서 점점 지역의 응집력을 높인다. 둘째, 주민으로 하여금 정부가 직면한 예산 환경의 복잡성과 다양한 경쟁적 예산 사업들에 대한 우선순위 결정에 관해 조금씩 이해할 수 있도록 도와준다. 셋째, 지역 주민과 공무원, 지방의원들 간에 상호 협력적 관계를 유도한다.

상호 이해와 학습이 이루어진 상태에서는 주민과 공무원이 지역을 바라보고 지역 사회의 재정 수요를 인식하는 공감대가 높아진다. 한마디로, 주민과 공무원 간에 예산을 둘러싼 의사소통과 이해가 원만해져 예산 문제를 효과적으로 협상할 수 있는 여지가 생겨난다. 이는 궁극적으로 주민이 선호하는 방식의 공공 서비스 공급, 공공 서비스의 품질 향상을 유도하면서 주민의 공공 서비스 만족도를 높인다.

## 주민의 참여 유인, 기회비용이 분명해야 한다

참여예산제도가 건강한 상태로 발전하려면 주민의 참여 유인이 분명하고 학습 기회가 확대되어야 한다. 현실적으로 일상생활에 바쁜 주민들이 사명감으로 참여예산제도에 뛰어들어 동참하기를 기대하기는 어렵다. 기회비용(opportunity cost)이라는 경제 용어를 빌리면, 주민이 참여예산제도에 자신의 시간과 노력을 투여하는 만큼 자신이 하지 못하게 되는 것(예컨대, 가사, 업무 수행, 공부, 여가 활용, 음악 감상, 아르바이트, 생업(돈 버는 것) 수행, 휴식과 수면 등)을 보상받을 수 있는 그 무엇이 참여예산제도로부터 주어져야만 주민은 기꺼이 참여예산에 동참할 수 있다.

다시 말해서, 참여예산제도는 주민이 일상생활 중 일부(시간, 노력, 관심)를 할애하는 기회비용 이상으로 중요한 가치나 유인 또는 매력을 주민에게 줄 수 있어야 한다. 참여예산제도를 주도하는 주체들(시민사회, 지방자치단체장, 특정 주민, 지방 정치인 등)은 그것이 무엇인지를 창의적으로 고민해서 참여예산의 실시 과정에 지속적으로 접목시켜야 할 것이다.

7

# 참여예산의 긍정적 파급 효과와 위험성

## 참여예산의 힘과 파급 효과

참여예산제도는 예산의 계획, 편성, 집행 등 예산 과정의 일부 또는 전부를 주민이 직접 · 간접적(자신이 지지하는 대표를 통해 간접적)으로 관여할 수 있는 취지와 운영 구조를 지닌다. 브라질에서 참여예산제도가 처음 실시되기 전까지는 정부 예산의 일부를 주민의 목소리와 투표에 의해 결정한다는 것은 상상할 수 없는 일이었다. 정부 예산을 둘러싼 권한 및 역학 관계의 일대 변화는 참여예산의 힘과 파급 효과를 창출하는 결정적인 요인이다. 앞서 지적한 바와 같이, 국(주)민이 종전의 수동적 · 방관자적 입장에서 능동적 주체로 변화되고, 예산과 관련하여 정부(지방자치단체), 의회와 함께 제3의 플레이어의 위치를 점유하게 되는 것이 힘의 근원이다. 이러한 역학 관계의 변화는 그동안 독점적 지위에서 예산을 편성해 왔던 정부로 하여금 관행과 타성에서 벗어나 주민의 행정 수요에 민감하게 반응하고 예산의 성과 관리에도 신경을 쓰게끔 만들고 있다. 이러한 정부의 반응과 변화는 총체적으로 정부의 재정 책임성(fiscal accountability)을 향상시키고 국민의 세금 가치를 높이는 데 기여한다.

그 다음으로 참여예산제도는 예산 정보의 공유 · 공개를 활성화시키면서 정부의 재정 활동의 투명성(fiscal transparency)을 향상시킨다. 정부의 운영이 보다 투명(정보 공개, 숨기고 감추는 정부 활동의 축소 · 폐지 등)해지면 부정부패가 감소하고, 보다 나은 거버넌스 기준 유도를 통한 다양한 사회 · 경제적 성과가 창출되며, 정부 정책의 규칙성과 예측 가능성이 높아진다. 그리고 참여예산제도는 지방자치단체 운영의 생산성 향상과 현대화를 촉진시키고, 자원 배분 과정에서의 사회정의와 재분배(사회적 약자 및 빈곤층 선호 정책 배려)를 강화한다.

참여예산제도는 미시적으로 지방자치단체와 지방의회에 대한 주민 통제 내지 압력을 동반하여 재정 정보 공개 비율 증가, 재정규율(fiscal discipline) 강화, 예산 절감 방안 모색과 예산 낭비 차단, 주민 생활 · 커뮤니티 밀착 재정 사업의 실용성 제고, 투자 사업 책임성 향상, 예산 지출 성과 향상 노력도 제고 등 다양한 긍정적 효과를 유도한다.

세계적 경험 사례를 볼 때, 참여예산제도가 지향하는 바는 궁극적으로 재정의 투명성, 재정 운영의 효과성(주민의 의사, 수요, 선호의 효과적 구현), 재원 배분의 공정성, 정부 운영의 총체적 책임성을 높이는 데 있다. 뒤에서 설명되지만, 세계은행(World Bank), 국제연합(UN), 유네스코(UNESCO) 등 주요 국제기구들은 일찍부터 참여예산제도의 가치와 중요성을 크게 인정하였으며, 무엇보다도 투명성과 거버넌스 개선의 효과성을 높이 평가한다. 특히, 세계은행은 참여예산제도의 목표를 지방 거버넌스의 투명성, 책임성, 사회적 포용(social inclusion)의 향상에 있다고 지적한다.

### 참여예산제도의 힘과 역할

참여예산제도는 공공 자금을 보다 잘 관리할 수 있는 에너지를 갖춘 수단이자 방법이다. 참여예산은 민주주의를 한 단계 더 깊이 실천하고 지역 사회를 튼튼히 하는 데 기여하는 동시에 국민의 세금을 보다 효율적이고 형평성 있게 사용하도록 유도한다. 오늘날 참여예산은 국(주)민들이 내는 세금, 즉 공적 자금을 보다 투명하고 책임성 있게 운영하도록 압력을 가하고 감시할 뿐 아니라 시민 상호간의 소통과 학습을 통해 지역 사회의 발전을 견인하는 수단으로서 맹활약을 하고 있다.

종합적으로, 참여예산제도가 본래의 취지대로 실현된다면 공적 자금의 의사 결정이 보다 민주화되고, 정부의 거버넌스 방식과 공적 책임성에 신선한 변화의 바람이 일어난다. 무엇보다도 이 과정에서 지역 사회의 주민들이 서로의 생각과 관심사를 논의하고 소통하는 광장이 마련되어 상호 이해가 증진되고, 나아가 다수 주민의 재정 수요가 예산에 반영되어 원하는 행정 서비스가 제공될 수 있는 점이 중요하다.

## 참여예산제도의 문제와 과제, 위험성, 경계 대상

모든 제도와 사회적 운동이 그러하듯이 그것이 항상 좋은 장점과 파급 효과만을 지니는 것은 아니다. 참여예산제도 또한 적절한 조건을 구비하지 못한 상태에서 서투르게 실시될 경우 심각한 위험이 초래될 수도 있다(Shah, 2007). 가장 큰 위험성은 참여예산제도가 이익 집단에 휘둘릴 수 있는 가능성이다. 이 경우 참여예산은 민주적이고 포용적인 공적 의사 결정 과정을 창출하기보다

### 주민참여예산제도 관련 문제, 한계 및 장애 요인

우리나라에서 참여예산제도가 법제화되기 이전에 참여예산을 실시하였던 소수의 지방자치단체들은 제도의 긍정적 측면 외에 적지 않은 문제와 한계 및 장애 요인을 경험하였다. 이들을 요약하면 다음과 같다(임성일, 2011에서 재인용).

- 지방자치단체 조직 내부의 부정적 시각(공무원의 인식), 지방의회 예산 심의권 침해 논란, 시민위원의 전문성 부족에 따른 부실 편성 우려, 예산 편성 기간의 제약으로 인한 다양한 주민 의견 수렴 한계 등(광주광역시 북구(이승래, 2007))
- 의사 결정 지연, 업무 부담 가중, 집단 간 갈등 조장, 주민 참여 저조, 의회 예산 심의권 침해 등(대전광역시 자체 진단, 2008)
- 학계에서는 열악한 지방재정 여건 하에서의 제도 성공에 대한 우려(임동욱, 2003); 예산 결정 과정에서 지방의회와의 갈등 초래 소지, 참여예산제도에 의한 예산 편성이 단기성 · 분배성 · 정치성 · 복지성 위주로 결정될 경우 예산 지출의 경제적 효율성 저하 현상 발생 가능성(나중식, 2004; 이강원, 2003 등); 불평등 영향력 문제(안성민 · 최윤주, 2009), 주민 대표성 한계(낮은 주민 참여율)와 참여 대상 예산의 수준 · 범위 · 대상의 혼란 등을 지적함.
- 그 외 낮은 주민 참여, 자치단체의 인식 오류와 소극성, 집행부 · 의회 관계 등이 지적됨.

* 그러나 이와 같은 초기의 문제와 장애 요인들은 2010년대에 참여예산제도가 법제화되고 많은 지방자치단체들이 상호 학습과 경쟁을 하는 과정에서 일정 부분 해소되었다.

오히려 비민주적이고 배타적이며 엘리트 주도의 거버넌스 체제로 변질될 수 있다. 만일 참여예산제도가 엘리트와 이익 집단에 의해 주도될 경우 사회적 불공평, 부정과 불법 및 부패가 제도 속에 감추어져 강화되는 역기능이 나타나게 된다. 한마디로, 참여예산제도는 '이익(유력) 집단의 힘에 의한 전횡'(tyranny of group dynamics)에 포획당할 수 있는 위험성이 있다. 이를 경계하고 차단하기 위해서는 절대 다수의 주민 참여가 필요하고, 지방의 정치와 비공식적 역학 관계에 대해 정통할 필요가 있다.

참여예산제도와 관련하여 일반적으로 제기되고 있는 문제와 과제를 정리하면, 참여자의 주민 대표성 문제와 주민의 의견 · 수요 · 선호 대표성 문제, 주민의 예산 참여 단계와 수준 문제, 예산 관여 영향력의 공정성 및 효과성 문제, 불평등 참여와 불평등 영향력 문제, 지방의회와의 관계 문제, 제도의 목적 달성 가능성 문제(재정의 투명성, 효과성, 민주성 등), 제도 실시의 거래 비용(transaction cost)과 참여 유인 비용(incentive cost) 문제 등이 있다(이에 관하여는 제3부에서 자세히 다루고 있다). 만일 우리 사회가 이러한 쟁점들을 정확히 간파해서 적극적으로 대응하지 못할 경우 참여예산제도는 실시 과정에서 매우 큰 사회적 기회비용(social opportunity cost)을 초래할 수 있다.

참여예산제도가 암묵적으로 전제하는 것이 (1) 주민 대표성과 주민의 의견 및 수요 대표성 확보 가능성, (2) 주민 의견의 합리성, (3) 주민의 의사 결정 영향력의 책임성 담보 등이다. 그런데 만일 이러한 전제 조건들이 제도의 실시 과정에서 제대로 충족되지 못한다면 참여예산제도의 도입 취지와 목표가 실현되기 어려울 뿐 아니라 제도의 실시에 따른 사회적 혜택보다 사회적 비용이 더 크게 소요되는 문제가 발생한다.

8

## 참여예산제도의 성공 요인, 지방의회와의 관계

참여예산제도를 둘러싸고 빈번하게 제기되는 질문 중 하나는 동 제도가 대의민주주의(representative democracy)에 부합하는지 혹은 부정하는지에 관한 이슈이다. 결론적으로 말하면, 제도의 취지와 운영 원리를 면밀히 살펴볼 때 참여예산제도는 대의 민주주의를 부정하기보다 그것을 보완해 나가는 협력적 기제로 간주된다. 참여예산은 지방자치단체장의 권한에 속한 '예산 편성' 과정에 주민이 참여하는 것을 핵심으로 하며, 이는 지방의회의 예산 심의 · 결정 기능 및 권한과 중복되지 않는다. 특히, 참여예산이 주민의 참여를 통해 예산 편성의 과정과 내용을 개선하고 정부와 주민 간의 소통을 원활히 하는 순기능이 있음은 앞서 지적한 바이다. 예를 들어, 예산 편성 단계에서 참여 주민(시민위원회 포함)과 지방의회 간에 직접 · 간접적 협의의 여지가 생겨나는데, 이를 적극적으로 활용하는 경우(예컨대, 참여 주민과 지방의회와의 간담회, 비공식 협의 모임 등을 활용하는 경우)가 그에 해당한다. 그리고 지역 내 정당 갈등이 심할 경우 주민들의 합의와 바람을 상당 수준 반영하는 참여예산은 예산 의결 과정에서 정당 간 갈등과 횡포를 완화시키는 순기능을 발휘한다.

우리나라의 현행 주민참여예산제도는 적어도 제도적으로는 지방의회와 기능과 권한 면에서 중복 내지 갈등의 소지는 없다.* 그것은 현재 주민참여예산의 범위가 자치단체장의 예산 편성 권한 중 일부 영역에 국한되기 때문이다. 그러나 실제 운영에 있어서는 비제도적 · 비공식적 측면에서 양자 간에 암묵적 갈등 요인이 잠복할 수 있다. 우리나라와 환경과 사정은 다르지만, 외국의 경우 지방 단위의 의사 결정에 주민의 참여가 이루어질 경우 선출 대표직(elected representatives)의 의사 결정 권한에 중대한 위협이 초래될 위험성이 있다는 비판론도 제기되고 있다(Zamboni, 2007). 예를 들어, 예산 편성 과정에 참여하는 주민 또는 시민위원회가 영향력을 행사하고자 주목하는 예산 사업에 대해 예산안 확정 과정에서 지방의회(의원)에 압력을 가하고, 그 영향이 집행부에 피드백되는 상황을 상정해 볼 수 있다. 그리고 비슷한 맥락에서 지방의회의 심의를 받기 위해 제시된 예산안 속에 주민의 요구 사항을 수용하는 항목들이 상당수 포함되어 있을 경우 지방의회가 역할의 한계를 느끼게 되거나 극단적으로 예산 심의 활동이 형식적 절차로 전락할 수도 있다(World Bank, 2006).

일부 외국의 사례(특히, 지방의회가 주도하는 지방자치 구조)에서는 지방의회의 권한 중 일부가 주민과 공유되는 현상도 관측된다. 우리나라의 경우 지방자치의 운영 구조상 그러한 현상이 나타나기는 어렵다. 하지만 향후 참여예산제

* 특히, 우리나라와 같은 기관 대립형 지방자치 체제(집행부는 예산 편성 권한을 갖고, 의회는 예산 심의 의결 권한을 갖는 체제)에서는 주민의 예산 과정 참여 범위가 집행부의 권한 영역에 국한된다. 따라서 주민참여예산제도가 적극적으로 활성화될 경우 현실적으로 주민이 주도한 예산 편성 사업은 1차적으로 자치단체장에 의해 결정되고, 2차적으로 지방의회에 의해 확정되는 모양을 갖게 된다. 이때 만일 특정 예산의 일부 또는 전부가 주민참여예산으로 위임될 경우 이는 집행부 권한의 주민이양(empowerment) 형태가 된다.

### 참여예산제도의 성공 요인

참여예산제도를 적극적으로 실시하고 있는 지방자치단체들은 무엇보다도 지역 시민사회(시민단체)의 강한 요구와 열망 그리고 자치단체장의 강력한 정책 의지에 의해 추동력을 확보하는 것으로 파악된다. 국내외의 연구 및 실증분석 결과에 의하면 참여예산제도의 성공 요인 중에서 가장 중요한 것으로 지방자치단체(장)의 헌신과 정치적 의지, 지역 시민사회의 역량(civil society capacity)이 손꼽힌다.

그 외에 재정 관리 역량, 주민과의 의사소통 역량, 재정적 여유 공간, 명확한 게임 규칙, 지역사회 조직, 분명한 지리적 구조(geographical structure), 성과 실현에 대한 중장기 인식, 반복적 참여 활동에 대한 가치 인정 등이 참여예산의 성공 요인으로 지적된다(Oxfam, World Bank 등).

도의 운영이 어떠한 방식으로 전개되는지에 따라 참여예산이 지방의회의 권한과 기능에 일정한 변화를 초래할 가능성을 완전히 배제할 수는 없다.

마지막으로, 주민의 의견과 실질적 영향력이 반영된 예산 사업에 대한 정보가 어떤 수준과 내용으로 지방의회의 예산 심의 과정에 제시될 것인지에 대하여도 입장을 정리해야 한다. 현행 지방재정법은 주민 의견의 지방의회 제출을 의무화하고 있는데,* 지금까지는 그 내용이 비교적 단순하고 다각도에서 충분한 검토가 이루어지지 못하고 있다. 그런데 주민 의견의 지방의회 제출 문제는 생각보다 단순하지 않다. 지방의회에 공식적으로 제출되는 주민 의견은 크게 참고 정보와 압력 정보의 성격을 지닌다. 그런데 내용의 구성과 질적 수준에 따라 긍정적 효과뿐 아니라 부정적 효과도 초래할 수 있다. 특히, 그것이

* 지방재정법 제39조 ②: "지방자치단체의 장은 제1항에 따라 예산 편성 과정에 참여한 주민의 의견을 수렴하여 그 의견서를 지방의회에 제출하는 예산안에 첨부하여야 한다." (개정 2014. 5. 28)

지방의회와 관련 지역구 의원에 대한 '강한 압력 정보'의 성격을 갖게 될 경우 지방의회의 독립성에 상당한 손상이 주어질 가능성이 있다. 그러므로 이 문제에 대하여는 앞으로 다각도에서 심층적인 검토가 필요하다.

9

# 참여예산제도의 운영 기구

## 참여예산제도와 시민 대표 기구: 참여예산의 기구

참여예산제도의 이상적인 모형은 전체 주민이 예산 과정에 직접 참여하는 것이다. 하지만 이는 현실적으로 매우 어렵다. 그 이유는 수만 명, 수십만 명 되는 참여 주민들이 동시에 의견을 개진하고 공감된 결과를 취합할 수 있는 방법이 없기 때문이다(다만, 주민수가 수백 명, 수천 명으로 구성된 미국과 유럽의 일부 지방정부에서는 직접 민주주의의 구현이 가능하다). 이러한 관점에서 참여예산제도를 두고 직접 민주주의의 수단이자 방법이라고 말하는 데는 한계가 있다. 이러한 현실적 한계를 보완하고 제도의 효율적 운영을 위해 참여예산제도는 시민의 대표와 간접적인 민주 절차를 고안해서 활용한다. 구체적으로, 많은 나라들은 다수 주민의 목소리와 수요(원함)를 대변해 주는 중간 매개체로서 참여예산의 기구와 운영 과정을 작동하고 있다. 즉, 일정한 주민 모임과 대표성 기구 그리고 관련 운영 과정(절차, 수단, 방법)을 고안하여 사용한다.

참여예산제도가 활용하는 기구와 과정의 모형은 다양하고, 기구의 성격과 역할 및 명칭 또한 제도의 형태와 지역에 따라 다르다. 여기서는 가장 기본적이면서 보편적으로 활용되는 기구 내지 모형에 대해 소개하고자 한다.

일반적으로 주민의 참여가 실질적으로 보장되어 참여예산제도가 활성화될 수 있는 기본적 주민 집회의 기구 내지 구조는 지역회의, 주민참여예산위원회(분과위원회), 총회(또는 조정협의회), 지원협의회(또는 연구회)의 네 형태이다(송창석, 2015). 특히, 지역회의, 주민참여예산위원회(분과위원회), 총회로 연계되는 기본 구조는 참여예산제도의 효시인 브라질의 포르투알레그리시를 비롯하여 참여예산제도가 활성화된 세계 각지에서 가장 보편적으로 활용되는 주민 의사 반영 시스템이다.

대체로 보아 현재 우리나라가 도입하고 있는 주민참여예산위원회가 핵심 기구로서 자리매김을 한다. 주민참여예산위원회는 일반 주민과 지방자치단체

**주민참여예산제도의 운영 체계**

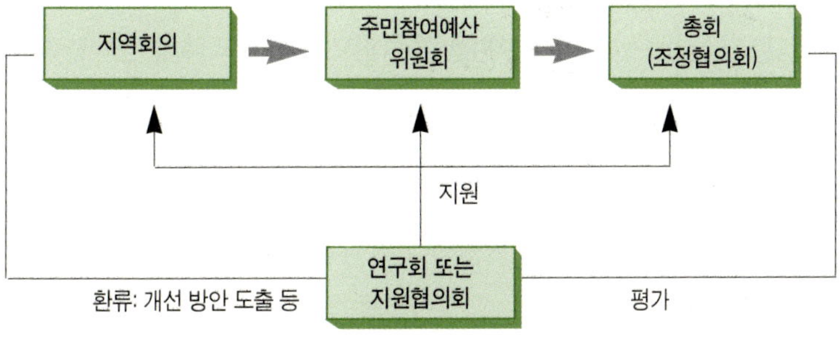


자료: 송창석(2015).

참여예산제도 관련 기구와 기능

| 명칭 | 기능 |
|---|---|
| 지역회의 | 주민참여예산의 1차적 과정으로 해당 지방자치단체 구역 내의 각 지역별로 지역회의를 개최하여 주민들이 스스로에게 필요한 예산안의 내용 등을 제안하는 회의체임. |
| 주민참여 예산위원회 (분과위원회) | 지방자치단체의 각 행정 부서는 지역회의에서 제출된 사업 제안을 포함하여 부서별 예산 편성안을 작성하여 예산위원회에 상정하고, 분과별 예산위원들은 주민을 대표하여 실질적인 예산안을 심의하여 우선순위를 정함; 예산위원 선출 방식은 지역마다 상이하고 통상 분과를 구성하여 운영함. |
| 총회(또는 조정협의회) | 시민들로 구성된 예산위원회와 관련 공무원들이 시민에 의해 제안된 예산 편성안과 공무원들이 먼저 작성한 예산 편성안을 조정하는 작업을 하는 회의체임; 이 과정에서 편성된 예산안은 수용 · 수정 · 거부될 수도 있고 최종안이 지방의회에 제출됨. |
| 지원협의회 또는 연구회 | 일반 시민이 예산 편성 과정에 참여하기 위해 필요한 절차와 운영 계획 등을 조정하고, 시민들에 대한 교육 및 제도 운영에 대한 전반적인 자문 및 지원 기능을 담당함. |

자료: 송창석(2015).

를 연계하는 소통의 고리이면서 참여예산에 관한 크고 작은 의사 결정에 관여한다. 어떤 면에서 주민참여예산위원회는 참여예산제도의 활성화를 도모하는 촉진제(facilitator) 역할을 수행한다. 참여예산제도의 기본 운영 체계 그리고 기구와 기능(역할)에 대하여는 위의 그림과 표에 표현되어 있다(우리나라의 실제 운영과 관련된 내용은 제3부에서 다루고 있다).

10

# 주민의 예산 관여 단계와 방식 및 한계

## 참여예산과 주민의 예산 관여 단계와 방식

참여예산제도가 실시되면 주민이 예산에 관여하는 시기(단계)와 관여 방식 그리고 범위와 대상에 관한 문제가 제기되는데, 이에 대해 간단히 기술하면 다음과 같다(주민의 예산 관여 범위와 대상에 관한 내용은 우리나라의 현황을 다루는 제3부에서 기술하기로 한다).

일반적으로 정부의 예산은 그림에 표현된 바와 같은 예산 과정 내지 예산 순기(budget cycle)를 갖는다. 참여예산제도가 합리적으로 가동되기 위해서는 이

**전통적 예산 과정과 주도 주체**

| 예산 계획 | → | 예산 편성 | → | 예산 심의 · 의결 | → | 예산 집행 | → | 결산 | → | 결산 심의 · 승인 |
|---|---|---|---|---|---|---|---|---|---|---|
| 집행 기관 | | 집행 기관 | | 의회 | | 집행 기관 | | 집행 기관 | | 의회 |

주민참여예산제도와 주민의 예산 과정 참여 수준

| | 예산순기(budget cycle) | | | | | |
|---|---|---|---|---|---|---|
| | 예산 계획 | 예산 편성 | 예산심의확정 | 예산 집행 | 결산 | 평가와 환류 |
| 넓은 의미 | 계획, 진단 (plan) | 편성 검토 (deliberation) | | 감시, 감독 (monitoring) | | 분석/평가/환류 (feedback) |
| 중간적 의미 | | | | | | |
| 좁은 의미 | | | | | | |

주: 1) 임성일의 글(2011)에서 재인용한 것이며, 이론과 외국 사례를 토대로 주민의 예산 과정 참여 단계에 대해 넓은 범위(적극적 참여)로부터 좁은 범위(소극적 참여)에 이르기까지 개념적으로 표현하고 있음.
2) 지방의 기관 구성 형태가 우리와 다른 나라의 경우(예: 영국) 참여예산제도가 예산의 심의 · 확정에 일부 관여하는 현상이 나타남.

러한 예산 과정 중에서 구체적으로 어느 시점에서부터 주민이 참여하고 어느 시점에서 주민의 참여가 종료될 것인지에 대해 명확히 해주어야 한다. 참여예산제도에서 주민의 예산 과정 참여 시기(즉, 참여 단계) 문제는 중요한 쟁점이 되는데, 이것은 예산 편성(안)의 의사 결정 방식과 구조 및 수준에 영향을 미치는 동시에 주민의 예산 관여의 강도와 구체성에 영향을 미치기 때문이다. 대체로 말해서 참여예산이 적극적으로 활동 가능한 예산 단계는 예산의 계획 및 편성 단계이고, 그중에서도 특히 편성 단계가 그러하다.

참여예산제도가 고도의 수준으로 발전할 경우 아마도 참여예산이 적극적으로 활동 가능한 예산 단계는 예산의 계획 및 편성 단계는 물론 예산의 집행 및 평가 · 환류 단계를 망라할 것이다. 물론 이것이 모든 예산에 대해 주민이 관여해서 영향을 미친다는 것을 의미하지는 않는다. 위 그림은 이론과 외국 사례를 토대로 주민의 예산 과정 참여 단계에 대해 넓은 범위로부터 좁은 범위에 이르기까지 개념적으로 표현해 주고 있다. 우리나라의 현실을 감안할 때 주민의 예산 참여는 예산의 계획 단계와 편성 단계에 중점을 두면서 차츰 예산의 집행 및 평가 단계로 확대하는 접근이 합리적이다. 현실적으로 세계의 어느 나라도 주민들이 모든 예산 사업에 관여하는 방식의 참여예산제도를 운영하지 않고 있다. 거의 모든 나라에서 예산에 대한 주민의 참여 단계와 대상 범위를 사전에 규정하고 제약을 두고 있다.

사실, 예산의 계획 단계에 주민이 적극적으로 관여하는 것은 기술적 측면에서 많은 어려움이 있다.* 그러나 예산의 계획이 완료된 시점에서 주민의 참여가 이루어질 경우 주민이 예산 편성에 실질적인 영향력을 행사하기가 어렵다. 따라서 가능하면 예산의 계획 시점부터 주민의 참여 문호가 개방되는 것이 바람직하다. 이때 계획 시점이란, 기본적으로 특정 예산회계의 예산 계획을 의미하지만, 그보다 앞서는 1-2년 전의 예산 계획 시점으로 확대될 수 있다. 이 경우 참여의 수준과 범위가 새로운 쟁점이 될 수 있다. 초기 도입 단계에서는 주민의 직접적 관여(영향력 행사)보다는 다양한 의견을 수렴하고 주도적 의견을 반영하는 데 중점을 두는 것이 합리적이다. 물론 이것은 지역의 여건(인구 · 사회 · 지리적 여건)에 따라 다르게 접근된다.

국내외의 사례를 살펴보면, 주민의 예산 관여 방식은 초보 단계라 할 수 있는 주민의 의견 제시와 수렴(consultation: 주민 의견을 다양한 방법으로 수집하여 참

---

* 예산의 계획 단계에서 주민의 참여가 이루어지는 것이 현실적으로 용이하지 않음을 인식할 때, 영국 등에서 실시하고 있는 사전(예비)예산보고(pre-budget report)제도를 도입하면 이 문제의 해소에 일부 도움이 될 것으로 생각한다. 예산 과정의 첫 단계인 예산 계획 단계에서 발생하는 재정 정보는 대부분 지방자치단체 내부에서만 공유될 뿐 외부에 공개되지 않는다. 그러나 앞으로는 이러한 관행을 타파하고 예산의 계획 단계부터 투명성을 높인다면 예산 계획 단계의 주민 참여 문제는 어느 정도 해소될 수 있다.

고 정보로 활용하는 수준) 방식으로부터 수집된 주민 의견을 적극적으로 반영하되 최종 결정은 지방자치단체가 하는 방식, 그리고 주민들이 의사 결정에 영향력을 행사하는 권한 부여 방식(citizen empowerment: 주민이 지방정부와 함께 의사 결정을 하는 방식) 등 다양한 수준과 형태가 존재한다. 이에 대한 접근은 지역의 특성, 인구, 도시 규모 등에 따라 자치단체별로 다를 수 있으며, 그 선택은 궁극적으로 지방이 한다.

# 제 2 부

## 참여예산제도의 세계적 도입과 확산

# 11

# 참여예산제도의 세계적 출범과 확산

## 참여예산제도가 처음 실시된 곳은 브라질의 포르투알레그리시

참여예산제도는 1989년에 브라질에서 세계 처음으로 실시되었다. 제도의 발상지는 브라질의 남부에 위치한 포르투알레그리(Porto Alegre)라는 대도시이다(2014년 기준으로 포르투알레그리시의 인구는 150만 명임). 그런데 놀랍게도 포르투알레그리시에서 시작한 참여예산제도는 지난 28년 이상 전 세계를 휘저으면서 지구촌 곳곳에 막대한 영향을 미쳤다. 참여예산제도는 일정 기간 브라질을 중심으로 활성화되다가 남미 지역으로 번졌고, 2000년대를 전후로 유럽을 비롯하여 전 세계로 확산되는 위력을 과시하였다. 그 위력은 포르투알레그리시가 파격적으로 도입한 재정 민주주의라는 사회적 실험이 실시 수년 후 지역 사회는 물론 세계적인 성공 사례로 크게 인정을 받으면서 생겨났다.

세계적 성공 사례로 인정되자 국제연합(UN), 세계은행(World Bank) 등 국제기구들은 앞다투어 참여예산의 전파자를 자처하고 나섰다. 이들은 각종 원조 자금과 지원 사업(프로그램)을 가지고 주로 후진국과 개발도상국을 대상으로 제도의 국제화를 도모하였다. 이와 함께 세계적 비정부 기구와 전문가 그룹 또한 참여예산의 가치와 장점을 크게 부각시키면서 참여예산제도의 세계화를 촉신시켰다. 그리고 1990년대 중반 이후 참여예산의 운영에 자신감을 갖게 된 포르투알레그리시가 전 세계를 향해 자신이 개발한 제도를 적극적으로 홍보하는 전략적 행태를 취한 것도 참여예산의 국제화에 크게 기여하였다.

1990년대에 들어서자 참여예산제도는 포르투알레그리시를 넘어 브라질의 많은 도시로 급속히 확산되었고, 이는 곧이어 강풍을 만난 산불처럼 남미 전 지역으로 급속히 전파되었다. 남미에서는 2000년대 초반에 이미 1,000개 이상의 도시들이 참여예산제도를 실시하였던 것으로 알려졌다. 그 후 참여예산제도는 약간의 시차를 두고 남미 대륙을 넘어 유럽, 아프리카, 아시아, 북미 등 전 세계로 확산되었다. 우리나라는 다른 나라에 비해 다소 늦은 2000년대 초에 참여예산제도에 접하게 되었고, 당시 소수의 진보 성향 지방자치단체를 중심으로 제도 활성화의 움직임이 일어났다. 돌이켜 보면, 참여예산제도가 마치 전염병처럼 전 세계로 빠르게 확산된 것은 1990년대 후반 이후이고, 그것이 다양한 형태로 꽃을 피우면서 본격적으로 발전을 이룬 것은 2000년대 중후반 이후 최근이다.

참여예산제도가 빠르게 세계적으로 확산된 원인은 그 속에 정부와 국(주)민 간의 관계(관여, 소통, 협력 등)를 한 단계 더 가깝고 높일 수 있는 새로운 민주적 방법과 길이 있었기 때문이다. 그 과정에서는 시민사회 활동가를 비롯하여 다양한 국(주)민, 행정 및 정치 리더, 국제기구, 시민사회, NGO, 전문가 사회 등 광범위한 주체들의 노력과 관심이 큰 역할을 하였다.

## 참여예산제도의 발상지 브라질의 상황과 한국의 상황은 크게 다르다

참여예산제도가 포르투알레그리시를 중심으로 불이 붙었던 당시의 브라질 상황은 현재의 브라질 상황과 다르고, 오늘날 한국의 상황과는 더더욱 다르다. 당시 브라질에서는 정치가와 관료의 부정 · 부패가 만연하였고, 고객주의(clientilism)와 후견 정치 현상이 심각하였다. 무엇보다도 상 · 하수도 등 도시 인프라가 제대로 정비되지 못하였고, 기초적인 사회복지와 주민 생활과 밀접한 기본 행정 서비스가 제대로 공급되지 못하였다. 이러한 상황에서 정부에 대한 국민의 불신과 불만이 자연스럽게 고조되었다. 그러던 중에 정치 · 사회적 변곡점이라는 특별한 계기가 주어지자 참여예산제도는 마치 기다렸던 것처럼 폭발력을 갖고 빠르게 발전하였다. 지금부터는 포르투알레그리시에서 참여예산이 도입될 당시의 배경에 관하여 간단히 기술하고자 한다.

1980년대의 브라질은 오랜 독재 체제에서 민주주의 체제로 넘어가는 전환기였다. 당시 사회적으로 많은 변화가 이루어지는 가운데 각종 민주화 운동과 사회 운동(도시 운동)이 적극적으로 전개되었다. 당시 브라질은 세계에서 빈부 격차가 가장 심한 나라 중 하나였다. 이러한 상황에서 정부의 예산과 경영을 주도하는 관료와 의회의 부정 · 부패 그리고 기득권층의 집단 이기주의가 매우 심하여 정부의 예산이 국(주)민이 원하는 방향으로 운영되지 않았다. 그 결과 도로, 병원, 상하수도, 보건 · 복지, 환경 분야에서 주민의 기초 수요가 제대로 충족되지 못하였고, 이로 인해 국(주)민의 불편과 어려움은 날로 더해졌다. 이러한 상황적 요인은 극심한 빈부 격차 문제에 더해 사회적 불만으로 이어졌고, 급기야 정권 교체의 원동력이 되었다.

포르투알레그리시는 인구 100만 명이 넘는 대도시(Rio Grande do Sul 주의 수도)로 1980년대 후반에 정치의 주도권을 쥐게 된 노동당(Partido dos Trabalhadores: PT)의 보루였다. 포르투알레그리시에서 참여예산이 활성화된 결정적인 계기는 진보 성향의 노동당이 1988년도 선거에서 승리하면서 주어졌다. 선거에서 이겨 정권을 쟁취한 좌파 정부는 과감한 참여예산제도의 도입을 통해 정부의 운영 방식을 완전히 바꾸고자 시도하였고, 이는 시민사회의 열망과 의기투합했다. 당시 추진된 참여예산의 기본 취지는 비선출 시민(보통 시민)들이 정부의 예산 결정 과정에 참여해서 직접 예산을 결정하고 각종 공공 자금의 사용에 대해 감독하는 데 있었다. 이것은 과거에는 상상도 할 수 없는 일대 파격적인 개혁 조치였다. 예산은 항상 정치가와 관료들과 소수의 기득권층이 독식하면서 결정해 왔었는데, 이제 게임의 룰이 바뀌어 일반 시민들이 예산의 사용 문제를 두고 당당히 자기 결정을 할 수 있게 된 것이다. 실로 시민의 입장에서 놀랄 만한 사건이 아닐 수 없었다.

이와 같은 새로운 정치적 환경 변화 속에서 참여예산제도가 탄생하였다. 독재와 기성 정치에 승리한 진보 정치권의 참신하면서도 파격적인 정책이 변화의 불을 붙이자 기성 정치와 행정에 신물이 난 시민들이 불과 수년 내에 요원의 불길을 만들어 낸 것이다. 소위 '분노한 시민'들이 풀뿌리 민주주의와 민중의 단합된 힘에 기대어 정치와 행정의 무능과 탐욕을 제압하는 직접 민주주의의 과정과 수단을 선택하였고, 마침내 민주주의를 숙성시켜 내었다. 포르투알레그리시에서도 사람들이 변화된 정치적 환경과 참여예산제도에 생소하였던 탓에 도입 초기 몇 년 동안에는 참여예산의 동참자들이 많지 않았다. 하지만 그 기간이 지나자 많은 시민들이 직접 · 간접적으로 참여예산의 행렬에 동참하였다. 특히, 중산층과 사회적 소외 계층 및 약자 그룹들이 보다 적극적으로 참여해서 자신들의 목소리를 내었다.

## 남미의 참여예산제도*

브라질의 참여예산제도는 매우 인상적이면서 영향력과 전파력이 강력하였다. 특히, 인구가 밀집한 대도시에서 참여예산제도가 열기를 뿜고 활성화되는 현상은 브라질 참여예산의 역동성과 독특성을 엿볼 수 있게 해준다. 브라질 타입의 참여예산제도가 가장 크게 영향을 미친 곳은 다름 아닌 브라질이 속한 남미 지역이었다. 이것은 아마도 당시 남미 각국의 정치 · 경제 · 사회적 여건이 기본적으로 브라질과 유사하였던 측면(요인)이 크게 작용하였던 것 같다. 그리고 브라질과 남미의 다수 국가들이 문화와 사고방식 면에서 유럽이나 세계의 다른 지역과 달리 비슷했던 것도 브라질의 참여예산제도가 단기간에 남미 지역에 큰 영향을 미친 요인으로 보인다. 실제로 1990년대 중후반 이후 브라질의 참여예산제도는 남미 전역을 풍미하였고, 일약 가장 보편적인 시민의 정치 · 행정적 참여 수단으로 발돋움하였다.

남미의 참여예산제도는 크게 두 형태로 구분이 가능하다. 하나는 포르투알레그리시 타입의 참여예산으로 강력한 행정 권한의 시민 이양을 활동 축으로 하는 '권한 이양형 참여적 거버넌스'(empowered participatory governance)이다. 다

* 남미 참여예산제도 등 이하 기술되는 세계 각 지역의 참여예산제도 상황에 관한 내용은 다음의 책들을 많이 참고하였다: Engagement Global(Y. Sintomer et al.), *Participatory Budgeting Worldwide-Updated Version*, 2013; Nelson Dias(org), *Hope for Democracy - 25 Years of Participatory Budgeting Worldwide*, 2014.

### 남미 지역 참여예산제도의 성과

그동안 진행되었던 남미의 참여예산제도 변천 과정을 돌이켜 보면, 참여예산의 방향과 범위, 내용과 강조점, 방법 등에 있어서 상당한 변화가 있었다. 이것을 거시적으로 정리해 보면 다음과 같다.

(1) 참여예산제도는 체계적으로 잘 구조화되어 실천되었고, 그 결과 정부의 재정을 비롯한 공공 자금의 투명성이 높아지고 부패가 줄어들었다.
(2) 참여예산제도는 남미의 고질적인 고객주의(clientelism) 병폐를 축소시키는 데 기여하였다.
(3) 참여예산제도는 빈곤층과 사회적 약자에게 도움이 되는 부와 소득의 재분배를 도모하였다.
(4) 참여예산제도는 행정의 현대화와 효율성 증진에 기여하였다.

른 하나는 권한 이양형 참여적 거버넌스에 비해 시민의 권한과 역할이 크게 완화된 형태이다. 남미에서 포르투알레그리시 타입의 막강한 참여예산제도가 활성화된 배경에는 무엇보다도 정치 · 행정 권한의 독점적 위치에 있는 정치권이 자신의 권한 중 일부를 내려놓으면서까지 정부 개혁을 하겠다는 강한 의지와 결단이 있었다. 아울러 주민과 지역 사회가 정부의 운영 방식을 통째로 바꾸고 정치가와 관료의 주민에 대한 수직적 · 고압적 행태와 부패를 개선해야겠다는 강한 열망과 노력이 일종의 시대적 사명처럼 급부상한 현상이 있었다. 전자는 정부의 운영 방식과 정부와 국(주)민과의 관계를 새롭게 하려는 하향식(top-down) 움직임이고, 후자는 상향식(bottom-up) 움직임이라고 말할 수 있다. 세계에서 처음으로 참여예산제도가 도입될 당시 두 방향의 움직임이 절묘한 조화를 이루었고, 그 결과 미래를 향한 폭발적인 추진력이 생겨날 수 있었다. 당시 포르투알레그리시, 몬테비데오시 등 참여예산제도를 적극적으로 추진하였던 남미의 도시들은 참여예산이 살아 움직일 수 있도록 시민사회 조직을 중심으로 다양한 실천적 방법론과 전략을 치밀하게 고안하고, 수단적 도구들을 끊임없이 개발하여 실천하였다.

현상적으로 남미 국가들은 참여예산제도가 도입될 시점과 그 이전의 상당 기간에 걸쳐 오랜 독재 체제와 함께 심각한 사회 · 경제적 격차 현상을 노정하였다. 그 결과  빈곤층과 사회적 취약 계층은 물론 일반 국민들조차 매우 큰 고통과 어려움을 겪었다. 당연히 국민의 불편과 불만이 팽배하였다. 이와 같은 상황에서 정치적 환경이 바뀌자 강력한 시민 파워를 내장한 참여예산제도가 출범하였고, 곧이어 각 지역에서 그에 대한 국민의 관심과 지지가 봇물처럼 쏟아져 나왔다. 그리고 이것은 시간이 흐르면서 점점 거대한 정치 · 사회적 변화를 초래하는 활화산으로 변하였다. 이제 남미 지역은 종전 신자유주의 정책(neoliberal policy)에 치중하였던 독재 체제를 벗어나 민주주의 국가 체제로 바뀌는 국면 전환에 접어들었다.

남미 지역 참여예산제도의 또 다른 형태는 포르투알레그리시 유형에 비해 시민들이 직접 결정하는 예산의 규모와 범위가 크게 줄어드는 등 전체적으로 시민의 권한이 크게 완화된 운영 방식을 취하고 있다. 이것은 여러 면에서 볼 때, 앞서 언급한 행정 권한의 시민 이양을 활동 축으로 하는 '권한 이양형 참여적 거버넌스'와는 거리가 멀었다. 이러한 참여예산제도는 기본적으로 포르투알레그리시에서 행해졌던 참여예산의 방법과 수단을 사용하기는 하였지만, 참여예산이 정치적 참여나 강력한 시민 권한 이양의 수준에는 도달하지 못하였다. 그 결과 참여예산은 정부의 예산 활동에 개입하여 실질적으로 재정

### 브라질과 남미의 참여예산제도 도입 배경

브라질과 남미 지역에서 참여예산제도가 시민사회의 적극적인 호응을 받으면서 빠르게 확산된 배경(원인)은 지구촌의 다른 지역과 상당히 다르다. 1980년대와 1990년대의 대다수 남미 국가들은 경제적으로 발전하지 못하였고, 잦은 분쟁과 정치 · 행정적으로 낮은 민주화 그리고 비효율적인 정부 운영으로 만신창이가 된 상태였다. 빈부 격차(소득 불평등)가 극심한 가운데 정치가와 관료의 부정 · 부패가 만연하였고, 국민이 필요로 하는 기본 행정 서비스의 공급 수준은 매우 낮았다. 자연히 정치와 행정에 대한 국민(주민)의 불신과 불만이 크게 고조될 수밖에 없었다.

이러한 상황에서 정권과 정치 체제가 바뀌면서 파격적인 새로운 예산 운영 시스템, 즉 참여예산제도가 시도되자 많은 시민과 시민사회가 술렁거렸다. 시민들은 도시의 예산 운영에 자신이 직접 참여해서 의사 결정을 할 수 있는 새로운 기회를 제공하는 참여예산의 매력에 금방 빠져들었다. 옥의 티이지만, 제도의 실시 과정에서 다소 과격하고 과도한 부분이 없지 않았다.

자원의 재분배를 유도할 수 있는 힘과 수단을 확보할 수 없었다. 그럼에도 불구하고 이 모델은 정부의 재정 운영 투명성과 책임성을 높이고 부패 감소에 기여하는 등 나름대로 좋은 성과를 보였다.

그런데 세계은행(World Bank)은 상대적으로 덜 급진적이면서 재정 민주주의의 효과를 유발하는 이 모델에 큰 관심을 갖고 눈여겨보았다. 그 후 세계은행은 이 모델에 입각하여 2000년에 '친빈곤정책'(pro-poor policies)을 강화하기로 결정하고, 그 실천 조치로서 친빈곤정책과 참여예산제도를 연계하는 프로그램을 개발하여 세계 각국에 확산시켰다. 세계은행의 이러한 결정과 시도는 그 후 아프리카와 아시아 등 전 세계의 많은 후진국과 개발도상국들이 참여예산제도를 접하게 되고 그것을 활성화하는 데 크게 기여하였다. 다만, 일각에서는 이러한 세계은행의 정책 시도를 두고 참여예산의 근본 취지와 영혼을 상실한 것이라고 혹평하기도 한다.

## 참여예산제도, 대서양을 넘어 유럽으로

참여예산제도가 브라질을 비롯하여 남미 전역에서 선풍적인 인기를 얻자 세계가 그에 대해 주목하기 시작하였다. 그리고 그 영향은 급기야 유럽 대륙으로 번져 갔다. 사실, 유럽은 브라질이나 다른 남미 국가들과 완전히 다른 정치 · 경제 · 사회적 환경을 갖고 있었다. 유럽 국가들은 경제가 발전하고 민주화 수준이 높았으며, 행정의 현대화가 일찌감치 이루어졌다. 그런데 이러한 유럽의 많은 지역에 포르투알레그리시의 참여예산제도가 침투한 것이다. 독일, 스페인, 영국, 이탈리아, 포르투갈 등 유럽 각지의 도시들이 참여예산의 행렬에 동참하는 현상이 나타났다.

유럽에서는 현재 수백 개의 도시에서 서로 다른 형태의 참여예산제도가 실시되고 있다. 그중에는 스페인의 세비야(Seville), 코르도바(Cordoba)나 독일의 쾰른(Koeln)과 같은 중형급 도시들이 있는가 하면 파리, 로마, 리스본, 베를린의 자치구들도 포함되어 있다(Sintomer 외, 2013). 놀라운 사실은 세계적인 대도시이자 유럽의 심장격인 파리시가 2014년에 전격적으로 참여예산제도를 도입한 것이다. 그 후 파리시는 빠른 속도로 참여예산의 내실과 질적 깊이를 다져 나가면서 유럽의 맹주 자리를 넘보고 있다. 불과 몇 년 사이에 파리시의 참여예산은 전 세계의 대도시 가운데 관련 예산의 규모가 가장 크고 적극적인 횡보를 보이는 것으로 평가된다.

파리시 이전에 참여예산을 받아들인 세계적 대도시로는 미국의 시카고

(Chicago)시(2008)가 있으나(시카고 전체가 아닌 일부 지역임), 참여예산의 규모나 적극성 면에서 높은 평가를 받지 못하였다. 세계적 대도시로는 우리나라의 서울시(2012년부터 실시)와 뉴욕시를 결코 빼놓을 수 없는데, 서울시는 그동안 부단한 노력과 변화에도 불구하고 홍보 부족으로 참여예산의 세계적 인지도가 크게 부족한 상태이다. 서울시보다 뒤늦게 출범한 뉴욕시의 참여예산제도는 체계적인 홍보 전략과 함께 형식과 내용(실질)을 갖추면서 서울시보다 발 빠르게 움직이고 있다. 다만, 파리시와 뉴욕시의 기관 구성 형태와 예산 시스템 그리고 정치적 환경이 서울시와 다르다는 사실은 유념할 필요가 있다.

현재 유럽의 곳곳에서는 브라질이나 남미의 참여예산제도와 상당히 다른 형태의 다양한 참여예산제도가 꽃피고 있다. 유럽 나름대로 참여예산제도에 대한 매력 포인트를 발견하고서 자기 모형을 개발한 것이다. 그런데 유럽의 많은 도시들이 남미 국가들과 완전히 다른 정치 · 경제 · 사회적 상황에서 왜, 무엇 때문에 남미 출생의 참여예산에 매력을 느끼고 비교적 단기간에 활성화를 이루었는지에 대해 궁금하지 않을 수 없다.* 그에 대한 답은 크게 보아 기존 정치 · 행정에 대한 실망과 불신, 참여예산의 직접 민주주의적 특성과 힘, 시민 상호간의 소통과 숙의(deliberation), 시민의 실질적 의사 결정 기회와 권한의 확보 등에 있다. 그중에서도, 특히 그동안 행정부와 의회에 일임되었던 모든 예산 권한(각종 수입의 확보, 각종 지출의 결정)이 민주주의의 이론이나 정치가들이 틈만 있으면 말하는 것처럼, 국(주)민을 위하거나 대표해 주지 못하는 현상에 식상한 국민과 시민사회가 참여예산제도에 큰 매력을 느끼게 된 현상을 강

* 유럽의 참여예산제도는 국가와 지역에 따라 상당히 다른 모양과 운영 시스템을 갖고 있고, 세부적으로 들어가면 참여예산의 특성과 운영의 초점이 매우 다양하다.

조할 수 있다.

민주주의가 발달한 유럽 사회였지만, 현실에서는 많은 국(주)민들이 선거 참여나 민주주의에 기반을 둔 정치적 행태에 대해 크게 실망하거나 식상한 모습이 역력하였다. 유럽의 많은 국민들과 시민사회는 기존의 정치 시스템과 정부의 운영 방식을 바꾸어야 할 필요성을 절감하고 있었다. 하지만 일반 국민이 할 수 있는 것은 주기적으로 다가오는 선거에 참여해서 자신의 의사를 표현하는 것 외에는 사실상 기존 시스템을 바꿀 수 있는 특별한 수단과 방법이 없었다. 하지만 투표와 선거에 의한 효과는 국(주)민들의 기대를 충족시켜 주기보다는 오히려 실망을 주는 경우가 더 많았다. 이는 차츰 국민의 투표율 저하 현상으로 나타났다. 대부분의 국가에서 낮은 투표율과 함께 각종 민주적 제도와 운영 방식에 대해 국민들이 시큰둥하게 반응하는 현상들이 나타났다. 사실상 많은 사람들이 민주주의에 대한 기대가 크게 위축된 상태에서 대안 부재의 상황을 경험하고 있었다.

이와 같은 대의 민주주의의 작동 부전 현상은 역설적으로 유럽에서 참여예산제도가 붐을 일으키게 되는 중요한 계기가 되었다. 그리고 유럽의 많은 지방정부들이 재정 문제로 신음하는 현상과 함께 관료주의의 폐해와 재정 운영의 비효율성(세금 낭비 포함) 현상이 사회 문제로 대두된 것도 유럽에서 참여예산제도가 활성화될 수 있는 배경적 요인이 되었다.* 종합적으로, 유럽의 여러 지역들은 자신이 직면한 다면적 문제(정치 · 사회 · 재정적 문제)를 해결하는 대안

* 부연하면, 유럽의 참여예산제도는 대의 민주주의의 기능 부전이나 정부와 관료제의 성과 부진에 대해 시민이 직접 시정의 의사 결정(특히, 예산 및 재정 관련 의사 결정)에 개입하여 보다 나은 정부 운영과 국(주)민 복지 향상을 도모하는 소위 '풀뿌리 민주주의'의 몸부림이라고 말할 수 있다.

으로서 참여예산제도에 기대었다.

그런데 중요한 사실은 유럽이 선택한 참여예산제도는 비록 그 기반과 뿌리를 포르투알레그리시의 참여예산제도에 두고 있지만, 실제 제도의 실시 과정에서는 운영의 방법과 수단을 그와 달리하는 경우가 적지 않았다. 유럽의 참여예산제도가 빠르게 확산된 계기로 다양한 비영리 기구(NGO)의 활동가들과 지방 정치가(시장, 의원 등)들이 포르투알레그리시가 주최한 세계 사회 포럼(World Social Forum)에 참가해서 큰 영향을 받은 사건을 지목할 수 있다. 그중에서도, 특히 세계 사회 포럼과 병행 실시된 지방정부 포럼(Local Authorities Forum)에 참석한 사람들이 큰 감명을 받고 국내로 돌아와서 참여예산제도의 전파와 뿌리 내리기에 큰 열성과 노력을 기울였다.

유럽에서도 브라질의 포르투알레그리시 타입에 가장 근접한 참여예산제도를 실시하고 있는 곳은 주로 스페인과 이탈리아의 지방자치단체들이다. 스페인의 경우 주민 중심의 참여예산보다 각종 사회적 조직체, 직능 단체, 커뮤니티 그룹 등이 주도하는 참여예산을 적극적으로 실시하고 있다. 이들 사회적 조직체는 자신의 구성원들이 원하는 예산 수요와 필요성 및 우선순위를 수렴한 다음 이것을 지방자치단체의 예산 결정에 반영하는 역할을 주로 한다. 이러한 형태의 참여예산제도를 풀뿌리 민주주의의 구현이라고 말할 수 있을지에 대하여는 의견이 분분하다.

유럽에서 가장 보편적으로 채택되고 있는 참여예산제도는 행정부, 정치가(의회 포함), 시민 간의 소통과 관계를 새롭게 구축하는 근린 모임(neighborhood meetings) 중심 형태이다. 이러한 형태의 참여예산제도는 프랑스, 이탈리아, 포르투갈, 스칸디나비아 국가 등을 중심으로 많이 활용되고 있다. 근년에는 보수 성향의 정부들도 참여예산제도에 뛰어들기 시작하였는데, 대표적으로 독일의 경우가 그에 해당한다. 독일의 참여예산제도는 처음부터 정파를 초월해서 출발하였다(세계적으로 보면, 통상 진보 성향의 정치가(자치단체장 포함)들이 주도하는 지방자치단체들이 참여예산제도에 적극적인 경향을 보인다). 현재 대부분의 서유럽과 북유럽 국가에서는 참여예산제도의 도입 및 활성화를 목표로 하는 다양한 지방정부 네트워크가 결성되어 활용 중에 있고, 일부에서는 정부 조직이 그러한 노력에 가담하고 있다.

동유럽 국가의 참여예산제도는 세계은행, UNO, USAID, GIZ 등 국제기구의 체계적인 지원에 힘입어 제도의 도입 및 착근이 이루어지는 경향이 강하다. 동유럽 국가 중에서도 가장 괄목할 만한 발전을 이루고 있는 나라는 단연 폴란드(Poland)이다. 폴란드는 우리나라와 마찬가지로 참여예산제도를 법률에 의해 국가 제도로 채택한 바 있다.

유럽의 참여예산제도는 남미와 마찬가지로 정부 재정 활동의 투명성 제고에 많은 에너지를 투입하고 있으며, 실제로 성과도 이루어 내고 있다. 유럽에서 참여예산제도가 갖는 정치적 잠재력과 영향은 다양하게 관측된다. 가장 많이 관측되는 것은 참여예산이 시민(그리고 시민과 시민), 지방의 정치 엘리트, 행정가(관료) 사이의 소통을 개선시키는 결과 내지 성과를 내는 현상이다. 하지만 이러한 성과가 기존의 정당들이 수행해 왔던 중재 역할을 대신할지에 대하여는 아직은 충분히 확신하기 어렵다. 지금까지는 참여예산이 정치 문화에 긍정적인 영향을 미치고 참여 주체의 역량을 강화한 것은 분명하지만, 그것이 과연 중장기적으로 지속될 수 있을지에 대하여는 더 두고 보아야 할 것으로 생각된다.

남미의 참여예산이 함축하는 사회 정의(social justice) 요소들은 유럽에 와서는 상당히 위축되거나 소멸된 것처럼 보인다. 실제로 참여예산제도를 적극적으로 실시하는 유럽의 도시들 중에서 사회 정의를 반영하는 수단이나 방법을 활용하는 경우가 거의 없는 현실이 그것을 뒷받침해 준다.

## 아프리카 지역의 참여예산제도

아프리카 지역의 참여예산제도는 매우 제한된 국가와 지역에서 실시되고 있다. 대부분의 나라에서 참여예산제도는 자생적으로 출범하기보다 국제기구의 각종 재정 지원 사업의 일환으로 도입되었다(많은 경우 국가 원조 사업에 참여예산제도의 실시 조건이 첨부되었다). 다만, 매우 드문 사례이지만, 세네갈(Senegal)의 피셀(Fissel)과 같이 지방정부와 시민이 합심하여 참여예산제도를 도입한 예외적인 경우도 있다. 아울러 다양한 국제적 비영리 조직(NPO, NGO)의 역할도 아프리카의 참여예산제도 확산에 크게 기여하였다.

아프리카의 많은 지역은 민주주의의 경험이 없거나 있더라도 일천하고, 특히 대의 민주주의의 기반과 구조가 취약한 상태이다. 이러한 상태에서 직접 민주주의 요소를 지니는 참여예산제도가 접목되어 활성화된다는 것은 결코 쉬운 일이 아니다. 그 결과 현재 아프리카의 참여예산제도는 더디게 전개되고 있다.

아프리카에서 참여예산제도를 받아들인 곳 가운데 일부 지역에서는 참여예산이 분권 개혁(decentralization reform)을 지지하거나, 그것을 촉진시키는 촉매제로서 역할을 하고 있다. 아울러 참여예산제도는 다른 지역에서와 마찬가지

### 아프리카 참여예산제도의 최근 동향

2000년대 이후 주요 국제기구들이 저소득 국가에 자금을 지원하면서 참여예산제도의 실시를 적극적으로 권장하고 유도하였다. 그 결과 상당히 괄목할 만한 현상들이 수혜 국가들에서 나타났다. 이와 관련하여 주로 아프리카 지역을 대상으로 최근에 조사된 결과를 요약하면 다음과 같다(B. Wampler and Michael Touchton, *Participatory budgeting: adoption and transformation*, Nov. 2017).

(1) 참여예산제도가 매우 낮은 수준의 지방(마을, 농촌 지역 등) 단위로까지 확산되고 있다.
(2) 초기의 투표 방식(비밀 투표, 공개 투표(거수 등))이 차츰 줄어들고, 점진적으로 합의(공감) 기반 의사 결정 모델(consensus-based decision-making model)로 전환하는 경향이 관측된다.
(3) 참여예산제도의 초기(1990년대) 물결에 비해 최근의 참여예산 프로그램은 정책의 초점(중점) 면에서 큰 변화를 보이고 있다(대표적으로, 사회 정의 증진을 위한 규칙의 설정과 예산 우선 배정이나 저개발 지역에 상대적으로 많은 자금을 안배하는 정책의 중점이 크게 완화되거나 축소되는 현상을 지적할 수 있다).

로 정부 재정 운영의 투명성을 높이고 책임성을 강화하는 목표와 연계 운영된다. 특히, 세계은행과 국제연합은 2000년대 후반부터 이러한 참여예산제도의 운영 목표에 중점을 두고 아프리카의 참여예산 확산을 위해 적극적으로 지원하고 나섰다.

이러한 국제기구의 접근은 장점도 있지만, 적지 않은 문제점도 유발하고 있다. 그 이유는 참여예산의 확산을 조건으로 국제 원조를 받을 경우 수혜국이 시민의 권리 향상을 도모하기보다 자금을 지원하는 국제기구의 입맛(각종 달성 목표와 과정 및 성과)을 맞추는 데 중점을 두는 경향이 있기 때문이다. 이러한 영향과 현상으로 인해 현재 아프리카의 참여예산제도는 다른 대륙과 비교할 때 다양성과 창의성이 부족한 것으로 평가된다. 아울러 참여예산제도의 주류 형태가 뚜렷이 부각되지 않고 있다. 실제로 아프리카에서는 남미와 같은 파격적이고 급진적인 참여예산의 모습이나 요소를 발견하기 어렵다.

다만, 아프리카에서 전개되고 있는 혼합형 참여예산제도의 특성(hybrid nature: 참여예산제도의 빈곤 완화 전략 및 분권화 강화와의 연계 특성)이 어떤 면에서 참여예산의 새로운 지평을 열 가능성을 내포한다는 지적도 있다. 이것은 민주화를 함축하는 새로운 참여예산 모델 – 자원 재분배, 교육 · 지식 · 권한 접근성, 도시에 대한 권리(right to the city) 등의 이슈를 포괄하는 참여예산 모델 – 의 출현으로 이어질 수 있다.

## 아시아 지역의 참여예산제도

아시아 지역의 참여예산제도는 아프리카보다 조금 뒤에 실시되었지만, 성장 속도는 아프리카에 비해 매우 빨랐다. 아시아 지역에서는 시민사회를 주축으로 태국, 인도, 필리핀, 일본 등지의 여러 지방 도시들이 참여예산제도를 비교적 활발히 가동하는 가운데 우리나라도 조금 늦었지만 그 대열에 적극적으로 합류하였다.

아시아 지역의 참여예산은 기본적으로 남미 참여예산의 기본 취지와 방법 및 수단을 모방하고 있는 가운데 일부 지역에서 그 나름의 독특하고 다양한 면모를 보이고 있다. 아직은 아시아 지역의 주류 경향이라고 말할 만한 참여예산의 모습은 부상되지 않고 있다. 국가별로 다소 차이가 있지만, 민주화 및 분권화의 전개와 참여예산제도가 맞물려 작동하는 경우가 적지 않고, 많은 나라들이 경제 성장과 개발이 이루어지는 과정에서 참여예산을 접목하는 기회를 가졌다.

아시아의 참여예산은 대체로 브라질 포르투알레그리시 참여예산에 직접적인 영향을 받았으며, 그것이 본격적으로 출현한 것은 2000년대 중반 경이다. 그중에서도 국제적으로 부각되면서 자주 회자되는 것은 인도의 케랄라주(Kerala State)의 참여예산제도이다. 사실 케랄라주의 참여예산이 모습을 갖춘 것은 1990년대 중후반인데, 당시 좌파 공산주의 정당에 속한 정치 지도자의 리더십이 그것을 주도하였다. 비록 그것이 이데올로기에 기반을 둔 정치적 결정에 의해 출범되었지만, 상당히 큰 파급 효과를 동반하는 사회 운동으로 확대되었다. 그 결과 케랄라주의 참여예산은 많은 주민의 참여와 지지를 얻을 수 있었고, 주민 대표를 선임하는 등 브라질에서 실시되었던 참여예산의 과정들이 거의 대부분 실천되었다. 혹자는 남미 지역 외에서 참여예산제도에 수많은 시민이 동참한 경우는 인도의 사례가 거의 유일할 것이라고 언급한다.

일본의 치바현에 위치한 이치가와(市川)시의 참여예산도 국제적으로 가끔 인용되는 사례이다. 동 사례는 매우 독특한데, 핵심은 주민세 수입의 1%를 비영리 사업을 위해 할당하는 것이다. 이때 자금 사용에 대한 결정을 시민들이 한다. 그리고 이치가와시는 지역의 자원봉사 활동에 부여되는 서비스 포인트(현금 바우처(money voucher)로 환산됨)를 보유하는 사람들이 참여예산 사업에 투표를 할 수 있도록 허용하는 독특한 아이디어를 고안하였다. 그 후 일본의 여러 도시들이 이치가와시의 사례를 본받아 그와 유사한 참여예산제도를 실시하였다. 이러한 유형은 포르투알레그리시 유형의 참여예산과는 분명히 큰 차이가 있지만, 지역의 특성을 고려하고 관심을 유발하는 창의적 제도로 간주된다.

한국의 경우는 일부 지방자치단체를 제외하면 전체적으로 매우 늦게 세계적 참여예산 대열에 끼어들었지만, 비교적 역동적으로 제도 활성화를 모색하고 있다. 이와 관련된 내용은 뒤에서 자세히 기술하고 있다. 아시아 중에서도 동아시아 지역의 경우 근년에 우리나라가 참여예산에 열기를 보이는 것처럼 일본과 중국의 일부 지역에서도 참여예산의 열기가 뜨겁다. 태국, 필리핀 등 동남아시아 지역의 참여예산제도는 기본적으로 국제기구의 지원 프로그램에 의해 활성화된 바가 크지만, 시민사회를 중심으로 자생적으로 발전한 모델들도 적지 않다.

## 북미 지역의 참여예산제도

북미 지역은 유럽에 비해 한참 늦게 참여예산제도를 받아들였고, 실시 도시 또한 많지 않다(세계의 지역 간 비교를 하자면, 북미와 오세아니아 지역이 가장 늦게 참여예산의 열기를 느끼게 된 곳으로 분류된다). 북미에서는 미국보다 캐나다(예컨대, 토론토시)의 일부 도시들이 참여예산제도를 먼저 받아들였는데, 그 과정에서 시민사회(조직)와 진취적인 지방 정치가와 행정가들이 중요한 역할을 하였다.

미국에서 참여예산제도가 처음 실시된 것은 2000년대 후반이고, 그 테이프를 끊은 곳은 뜻밖에도 굴지의 대도시인 시카고(Chicago)시의 일부 지역이었다(49번구: 49th Ward). 시카고에서 참여예산제도가 도입된 배경으로는 일반적으로 시장 등 도시 지도자들이 2007년 애틀란타에서 개최된 미국 사회 포럼에 참가한 후 참여예산제도의 장점과 매력을 높이 인정하였던 사실을 지적한다. 그 후 2010년대에 접어들면서 시카고의 뒤를 이어 중·대도시들(그린스보로(Greensboro)시, 샌프란시스코(San Francisco)시, 롱비치(Long Beach)시, 바예호(Vallejo)시, 뉴욕(New York)시 등)이 참여예산제도에 동참하였다. 과거 한두 도시에서만 실시되었던 참여예산제도가 2016년 현재 20개 이상의 도시에서 실시되고 있는 등 다소 더디지만 점진적으로 확산되는 경향이 관측되고 있다.*

미국은 유럽을 비롯한 세계의 다른 어느 지역, 어느 국가에 비해 전통적으로 주민이 시정(예산 활동 포함)에 목소리를 낼 수 있는 기회와 수단이 잘 발달되어 있는 나라이다. 무엇보다도 개인의 표현과 언론의 자유가 최상의 사회적 가치로서 보장되어 있고, '타운 미팅'(town meeting) 등 주민과 정치인 간의 직접적인 소통 채널이 크게 발전되어 있다. 아울러 주민의 정치·행정적 개입이 비교적 용이하다. 이러한 정치·사회·문화적 환경과 제도에 익숙한 미국인에게는 아마도 참여예산제도가 큰 매력과 유인을 주지 못하였을 것이다. 하지만 이러한 미국에서도 주민이 직접 예산을 결정하는 파격적인 제도는 존재하지 않는다. 아마도 새로운 시민 참여의 형태가 차츰 전국적으로 알려지면서 미국인들도 조금씩 참여예산제도에 대해 관심을 갖고 주목하기 시작한 것으로 보인다.

미국의 도시들 간에도 참여예산의 운영 형태와 방식 그리고 강조점 등에서 차이가 나타난다. 대체로 말해서, 미국의 참여예산제도는 크게 다음의 두 단계를 핵심 과정으로 해서 운영되고 있다. 첫째 단계는 지역 주민의 재정 수

* 미국의 지방정부가 약 89,000개인 점을 감안하면, 사실 극히 적은 수의 도시들이 참여예산을 실시하는 셈이다. 참고로 미국의 지방정부는 일반목적(general purpose) 지방정부(우리나라의 시·군·구와 유사함)와 특별목적(special purpose) 지방정부(학교구, 상수도구, 병원구 등)로 구분되는데, 현재 후자가 약 6만 개 정도 된다.

요(주민이 원하는 예산 사업)를 파악하고, 그것을 실제로 예산화하기 위해 주민 대표(각 커뮤니티 대표)를 선출하는 과정이다. 두 번째 단계는 선출된 주민 대표들이 지역의 사업 우선순위를 논의하고 구체적인 사업(project)을 구상(구축)한 다음 그것(사업 제안)을 지역 주민에게 제시하고 선정을 위한 투표 절차를 밟는 단계이다. 이때 투표에 참여하는 주민들이 가장 선호하는 인기 사업이 채택된다(예산의 배정, 사업 실시). 이러한 기본 과정과 절차들은 다음 회계 연도에도 계속해서 진행된다.

캐나다의 온타리오(Ontario)주는 비교적 근년에 참여예산제도를 도입하였다. 제도의 기본 골격은 주민들이 사업을 제안하고, 제안된 사업을 대상으로 주민 투표를 통해 예산 사업을 확정하는 방식을 취한다. 제안 사업은 중소기업 지원에서부터 기후 변화 대응에 이르기까지 매우 광범위하다. 다만, 제안 사업의 범위는 특정 지역이 아닌 주 단위(차원)에서 적절한 것(주 전체 이슈와 관련된 사업)으로 제한되어 있다. 이것은 국가에 따라 주정부 차원의 광역적 참여예산제도일지라도 제안 사업의 범위가 주 단위가 아닌 특정 지역에 중점을 두거나 특정 지역 사업을 허용하는 것과 대조적이다. 하지만 참여예산의 대상 사업 범위와 수준은 전적으로 지방자치단체의 정책적 선택 사항이며, 그 과정에서 주민의 선호와 의사가 충실히 반영되기만 하면 된다.

### 국제기구에 의해 탄력을 받는 참여예산제도

세계은행(World Bank), 유네스코(UNESCO), 유엔(UN) 등 여러 국제기구들은 참여예산제도의 순기능과 긍정적 효과(행정의 책임성과 투명성 제고, 부패 감소, 자원 배분의 효율성과 형평성, 재정 자원의 사회 정의와 재분배 강화 효과, 공공 서비스의 질과 공급의 향상)를 높이 평가하고 일찌감치 참여예산제도의 세계화에 앞장서고 나섰다.

국제기구들은 참여예산제도가 브라질에서 확실한 성공을 이룬 것이 확인되고, 또한 그것이 남미 전역으로 확산되고 유럽의 일부 도시에 이식될 무렵(2000년대 초) 동 제도를 적극적으로 지원하기로 결정하였다. 구체적으로, 후진국과 개발도상국을 대상으로 다양한 원조 프로그램을 추진하면서 그 속에 참여예산의 실시 조건을 내걸거나, 다양한 참여예산 지원 프로그램을 만들어서 자금과 인력 등을 지원하였다. 다시 말해서, 국제기구들은 자금을 지원하면서 수혜 조건의 일환으로 수혜국들이 지방정부 차원에서 참여예산제도를 적극적으로 도입하여 실시할 것을 요구한 것이다. 이러한 국제기구의 접근 방법에 의해 아프리카와 아시아의 많은 후진국들이 참여예산을 실시하는 계기를 맞이하였다.

## 참여예산제도의 세계적 출범과 확산 종합

1980년대와 1990년대는 전 세계적으로 정부의 재정 운영 방식과 결과에 대해 시민사회와 국민의 불만(국민 소외, 예산 집행의 비효율과 형평성 부족, 지역 · 계층간 격차 심화, 성과와 투명성 저조 등)이 팽배한 시대이다. 이러한 시대적 상황은 소위 정부실패(government failure)로 대표된다. 정부실패는 자유경쟁시장에 맡겨 둘 경우 시장이 역할을 감당하지 못하여 패착에 이른다는 시장실패(market failure)에 대응하는 개념으로 비대해진 정부와 관료제의 비효율과 낭비를 함축한다.

정부실패 이론이 큰 설득력과 반향을 얻자 선진국을 중심으로 민영화(정부 자산 매각, 민간 위탁, 규제 완화, 시장 원리 적용 등), 정부 개혁, 작은 정부, 제3의 길(the third way), 신공공관리(new public management: NPM) 등 정부의 모습과 운영 방식에 대해 다양한 변화와 혁신을 도모하였다.

1990년대 후반 이후 참여예산제도가 전 세계로 확산된 배경에는 무엇보다도 제도가 지향하는 바가 범세계적 공통 목표와 연계될 수 있고, 정부 재정 운영에 대한 실망과 불만이 세계 보편적 현상으로 선·후진국 도처에 팽배해 있었기 때문인 것으로 분석된다. 구체적으로, 참여예산제도는 정부의 재정 운영 성과에 대한 국(주)민의 불신, 정부실패와 공공 부문의 비효율성, 재정 투명성 부족, 행정부의 예산 편성 기능 독점에 따른 부작용 등에 대한 시민사회의 불만과 개혁 의지를 배경으로 도입되었다. 이러한 배경 내지 요인은 국가와 지역별로 중요성을 달리하였는데, 이것은 참여예산제도의 다양화로 이어졌다. 여기에 더해 각국이 처한 사회·경제·문화적 환경의 차이가 참여예산제도의 세계적 확산 과정에서 반영되면서 현재 참여예산제도는 매우 다양한 형태로 발전 중에 있다.

역사적으로, 참여예산제도를 창안한 브라질의 포르투알레그리시의 경우 오랜 역사적 뿌리를 지닌 브라질 사회의 후견 정치(patronage politics), 사회 불공평, 부패를 근절시키고자 하는 사회적 욕구와 노력의 일환으로 참여예산제도가 급격히 부상·발전하였다(World Bank, 2006, 2007; Sintomer 외, 2011). 이에 비해 유럽의 경우는 기성 정치에 대한 불만, 대의 민주주의의 한계 극복 등 그와 상당히 다른 사회적 환경과 실시 경로를 거쳐 발전하고 있다. 브라질 등 대부분의 남미 국가에서는 참여예산제도가 빈곤층, 사회적 약자, 소외자 등을 배려하고 이들의 예산 과정 참여를 독려하는 데 중점을 두는 경향이 있지만, 이것은 유럽과 북미 그리고 우리나라에서는 강조되지 않고 있다. 일부 아시아 지역과 아프리카 지역에서는 국제기구의 후원과 시민사회의 노력에 힘입어 참여예산제도가 발전 중에 있으며, 주민 수요, 민주주의, 주민과 정부 간 신뢰 구축 등의 측면에서 일정 수준의 진보가 있는 것으로 파악된다.

종합적으로, 참여예산제도의 도입 배경에는 정부 재정 활동의 과정과 성과에 대한 국민의 불신, 정부실패와 공공 부문의 비효율성, 재정 투명성 부족, 집행부의 예산 편성 기능 독점에 따른 부작용 등에 대한 시민사회의 불만과 개혁 의지가 자리한다.

12

# 참여예산제도의 운영 조건과 발전 단계

## 참여예산제도의 세계적 운영 조건

독일에 기반을 둔 비영리 단체인 인게이지먼트 글로벌(Engagement Global)(Sintomer 외, 2013)은 지방자치단체들이 참여예산제도를 제대로 실시하고 있는지를 점검하는 기준으로 크게 다음의 7가지를 제시하고 있다(표 참조). 이것은 일종의 참여예산의 제도 성립 기준 내지 운영 특성이라고 말할 수 있는데, 구체적으로 (1) 지방자치단체와 주민 간 소통, (2) 주민과 주민 간 소통, (3) 재정과 예산에 대한 논의(토의), (4) 지방자치단체 단위의 관여(연계), (5) 매년 반복적 · 지속적 과정, (6) 특정한 모임, 포럼 성격의 공공 심의 과정(숙의 과정), (7) 산출물에 대한 책임성 요구로 구성된다. 요약하자면, 참여예산제도가 활성화되기 위해서는 주민이 지방자치단체의 재정 운영에 대해 지속적으로 의사 표현을 하고 논의하고 관여하는 동시에 그에 대해 일정한 책임성을 지니는 행동과 행태가 뒤따라야 한다는 사실을 강조한다.

**참여예산제도의 주요 판단 준거(기준)**

| 판단 준거 | 판단의 초점 |
|---|---|
| 지방자치단체와 시민 간의 소통 | • 지방자치단체가 진정 시민과 소통하려고 노력하는지의 여부 |
| 시민과 시민 간 소통 | • 참여예산 운영 과정에서 시민 상호간의 소통 기회와 광장이 마련되고 활성화되는지의 여부 |
| 토의 (재정/예산 과정) | • 재정/예산 과정에 대한 토의가 제대로 이루어지는지의 여부와 수준 (특히, 제한된 예산을 어떻게 사용할지에 대한 토의 활성화 여부) |
| 도시 수준 관여 (지방자치단체 단위) | • 지방자치단체, 주민 선출 기구, 행정 권한 보유 주체의 직접 관여 (특히, 주민이 구체적으로 참여하여 예산 의사 결정에 영향을 미치는 범위 설정, 필요 자원의 확보 수준) |
| 매년 반복/지속적 과정 | • 일회성 · 단기성 행사가 아니고, 매년 특정 절차와 과정이 주기적 · 지속적으로 반복되는지의 여부 |
| 시민 숙의 구현 (public deliberation) | • 시민 숙의 방식/형태가 존재하고, 실제로 운영되는 것이 필수 요건<br>• 참여예산을 위한 공적 제도, 공간(public institution sphere)의 존재 여부; 시민 상호 연계 교감 중요 |
| 책임성 (accountability) | • 행정 산출물(output)의 시민 의지와 선호 반영 여부, 제도 실시 이후 환류(feedback)의 수준 |

주: Engagement Global(Sintomer 외, 2013)의 글을 필자가 요점 중심으로 정리함.

이러한 기준에 의하면 우리나라의 참여예산제도는 주민에게 예산의 일부를 할당해 주는 '참여예산 사업'에 국한할 경우 세계적 기준에 상당히 부합하는 것으로 간주된다. 이것은 특히 참여예산 사업 문제를 다루는 과정과 절차가 투명하고 체계적이며(지방자치단체와 참여 주민 간의 소통, 공무원의 지원, 관련 정보 제공 등), 매년 반복적으로 제도를 실시하고 개선해 나가는 점에서 그러하다. 하지만 그것을 일반적인 참여예산의 운영 방식 및 조건으로 확대할 경우 우리나라의 참여예산은 세계적 기준에 크게 미치지 못하는 것으로 평가된다. 그 이유는 대부분의 지방자치단체 참여예산제도가 주민 상호간의 대화와 소통, 상호 학습의 실시 측면에서 상당히 부족하고, 일반 주민(참여 주민, 비참여 주민)이 중요한 예산 이슈에 대해 심사숙고하고 토의할 수 있는 시간과 공간을 충분히 확보하지 못하고 있기 때문이다. 그리고 주민이 예산의 사용을 결정(참여예산사업, 주민 제안(공모) 사업)하고 영향력을 행사하는 데 상응하는 주민의 재정 책임성 부분도 아직은 성숙하지 못한 것으로 평가된다.

## 참여예산제도의 발전 단계

참여예산제도는 브라질의 포르투알레그리시에서 시작된 지 이미 4반세기(2014년이 25주년 해임)를 훌쩍 넘어 이제 내년(2019년)이면 30주년을 바라본다. 이러한 시점에서 지금까지 세계적으로 전개된 참여예산제도의 발전 과정과 내용을 거시적으로 구분해 볼 필요가 있다. 이와 관련하여 Nelson Dias(org) 보고서에서는 참여예산제도의 발전 과정을 다음의 다섯 단계 내지 국면으로 구분 제시하고 있다.*

제1기(1989-1997년)는 참여예산의 실시 초기로서 브라질의 포르투알레그리시와 우루과이의 몬테비데오(Montevideo)시 등에서 불이 붙은 참여예산제도가 차츰 세계적인 조명과 관심을 받기 시작한 시기이다. 이 기간 중에는 브라질을 중심으로 30개가 넘는 도시들이 참여예산제도를 적극적으로 실시하였고, 브라질에서는 두 차례의 지방선거에 의한 지방행정의 변화가 있었다(1989-1992,

* 여기에서 기술된 내용의 대부분은 Nelson Dias(org)의 앞의 책을 참고하여 정리한 것이다.

1993-1996).

제2기(1997-2000년)는 참여예산제도가 브라질의 도시들 사이에 광범위하게 확산되면서 일부 남미 도시로 퍼져 나간 시기이다. 당시 브라질에서는 과거 수십 개에 불과하던 참여예산 실시 도시가 140개 이상으로 크게 늘어났다. 한 가지 유념할 사실은 브라질의 도시라고 해서 모두 참여예산의 원조인 포르투알레그리시 타입의 참여예산을 실시하지 않았다는 점이다. 전체적으로 보아 포르투알레그리시 타입이 지배적이었지만, 지역과 도시에 따라 참여예산의 추진 형태와 방식은 상당히 달랐다. 그리고 우리나라와 같이 참여예산제도를 국가 제도로서 강하게 못을 박거나 획일화하지 않았던 점도 유념할 필요가 있다.

제3기(2000년 이후)는 참여예산제도가 브라질을 넘어 본격적으로 남미 전역에 퍼져 나가고 일부 유럽의 도시들에 영향을 미친 시기이다. 이때 기본적으로는 포르투알레그리시 타입의 참여예산제도가 전파되고 수용되었지만, 그 못지않게 상당히 다른 형태의 참여예산이 모습을 드러내었다. 특히, 후자는 남미 일부 지역과 유럽의 많은 도시에서 두드러졌다.

제4기(2007/2008년 이후)는 참여예산제도를 중심으로 국가 내 그리고 국제적으로 연대(연계 네트워크)가 형성된 시기이다. 국제적 연대 중에서도 특히 두각을 드러낸 것은 브라질, 콜롬비아, 아르헨티나, 스페인, 독일을 중심으로 하는 네트워크 구축이다. 그리고 칠레, 포르투갈, 영국, 미국 등에서 다양한 비영리기구(NGO)와 시민단체들이 결성한 공동 연대(예컨대, Chilean PB Forum(칠레), the Portuguese Participatory Budget Initiative(포르투갈), the PB Unit(영국), the Participatory Budgeting Project(미국))도 자국의 참여예산은 물론 세계적으로 참여예산제도를 활성화시키는 촉진자 역할을 하였다. 제4기의 특징적 현상을 요약하면, 참여예산의 전문가와 시민 조직들로 구성된 네트워크의 구축과 참여예산의 발전을 위해 헌신하고 주도하는 주체들의 역할이 두드러지게 나타난 것으로 정리될 수 있다.

제5기(2010년 이후 최근)는 참여예산제도가 규모나 운영 방식 면에서 과거와 뚜렷한 차별성을 보이면서 도약하는 시기이다. 최근의 세계적 현상은 참여예산에 동조하는 시민의 참여 규모가 크게 늘어나는 가운데 운영의 과정과 방법이 과거에 비해 복잡다양해지고 종합화되는 특징을 보인다. 아울러 최근에는 참여예산의 폭발적인 잠재력을 재확인(참여예산제도가 정부 예산 활동에 시민의 목소리와 에너지를 투입하는 중추적 역할을 하는 것을 재확인)하는 동시에 참여예산의 한계를 절감하는 현상이 관측되고 있다. 특히, 후자(참여예산제도의 한계 인식)와 관련하여 다음의 두 가지 현상을 지적할 수 있다. 하나는 참여예산을 추진하는 과정에서 여전히 자신의 목소리를 내지 못하거나 소외되는 계층들이 존재하는 현상이다. 또 다른 하나는 참여예산제도를 통해 정부의 거버넌스 체제를 완전히 바꾸고자 하는 목표가 일정한 수준에서 관료와 정치권의 주도권을 넘볼 수 없는 현실적 장벽을 절감하는 현상이다. 이러한 현상과 한계를 목도한 참여예산의 주체들은 정부의 정책과 활동을 관리하고 견제하는 시민의 개입 방식을 종전과 달리 접근해야 할 필요성을 강하게 느끼고 있다.

앞서 기술한 5단계 구분은 참여예산의 세계적 확산 과정에 초점을 둘 경우 거시적으로 다음과 같이 압축될 수 있다. 그것은 제1기에서 제3기까지를 포괄하는 단계(첫 번째 단계)와 제4기와 제5기를 포괄하는 단계(두 번째 단계)로 구분된다. 첫 번째 단계(앞의 제1-3기)는 다음과 같은 특징으로 압축 표현될 수 있다.

(1) 참여예산에 대한 개별적 탐색 및 추구, (2) 각종 사회 조직(social groups)과 좌파 정치가에 의한 참여예산 주도(포르투알레그리시 중심 참여예산의 사회적 실험

실시 확산), (3) 제1차 세계 사회 포럼(the World Social Forum)의 개최이다. 특히, 제1차 세계 사회 포럼이 포르투알레그리시에서 개최되면서 참여예산제도의 전 세계적 홍보가 적극적으로 이루어진 것은 참여예산 확산의 중요한 계기가 되었다. 포럼의 현장에서 당시로서는 매우 획기적인 제도적 발상과 증강된 민주주의 요소에 접한 각국의 대표와 전문가들은 포르투알레그리시의 참여예산제도에 크게 주목하지 않을 수 없었다. 한마디로, 포르투알레그리시는 참여예산제도로 인해 일약 스타 도시가 되었고, 시는 세계적 브랜드의 반열에 올랐다. 그 후 세계의 많은 비영리 기구, 학계와 전문가 사회, 시민사회 조직, 정치 · 행정가들이 참여예산의 매력에 빠져들면서 자기 나라, 자기 지역에 참여예산제도를 실시하는 방안을 강구하였다.

두 번째 단계(앞의 제4기와 제5기)는 참여예산제도가 조직적이고 전략적으로 확산된 시기이다. 이 단계에서 핵심적인 수단과 방법으로 개발 · 활용된 것은 특정 웹사이트(web-sites)의 설치, 국내외의 대규모 집회 · 세미나 개최, 협력적 프로젝트 수행, 주제별 모임, 각종 훈련 및 교육, 가이드 북 · 매뉴얼 발간, 기타 홍보 전략 등이다. 이러한 수단과 방법은 참여예산의 경험 사례를 공유하고 새로운 창의적 방법과 수단의 개발을 촉진하는 동시에 참여예산제도가 지역과 국경을 넘어 제도의 확산과 발전을 이루는 데 크게 기여하였다. 이와 같은 활동과 현상은 현재 전 세계적으로 활발하게 전개되고 있는데, 이것을 '참여예산의 세계화 현상' 또는 '참여예산 version 2.0 현상'이라고 지칭할 수 있다.

제1단계와 비교하여 제2단계는 참여예산제도의 전파, 확산, 강화, 개발에 NGO 등 조직화된 그룹(단체)들의 적극적(때로는 급진적)인 태도와 노력이 매우 강하게 부각되는 현상을 보이고 있다. 이들은 보이지 않는 막강한 힘을 가지고서 지방자치단체의 관료와 정치가들을 강하게 밀어붙이거나 설득 내지 협상을 하는 적극성을 보인다. 이러한 행위의 목적은 참여예산을 정치, 사회, 언론 매체의 중심 주제로 삼고자 하는 데 있다.

이와 자원을 날리하면서 최근에 두드러지는 경향으로는 참여예산의 다극주의(polycentrism) 현상을 지적할 수 있다. 이것은 참여예산의 원조인 포르투알레그리시 타입의 참여예산이 내뿜는 영향이 과거와 같지 않은 상황에서 서로 다른 특색을 구비한 참여예산제도가 세계의 이곳저곳에서 실시되고 있는 현상을 말한다. 이러한 현상은 참여예산제도가 역사와 연륜을 더해 가면서 각국이, 그리고 같은 나라 내의 각 지역이 참여예산의 진가를 달성할 수 있는 다양한 방법과 수단을 개발하여 자기 몸에 맞는 옷을 입기 시작한 것으로 이해된다. 사실, 이는 지극히 당연한 현상이다. 아울러 이러한 현상은 그동안 참여예산제도에 대해 일종의 거부감과 불안을 느꼈던 보수 정치가들이 참여예산제도를 받아들이면서 나타나는 측면도 없지 않다. 물론 포르투알레그리시 타입에 익숙한 사람의 입장에서는 이러한 유형을 껍데기(형식적) 참여예산제도로 간주할지도 모른다.

사실, 오늘날에는 참여예산의 새로운 모델들이 속출하고 있다고 해도 과언이 아니다(어떤 면에서 참여예산의 백가쟁명(百家爭鳴) 시대가 열리고 있다고 말할 수 있다). 예컨대, 참여예산은 지방정부에 국한되지 않고, 비영리 기구, 대학, 국제기구 등 다양한 공공기관으로 확산되고 있다. 그리고 국가 단위의 참여예산제도가 2016년에 포르투갈에서 세계에서 처음으로 도입되었고(p. 104의 박스 내용 참조), 우리나라도 그 대열에 동참하였다.

# 13

# 참여예산제도의 세계적 유형

## 포르투알레그리시의 참여예산제도

참여예산제도의 효시인 브라질의 포르투알레그리시 타입의 참여예산제도 모델에 대해 간략히 기술하면 다음과 같다. 도입 당시 참여예산은 크게 세 영역으로 구분되었다. 그것은 (1) 마을(근린 사회)을 중심으로 모든 시민들이 참여할 수 있는 개방된 모임, (2) 디스트릭(구) 단위의 모임과 마을 대표로 구성되는 대표 회의, (3) 시 차원의 총회이다.

포르투알레그리시 타입의 참여예산제도는 주민의사의 직접적 반영과 집행부와 의회에 대한 주민의 예산 영향 권한을 최대한 행사하는 구조와 운영 방식을 추구하였다. 이를 위해 구체적으로, 주민의 의사가 깊이 논의되고 공정하게 반영될 수 있도록 지역을 체계적으로 구분하고 각종 포럼(지역별 · 주제별 · 단계별 · 위원회별 포럼)과 총회를 지속적으로 개최하는 제도적 장치를 마련하였다. 그리고 주민의 의견을 집약해서 그것을 각 단계별 그리고 최종적으로 반영하는 대표 체제(주민 대의원)가 가동되고, 시민단체의 기능도 적극적으로 활성화되었다. 특히, 참여예산제도에 참가하는 시민들은 지역의 취약한 생활 인프라 개선과 빈곤층의 생활 및 복지 개선에 필요한 예산 사업에 영향력을 집중적으로 행사하려는 경향을 보였다. 한마디로, 포르투알레그리시 타입의 참여예산제도는 풀뿌리 민주주의에 기반을 두고 많은 사람들이 연중 내내 만나서 시민의 관점에서 예산 현안과 우선순위를 논의하고 학습한 다음 그 결과를 실제 예산에 반영시키는 거버넌스 형태라고 말할 수 있다.

## 유럽의 참여예산제도 유형

오늘날 유럽은 참여예산제도의 각축장이라고 말해도 무방할 만큼 다양한 형태의 참여예산제도가 실시되고 있다. 이것은 브라질과 남미의 참여예산제도가 상대적으로 표준화되고 획일화된 것과 비교하면 분명히 다른 양상이다. 국가와 지역에 따라서 매우 다양한 참여예산의 형태와 과정이 실시되고 있는 가운데 계속 진화 중에 있다. 세계적인 참여예산 학자인 Sintomer 외(2008)는 유럽의 참여예산제도를 논하면서 다음과 같은 여섯 가지 형태의 모델을 제시하고 있다(임성일(2013)에서 인용).

(1) 유럽형 포르투알레그리시(Porto Alegre adapted for Europe)

(2) 조직적 이해관계의 대표(representation of organized interests)

(3) 지방자치단체 수준의 커뮤니티 자금(community funds at local and city level)

(4) 관민 협상 테이블(public/private negotiation table)

(5) 근린 참여(proximity participation)

(6) 재정에 관한 의견 수렴(consultation on public finances)

유럽형 포르투알레그리시(Porto Alegre adapted for Europe) 모델은 브라질 포르투알레그리시의 참여예산제도에 근접한 형태로 일종의 축소판이다. 이것은 주민의 직접 참여를 강조하고 주민이 예산 투자 사업의 우선순위를 제시할 뿐 아니라 희망 사업을 예산에 구체적으로 반영시키는 강력한 영향력 장치를 내장한다. 이에 비해 조직적 이해관계의 대표(representation of organized interests) 모델은 주민의 직접 참여나 개별 주민에 초점을 맞추지 않고, 조직화된 시민사회(시민단체, 비영리 조직, 조합 및 각종 직능단체)를 참여예산의 핵심 주체로 인식한다. 그리고 지방자치단체는 이들과의 정책 협의를 통해 예산을 확정해 나간다. 이 모델에서는 구체적인 투자 사업을 도출해서 예산 편성에 영향력을 행사하는 방식보다 주택, 보건, 복지, 환경 등 보다 광범위한 영역을 대상으로 예산정책에 관한 일종의 가이드라인을 설정하는 데 중점을 둔다. 이러한 형태는 스페인에서 적극적으로 시도되고 있다. 이상의 두 모델은 현재 유럽의 소수 지역에서 활용되고 있는 것으로 일종의 비주류 참여예산 유형에 해당한다.

지방자치단체 수준의 커뮤니티 자금(community funds at local and city level) 모델은 주로 영국을 중심으로 활성화되고 있다. 이는 소정의 예산 자금(통상 상위 정부 보조금)이 지역 주민에게 할당되면 주민들이 그것을 자율적으로 특정 지역 투자 사업(사회, 환경, 문화, 도로 사업 부문 등)에 사용하는 메커니즘을 갖는다. 이때 자금은 경쟁 방식을 통해 선정된 지역(예컨대, 마을 단위)에 배정되며, 통상 지역의 시민사회 조직(위원회, 협회, 시민단체 등)이 참여 주민을 대표하여 주된 역할을 한다. 일반적으로 참여예산에 활용되는 자금이 지방정부의 자체 재원보다 상위 정부의 보조금에 의해 조달되기 때문에 지방정부는 자금의 사용에 대해 민감하게 반응하지 않는 경향이 있다.

관민 협상 테이블(public/private negotiation table)은 일반적으로 민간 기업(또는 국제기구)이 특정 자금을 후원하면서 주민 내지 지역의 시민사회 조직을 끌어들여 민주적 방식에 의해 자금을 활용하도록 조치하는 모델이다. 이 모델은 엄밀히 보아서 참여예산제도의 도입 취지나 목적과 다소 괴리가 있다.

유럽에서 가장 많이 사용되고 있는 참여예산제도의 유형은 근린 참여(proximity participation) 모델과 재정에 관한 의견 수렴(consultation on public finances) 모델이다. 전자는 프랑스에서 압도적으로 많이 활용되고 있고, 후자는 독일에서 보편적으로 활용되고 있다. 두 모델 모두 예산 및 재정에 관한 주민의 의견을 수렴하는 데 치중하는 소극적 참여예산 메커니즘을 골격으로 한다. 따라서 포르투알레그리시 타입의 적극적 시민참여와는 한참 거리가 있다. 이들 모델에서는 시민과 시민단체들이 연중 내내 다양한 모임과 학습 기회를 가지면서 예산을 논의하고 숙의하는 과정이 없다. 나아가 주민이 예산 편성에 구체적인 영향력을 행사하거나 사업 우선순위를 결정하기 위해 투표하는 의사 결정 행위도 없다. 이런 의미에서 볼 때, 근린 참여 모델과 재정에 관한 의견 수렴 모델은 주민이 직접 나서서 지역 사회의 문제를 해소하거나 정부의 거버넌스 체제를 변화시키는 역량과 가능성은 매우 제한적이다. 소위 진보적이고 개혁적인 주민의 역량을 발휘할 기회와 수단이 배제되어 있다고 말할 수 있다.

지금까지 기술한 모델들 중에서 특히, 유럽형 포르투알레그리 유형과 지방자치단체 수준의 커뮤니티 자금 유형 모델은 시민들이 직접 또는 위임 방식

**참여예산제도의 세계적 실시 현황 분포**

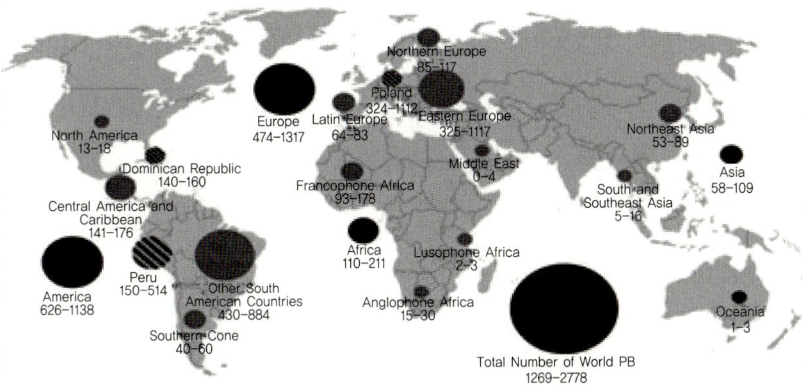


자료: Sintomer 외(2013).

에 의해 의사 결정 권한을 보유하는 '권한 이양 참여 거버넌스'(empowered participatory governance)의 특성을 보유한다. 따라서 이들은 전통적 3개 권력(행정 · 입법 · 사법)을 넘어 '제4의 권력'(a fourth power)으로 발전할 가능성이 있다.

어떤 참여예산 모델이 좋은지, 아니면 적합한지의 여부는 각 지역의 정치 · 사회 · 재정적 환경과 주민의 선택에 의해 결정된다. 이때 그 선택은 고정성을 갖지 않고 시간의 흐름과 환경의 변화에 따라 새로운 모델로 바뀌거나 진화할 수 있다. 중요한 사실은 어떤 참여예산 모델을 선택하든 간에 주민과 지방자치단체가 인내심을 갖고 지속적으로 제도를 운영 개선해 나갈 때 정부와 주민, 주민과 주민 상호간의 소통이 원활해지고, 다양한 행정 개혁과 행정의 현대화가 이루어질 수 있다는 점이다.

종합적으로, 참여예산제도는 브라질의 포르투알레그리시에서 전 세계로 확산되는 과정에서 각국이 처한 사회 · 경제 · 문화적 환경의 차이로 인해 다

### 영국의 참여예산제도 사례

영국에서 참여예산제도를 실시하는 대부분의 지방정부는 소규모 보조금을 할당하는 시스템을 사용하고 있다. 영국 정부의 보고서(2004/5 - 2009/10 회계연도 조사 결과)에 의하면 8개 사례 지역에서 이루어진 주민참여예산 실적은 2,366개 사업의 약 500만 파운드인 것으로 파악된다. 전체 사업의 43%가 1,000파운드 미만의 소액 사업이고, 나머지 사업들은 1,000파운드 초과 10,000파운드 규모의 사업들이다(소규모 지역 사업(커뮤니티 사업) 주도). 사업의 성격을 보면, 전체 사업의 약 1/3(33%)이 대중 공간의 유지 · 보수에 할당되고, 도로 개선(도로 안전 포함) 28%, 그리고 나머지가 가로 청결, 자원봉사 및 커뮤니티 기반 활동, 청소년 프로그램 등에 할당된 것으로 조사되었다.

영국에서 참여예산이 지역 주민에게 할당되는 과정은, (1) 자금 확보, (2) 지방자치단체 내 자금 배정 · 관리 팀 구성, (3) 참여예산 과정 홍보(주민참여예산 관련 주제 사업 및 절차, 사업 신청 등), (4) 신청 사업 접수 및 적정성 검토, (5) 신청 사업 내역 등 주민 통보(지역 모임, 지역 행사, 우편 등에 의한 주민 통보), (6) 사업 우선순위 결정(투표, 점수제 등에 의한 결정), (7) 확정 사업 계약, (8) 적격 주민(커뮤티니)에 사업 및 자금 이관, (8) 지방정부 내 프로젝트 관리팀의 모니터링 및 평가, (9) 사업 수행 결과 및 학습 사항의 주민참여예산 순환 과정 환류 등으로 구성된다.

주: 영국의 커뮤니티 · 지방정부부의 보고서(Department for Communities and Local Government, 2010)를 요약 정리한 것임.

양한 형태로 발전하였다. 오늘날 참여예산제도는 세계 표준적인 모델이 존재하지 않는 상태에서 어떤 것이 더 낫거나 바람직하고, 어떤 것이 더 못하거나 바람직하지 않다고 말하기 어려울 정도로 각 지역의 특성을 반영하는 개성 있는 제도로 발전하고 있다. 사실상 음악에서 말하는 '주제에 의한 변주'(variation on the theme)들이 수없이 창조되고 있는 상황이다. 우리나라 또한 예외가 아니어야 한다.

# 14

## 하나의 표준화된 참여예산 모델은 없다

### 우리에게 맞는 참여예산을 만들어야 한다

참여예산제도는 현재 전 세계적으로 약 2,000-3,000개의 지방정부에서 중요한 민주적 예산 운영 시스템으로 운영 중에 있다(Nelson Dias(org), 2014). 그런데 실제로 각국의 참여예산을 살펴보면, 기본적으로 비슷한 면모와 공통성이 있는 것은 분명하나, 세부적으로는 국가와 지역에 따라 상당히 다른 형태의 참여예산이 운영되고 있다. 이것은 참여예산제도의 기본 취지와 원리를 수용하되, 결국 국가와 지역의 여건에 맞는 자기 고유의 제도를 발견해서 실시하는 것이 합리적이라는 사실을 일깨워 준다. 부연하자면, 참여예산의 발상지인 브라질과 남미의 정치 · 사회 · 재정적 상황과 세계의 또 다른 지역들의 상황은 크게 다르기 때문이다.

남미와 유럽의 경험을 토대로 할 때, 실제로 어떤 관점에 초점을 두고 참여의 수단과 방법을 선택하고 고안하는지에 따라 참여예산제도의 운영 방식과 발전 방향 및 성과가 크게 달라지고 있다. 이것은 앞으로 주민참여예산제도를 본격적으로 발전시켜 나가야 할 우리나라의 향후 진로 선택에 시사하고 의미하는 바가 크다.

참고로 여러 가지 어려움과 장애 요인이 있음에도 불구하고 포르투갈은 세계에서 최초로 국가 단위의 참여예산제도를 2017년부터 실시하고 있다(p. 104의 박스 내용 참조). 그리고 스코틀랜드는 2014년부터 국가재정('Community Choices Fund': 커뮤니티 선택 기금)을 통해 지방의 참여예산 프로그램을 지원하고 있다. 이것은 포르투갈의 국민참여예산제도와는 성격이 다르지만, 우리나라에서도 도입해 볼 만한 필요성과 유용성을 지닌다. 예를 들어, 중앙정부가 일정한 참여예산 대상 사업(프로그램)을 개발한 다음 그에 관심을 두는 지방자치단체(또는 지역 주민)를 대상으로 사업 신청을 받아 실시하는 방안이다. 이때 필요할 경우 지방자치단체로 하여금 일정 비율 내지 금액을 대응 자금(matching fund)으로 부담하도록 하여 참여예산의 자금 규모를 확대시키는 접근을 할 수도 있다.

참여예산제도는 세계화 과정에서 그 취지와 본질은 바뀌지 않았지만 운영 방식은 국가와 지방에 따라 다양한 형태로 변화되었다. 세계 각국의 경험 사례를 파악할 때, 이제 하나의 표준화된 참여예산제도 모델은 존재하지 않는다. 세계의 많은 곳에서 자신에게 적합한 다양한 형태의 참여예산제도가 발전하고 있는 것은 매우 고무적이다. 일반적으로 포르투알레그리시 타입의 참여예산 과정이 이곳저곳(정도와 내용의 차이는 다름)에 녹아 있으면서도 제도 운영의 과정과 수단 · 방법 및 성과 등에서 차이가 나타나고 있다. 그럼에도 불구하고 세계 각국의 참여예산제도는 다음의 핵심 요소와 기본 절차는 공통적으로 유지하고 있다. 그것은 시민의 참여에 의한 예산 영향 및 의사 결정, 참여의 과정과 진행에 관한 규범적 · 법적 요소, 행정 구역 중심(공간 영역, 물리적 지역), 시간적 제약과 지속성(회계연도 단위 구분과 연속 · 반복성), 다양한 모임과 토의이다. 물론 이와 관련된 세부 내용과 실천 양상은 국가와 지역에 따라 질과 양을 달리한다.

이러한 사실은 결국 세계 각국이 자신의 경제 · 사회 · 문화 · 정치적 상황에 가장 맞는 자신의 모델을 추구하는 것이 합리적임을 시사한다. 다시 말해서, 참여예산제도의 도입 취지와 핵심 가치를 존중하면서 한국적 상황, 한국 내의 각 지역 상황에 적합한 고유의 주민참여예산제도를 개발해서 운영하는 것이 바람직함을 의미한다.* 그런데 우리나라의 현실은 지나치게 획일화되고 의무적 규제 사항이 많이 첨부되어 참여예산의 창조와 혁신 특성이 발휘될 여지가 크게 제약되고 있다. 이는 분명히 바뀌어야 한다. 참여예산제도가 보여주고 있는 '다양성 속의 발전 현상'을 인식할 때, 이제는 우리도 한국적 특성과 여건에 맞는 유연하고 창의적인 참여예산제도를 실시해야 한다. 각 지역이 자신의 역량과 특성 및 창의성을 최대한 발휘하는 다양성을 창출해야 한다. 다양한 아이디어와 전략이 전국적으로 동태적으로 활성화되어 실로 참여예산의 백화제방(百花齊放) 시기를 맞이해야 할 것이다. 참여예산제도는 결코 정적이지 않고, 부단히 변화되고 진화하는 제도임을 명심해야 한다.

* 부연하면, 참여예산제도의 시조인 브라질을 비롯하여 남미와 유럽의 모범 사례를 충분히 벤치마킹(benchmarking)하되, 그들과 우리가 처한 정치 · 경제 · 사회 · 문화의 환경적 차이를 냉정히 인식하면서 우리의 체질에 맞는 제도를 만들어 나가야 한다.

### 참여예산제도의 세계화: 다양성, 유연성, 창의성

브라질에서 시작하여 남미와 유럽을 거쳐 빌진 중에 있는 참여예산제도는 확산 과정에서 지역별로 제도의 운영 방식과 내용 등 여러 면에서 다양성을 보였다. 참여예산제도가 추구하는 핵심 가치와 기본 원리는 보유하되, 국가와 지역의 실정에 적합한 다양성과 유연성이 추구되었다. 역설적으로, 만일 참여예산이 국가와 지역별로 다양한 형태의 모습과 운영 방식을 보이지 못하였다면, 아마도 제도의 세계화는 이루지 못하였을 것이다.

다만, 세계의 지역들을 통틀어 한 가지 공통적으로 관측되는 것은 동 제도가 국(주)민의 세금으로 운영되는 재정의 운영 방식을 새롭게 변화시키는 원리와 가치를 구현하고 있는 현상이다. 참여예산제도는 정부와 의회의 예산 권한 집중과 기성화된 예산 편성 방식을 깨뜨리고 새로운 예산 편성 방식과 원리를 채택한다는 점에서 분명히 패러다임 전환(paradigm shift)이고, 바로 여기에 제도의 핵심 가치와 원동력이 담겨 있다. 그러므로 참여예산제도는 정부와 국(주)민 간의 관계에 있어서 기존의 관행을 깨고 새로운 협력적 · 소통적 · 민주적 예산 편성 방식을 추구하는 새로운 접근이어야 한다.

## 최근의 세계적 동향

참여예산제도와 관련된 최근의 동향 중에서도 가장 두드러지면서 비약적인 발전을 이루고 있는 것은 주민의 참여성과 대표성 강화를 위한 시도이며, 그 핵심은 이른바 'ICT'의 적극적 활용에 있다. OECD 보고서(2013), 캐나다 사례(internet voting, 2013), 브라질 사례(World Bank) 등에 의하면 의견 수렴, 찬반 조사, 의사 결정 등의 과정에서 변화하는 시대 상황과 기술을 반영하여 모바일/인터넷 투표, SNS가 적극적으로 활용되고 있는 것이 최근의 현상이다. 우리나라에서도 서울 은평구 등 소수의 지방자치단체들이 '모바일 투표'를 시도하여

### 우리나라 주민참여예산제도와 세계적 경향: 유사성과 차별성

우리나라의 주민참여예산제도는 세계의 다른 나라들과 비교해 유사한 면모와 함께 몇 가지 고유의 특징적 면모(차별성)를 보인다. 유사한 면모로는 예산 과정에 주민의 참여 기회와 공간을 개방 · 확대하고, 예산 정보를 적극적으로 공개하여 재정 민주주의와 예산 투명성 제고를 위해 노력하는 점이다. 차이가 나는 면모로는 국가 주도형 획일적 제도 운영, 예산 권한의 제한적 주민 이양, 참여예산위원회 주도, 제한적 예산 참여 범위 등을 지적할 수 있다.

세계적 관점에서 참여예산의 목적과 효과가 재정(예산) 투명성 및 책임성 제고, 재정 민주주의 구현, 재정 배분의 사회 정의와 재분배 강화에 있는데, 이는 우리나라 주민참여예산제도의 목적 및 기본 이념과 맥을 같이하는 것으로 간주된다.

주: 임성일(2011, 2014) 참조.

주민의 예산 참여를 강화하고 있는 가운데 비슷한 동향이 차츰 전국적으로 확산되는 추세이다.

## 포르투갈, 세계 최초의 국가 차원 참여예산제도 실시 (국민참여예산제도)

포르투갈은 유럽에서도 도시 차원에서 참여예산을 적극적으로 실시하는 나라에 속한다. 그런데 포르투갈은 지난 2016년에 세계에서 최초로 국가 단위의 참여예산제도를 실시할 것을 천명하였고, 그 이듬해(2017년) 1월부터 실시 주기와 과정에 접어들었다. 우리나라가 금년(2018년)부터 국민참여예산제도를 실시하게 되면 아마도 포르투갈에 이어 세계에서 두 번째로 국가 차원의 참여예산제도를 실시하는 나라가 될 것으로 보인다.

포르투갈의 국민참여예산제도의 기본 골격에 대해 간단히 언급하면 다음과 같다. 기본 골격은 전 국민을 대상으로 참여예산의 아이디어를 수집한 다음 그것을 대상으로 투표를 실시하는 것이다. 이때 아이디어는 국가 수준(차원)의 재정 수요를 충족할 수 있는 것이어야 하며, 실시 첫 해에는 제한된 분야(과학, 문화, 농업, 평생교육)에 많지 않은 예산(300만 유로)이 할당되었다.

포르투갈 정부는 국가 단위 참여예산제도의 실시를 통해 정부와 국민 간의 간극을 메우고 국가 정체성을 강화하는 효과가 있을 것으로 기대한다. 하지만 국가 단위의 참여예산제도가 착근해서 성과를 내기 위해서는 넘어야 할 산이 많다. 여기에는 참여의 대표성과 공정성, 참여(예산) 과정의 균등한 접근성, 의사 결정(투표 등) 방법 등 만만치 않은 과제들이 도사린다. 특히, 인구가 과소한 농촌 지역의 국민들이 국민참여예산제도에 동참할 수 있는 방안을 다각도에서 검토하면서 ATM을 활용한 참여예산 투표 방법까지 고려해 보았다.

주: Apolitical Features / Governance Citizen Engagement(2016. 10. 27)의 기사 내용을 토대로 요약 정리한 것임.

제3부

# 우리나라 참여예산제도의 현 주소: 도입과 경험

15

# 주민참여예산제도의 도입과 실시

## 주민참여예산제도의 도입

우리나라의 주민참여예산제도는 일부 지역에서 초보적으로 실시된 것을 출발점으로 하면 약 15년의 역사, 그리고 전국 단위에서 본격적으로 실시된 것을 출발점으로 하면 6년 남짓한 역사를 지닌다. 주민참여예산제도가 처음 도입된 시점은 2003년이고, 광주광역시 북구와 울산광역시 동구가 선두 주자였다. 초기의 참여예산제도는 대부분 시민단체의 활동이 활발한 지방자치단체(진보 성향의 자치단체장)에 의해 주도되었고, 대체로 제한적 수준의 참여예산이 실시되었다.

중앙정부(현 행정안전부) 또한 일찍부터 참여예산제도의 유용성을 인식하고 활성화 방안을 모색하였다. 구체적으로, 정부는 지방예산편성지침을 통해 지방자치단체의 주민참여형 예산편성제도를 권장하였고(2003. 7), 그 후 예산편성 과정의 주민 참여 조항 신설(지방재정법 개정(2005. 9)), 주민참여예산제 표준 조례(안) 통보(2006. 8), 주민참여예산제도 운영 조례 모델(안) 제시(2010. 10) 등 일련의 조치를 취하였다.

참여예산제도가 본격적으로 가동된 것은 정부가 2011년 3월에 지방재정법을 개정해서 주민참여예산제도를 전국의 모든 지방자치단체가 의무적으로 시행해야 하는 새로운 예산 시스템으로 확정하면서이다. 이를 계기로 참여예산제도는 전국 단위의 중요한 제도가 되었고, 차츰 제도에 불이 붙기 시작하였다. 기존에 나름대로 참여예산제도를 열심히 추진해 왔던 지방자치단체들은 새로운 동력과 유인을 갖게 되었다. 아울러 그동안 참여예산제도를 도외시하거나 수수방관해 왔던 지방자치단체들은 부득이 후발주자로 그 대열에 참여할 수밖에 없었다. 무엇보다도 중요한 사실은 다소 시간이 걸리지만, 마침내 참여예산제도가 종전의 소극적 · 제한적 운영 방식에서 적극적 · 경쟁적 방식으로 활성화될 수 있는 새로운 기회의 공간을 맞이하게 된 점이다.

그러나 참여예산제도의 법제화(법적 의무제도)가 곧바로 제도의 발전으로 이어지는 것을 의미하지는 않는다. 이것은 현재 세계의 많은 나라들이 국가 단위의 법제화 없이 시민사회를 중심으로 참여예산을 활발하게 추진하고 있는 사실이 말해 준다. 현재 국가 차원에서 참여예산제도를 주도하는 나라는 우리나라를 비롯하여 칠레, 도미니카공화국, 폴란드, 영국(스코틀랜드 포함), 포르투갈 정도이다(이 중에서도 우리와 같이 참여예산제도를 법제화한 나라는 칠레, 도미니카공화국, 폴란드이다).

우리나라는 외국에서 성공을 했거나 유명세를 탄 제도와 사회 운동을 전국 획일적으로 법제화하는 경향이 있다. 이는 반드시 좋은 것만은 아니다. 법정 제도로 만들어 두고서는 그에 대한 실천과 관리가 소홀한 경우가 적지 않기 때문이다. 대표적인 예로 성인지예산제도(gender responsive budgeting)를 지적할 수 있다. 이 또한 많은 나라들이 국가 단위의 법제화 없이 잘 추진하고 있는 데 비해 우리나라는 법으로 의무화를 하고는 상당히 형식적이고 행정 낭비적으로 운영하는 경향이 없지 않다. 물론 법적 근거와 장치를 갖추는 것이 없는 것보다 낫다. 그러나 과도한 법의 규제나 지방에 대한 간섭과 평가가 민주성 · 자발성 · 유연성 · 창의성을 추구하는 참여예산제도의 특성을 훼손할 가능성이 있음을 명심할 필요가 있다. 어쨌든 이제 남은 것은 각 지역에서 시민과 시민사회를 중심으로 참여예산의 참신한 실천이 이루어지고, 지방자치단체들 간에 선의의 경쟁과 상호 학습이 이루어지면서 풀뿌리 민주주의가 공고해지는 일이다.

우리나라에서 주민참여예산제도가 처음 도입되었을 때부터 최근까지 있었던 주요 법적 · 제도적 변화에 대하여 간단히 기술하면 다음과 같다(표 참조). 주민참여예산제도가 법제화되기 이전(2011년 이전)에 있었던 주요 내용은 서두에서 언급한 바이고, 법제화 이후 전개된 주요 제도 변화를 요약하면 다음과 같다.

(1) 예산 편성 과정에서의 의무적 주민 참여(지방자치단체의 장은 대통령령이 정하는 바에 따라 지방예산 편성 과정에 주민이 참여할 수 있는 절차를 마련하여 시행할 것을 명시함; 2011년도 지방재정법 개정)

(2) 주민의견서의 지방의회 의무 제출(예산 과정에 참여한 주민의 의견을 수렴한 의견서를 지방의회에 제출하는 예산안에 첨부해야 함; 2014년도 지방재정법 개정)

(3) 주민참여예산제도의 운영 평가 실시(행정안전부 장관이 각 지방자치단체의

## 우리나라 주민참여예산제도의 주요 법·제도적 변화

| 연도 | | 주요 내용 |
|---|---|---|
| Ⅰ. 법제화 이전 | 2003. 5 | 광주광역시 북구청 주민참여예산제도 최초 도입 |
| | 2003. 7 | 「2004년 지방예산편성지침」에 주민참여형 예산편성제도를 권고함.<br>• 광주 북구, 울산 동구 주민참여예산 조례 도입 |
| | 2005. 9 | 지방재정법 개정(예산 편성 과정에 주민 참여 조항 신설; 선택·권고 조항)<br>제39조(예산 편성 과정에 주민 참여) ① 지방자치단체의 장은 대통령령이 정하는 바에 따라 지방예산 편성 과정에 주민이 참여할 수 있는 절차를 마련하여 시행할 수 있다. |
| | 2006. 8 | 주민참여예산제도 표준조례(안) 통보(행정안전부 → 지방자치단체) |
| | 2010. 10 | 주민참여예산제도 운영 조례 모델(안) 시달(행정안전부 → 지방자치단체) |
| Ⅱ. 법제화 이후 | 2011. 3 | 지방재정법 개정【제39조 의무사항으로 규정(2011. 9. 9 시행)】<br>제39조(예산 편성 과정에 주민 참여) ① 지방자치단체의 장은 대통령령이 정하는 바에 따라 지방예산 편성 과정에 주민이 참여할 수 있는 절차를 마련하여 시행하여야 한다. |
| | 2014. 5 | 지방재정법 개정【제39조 주민의견서 지방의회 제출(2014. 9. 9. 시행?)】<br>제39조(예산 편성 과정에 주민 참여) ② 지방자치단체의 장은 제1항에 따라 예산 편성 과정에 참여한 주민의 의견을 수렴하여 그 의견서를 지방의회에 제출하는 예산안에 첨부하여야 한다(개정 2014. 5. 28). |
| | 2015. 5 | 지방재정법 개정【주민참여예산제도 운영 평가 조항 신설(2015. 11. 13 시행)】<br>제39조(예산 편성 과정에 주민 참여) ③ 행정안전부 장관은 대통령령으로 정하는 바에 따라 지방자치단체별 주민참여예산제도의 운영에 대한 평가를 실시할 수 있다. |
| | 2018. 3 | 지방재정법 개정【주민참여예산제도 정의 확대, 주민 참여 기구 설치 규정 신설 등(2018. 6 시행)】<br>제39조(지방예산 편성 등 예산 과정에 주민 참여) ① 지방예산 편성 등 예산 과정(의회 예산 심의 제외)에 주민이 참여할 수 있는 제도를 마련하여 시행하여야 한다.<br>② 지방자치단체의 장 소속으로 주민참여예산위원회 등 주민참여예산 기구를 둘 수 있다. |

주: 문재인 정부는 주민참여예산제도를 국정 과제의 실천 과제로 선정하였고, 아울러 국가 차원의 참여예산제도, 즉 국민참여예산제도를 2018년부터 시행하기로 결정하였다.

주민참여예산제도의 운영에 대한 평가를 실시할 수 있도록 조치함; 2015년도 지방재정법 개정)*

(4) 주민 참여의 초점/중점 확대(주민의 예산 참여가 기존에는 '지방예산 편성 과정'에 집중되었으나, 앞으로는 '지방예산 편성 등 예산 과정(의회 예산 심의 제외)'으로 확대됨; 2018년도 지방재정법 개정)

(5) 참고로 2013년에는 지방자치단체가 재정공시(주민에게 재정 운영(상황)을 공개하는 조치)를 할 때 주민참여예산제도의 운영 상황을 의무적으로 포함시켜 공개하도록 법 개정이 이루어짐(이때 지방자치단체는 정부가 제시하는 기본 가이드라인 내에서 지역의 실정에 맞도록 관련 내용을 공개하면 된다).

## 주민참여예산제도의 법적 근거

주민참여예산제도의 법적 근거는 지방재정법(제39조)과 동법 시행령(제46조)이다.** 동 법령에서는 지방예산의 편성 과정에 주민이 참여할 수 있는 절차를 마련할 것과 아울러 주민의 참여 범위와 운영 절차 및 방법 등에 관한 세부 실시 사항을 조례로 정할 것을 의무 사항으로 규정하고 있다.

주민참여의 방법은 법에서 기본 사항을 정하고, 세부 사항은 지방자치단체의 조례 등에 일임하고 있다. 지방재정법이 제시하는 예산 편성 과정의 주민참여 방법으로는 (1) 주요 사업에 대한 공청회 또는 간담회, (2) 주요 사업에 대

* 동법 조항에 근거하여 최근 행정안전부는 일부 지방자치단체를 대상으로 시범 평가를 실시한 바 있다.

** 주민참여예산제도는 2011년 9월부터 실시 의무화가 되었으나, 실제로 운영되기 시작한 것은 예산의 반영이 가능한 2012년부터이다.

## 주민참여예산제도의 법적 근거

**(지방재정법)**

제39조(지방예산 편성 등 예산 과정의 주민 참여) ① 지방자치단체의 장은 대통령령으로 정하는 바에 따라 지방예산 편성 등 예산 과정(「지방자치법」 제39조에 따른 지방의회의 의결 사항은 제외한다. 이하 이 조에서 같다)에 주민이 참여할 수 있는 제도(이하 이 조에서 '주민참여예산제도'라 한다)를 마련하여 시행하여야 한다.(개정 2015. 5. 13, 2018. 3. 27)

② 지방예산 편성 등 예산 과정의 주민 참여와 관련되는 다음 각 호의 사항을 심의하기 위하여 지방자치단체의 장 소속으로 주민참여예산위원회 등 주민참여예산 기구(이하 '주민참여예산 기구'라 한다)를 둘 수 있다.(신설 2018. 3. 27)

1. 주민참여예산제도의 운영에 관한 사항
2. 제3항에 따라 지방의회에 제출하는 예산안에 첨부하여야 하는 의견서의 내용에 관한 사항
3. 그 밖에 지방자치단체의 장이 주민참여예산제도의 운영에 필요하다고 인정하는 사항

③ 지방자치단체의 장은 주민참여예산제도를 통하여 수렴한 주민의 의견서를 지방의회에 제출하는 예산안에 첨부하여야 한다.(개정 2014. 5. 28, 2018. 3. 27)

④ 행정안전부 장관은 지방자치단체의 재정적 · 지역적 여건 등을 고려하여 대통령령으로 정하는 바에 따라 지방자치단체별 주민참여예산제도의 운영에 대하여 평가를 실시할 수 있다.(신설 2015. 5. 13, 2017. 7. 26, 2018. 3. 27)

⑤ 주민참여예산 기구의 구성 · 운영과 그 밖에 필요한 사항은 해당 지방자치단체의 조례로 정한다.(신설 2018. 3. 27[전문 개정 2011. 8. 4] [제목 개정 2018. 3. 27])

※ 금년(2018) 3월에 개정되어 6월부터 시행함.

**(지방재정법 시행령)**

제46조(지방예산 편성 과정에의 주민참여 절차) ① 법 제39조의 규정에 의한 지방예산 편성 과정에 주민이 참여할 수 있는 방법은 다음 각 호와 같다.

1. 주요 사업에 대한 공청회 또는 간담회
2. 주요 사업에 대한 서면 또는 인터넷 설문 조사
3. 사업 공모
4. 그 밖에 주민 의견 수렴에 적합하다고 인정하여 조례로 정하는 방법

② 지방자치단체의 장은 제1항의 규정에 의하여 수렴된 주민 의견을 검토하고 그 결과를 예산 편성 시 반영할 수 있다.
③ 그 밖에 주민참여 예산의 범위 · 주민 의견 수렴에 관한 절차 · 운영 방법 등 구체적인 사항은 지방자치단체의 조례로 정한다.

한 서면 또는 인터넷 설문 조사, (3) 사업 공모, (4) 그 밖에 주민 의견 수렴에 적합하다고 인정하여 조례로 정하는 방법이 있다. 법에서 열거하는 것 외에도 참여예산의 방법과 수단은 다양한데, 각 지방자치단체들이 지역의 여건과 창의성을 최대한 발휘하여 운영할 필요가 있다. 그리고 지방재정법 시행령에서는 그 밖에 주민참여 예산의 범위 · 주민 의견 수렴에 관한 절차 · 운영 방법 등 구체적인 사항을 지방자치단체의 조례로 정하도록 규정하고 있다.

지방재정법에서는 지방자치단체가 수렴된 주민 의견을 검토하고 그 결과를 예산 편성 시 반영할 수 있으며, 예산 편성 과정에 참여한 주민의 의견을 수렴하여 그 의견서를 지방의회에 제출하는 예산안에 첨부할 것을 의무적으로 요구하고 있다. 이와 같은 법의 취지는 참여예산의 핵심 주체인 주민의 목소리가 가능한 예산에 적극적으로 반영되고, 행정부와 의회에 대한 주민의 영향력을 높이고자 하는 데 있다.

현재 법령에서 제시하는 사항은 참여예산제도와 관련하여 지방자치단체가 조치를 취해야 할 최소한의 기본 조건에 해당한다. 실제로 제도가 활성화되기 위해서는 법에서 제시하는 사항을 넘어 각 지방자치단체들이 주민과 시민사회와 더불어 자율성과 창의성을 최대한 발휘하는 노력과 관심이 필요하다.

최근에는 참여예산제도의 내실 강화 차원에서 지방의 주민참여예산제도 운영 상태에 대해 행정안전부 장관이 평가를 실시할 수 있도록 하는 법적 장치가 마련되었다. 이에 대하여는 보는 관점과 가치 판단에 따라 찬 · 반의 견해와 장 · 단점이 교차한다. 주민참여예산제도의 법제화 이후 그동안 제도 활성화를 위해 열심히 노력한 지방자치단체도 있었지만, 사실상 많은 지방자치단체들이 형식적으로 법적 조건만 충족하는 참여예산을 실시하였다. 이러한 상황에서 참여예산의 운영에 대한 객관적인 종합 평가가 국가 차원은 물론 개별 지방 차원에서조차 이루어지지 않았다. 이러한 현실을 반영하여 제도의 내실을 강화하는 차원에서 평가 체제가 도입된 것은 그 나름대로 의미가 있다.

그러나 참여예산제도가 풀뿌리 민주주의에 기반을 두고 시민과 시민사회 그리고 자치단체장의 자발적 개혁 의지와 노력에 의해 발전해 나가는 것임을 인식하면, 중앙정부가 주도하는 평가 시스템은 그다지 바람직하지 않다. 민주적 창의성은 자발성과 경쟁성에 의해 확산되는데, 이때 정부의 역할은 장애 요인을 제거하고 촉진 요인에 윤활유를 부어 주는 것이다. 최근에 도입된 평가 제도는 몇 년의 시범 실시 등을 거친 다음 지방의 자율 시스템으로 전환하는 것이 합리적일 것이다.

16

# 주민참여예산제도의 운영 조례

## 주민참여예산제도의 조례 제정

참여예산제도를 실시하는 지방자치단체의 수는 2006년에 11개이던 것이 2010년에는 60개로 늘어났고, 제도의 의무화가 이루어진 2011년 이후 현재는 전국의 모든 지방자치단체(243개 단체)로 확대되었다. 현재 주민참여예산제도의 운영에 관한 실질적 사항(내용)은 각 지방자치단체의 조례에 의해 규정되고 있는데, 조례의 형식과 내용 및 수준은 지방자치단체 간에 상당한 차이가 있다. 2018년 초 현재 전국에서 성남시만을 제외하고 모든 지방자치단체들이 조례를 제정하여 운영하고 있다. 2014년 중반까지는 전국의 지방자치단체 중 2개 단체(울산 남구, 경기 성남시)를 제외한 241개 단체가 주민참여예산 조례를 제정하였으나,* 2014년 10월에 울산 남구가 조례를 제정하자 이제는 성남시만

* 이들 두 지방자치단체는 지역의 정치적 사정으로 인해 조례를 제정하지 못했지만, 주민참여예산제도는 실시하고 있다.

유일하게 조례 미제정 단체로 남게 되었다.

현재 각 지방자치단체가 채택하여 활용하고 있는 주민참여예산 운영 조례는 기본적으로 중앙정부(행정안전부)가 제시하는 운용 조례 모델안(세 가지 유형)을 토대로 지역의 실정을 감안하여 제정되었다. 정부의 운영 조례 모델안은 기본적으로 목적, 용어 정의, 법령 준수 의무, 자치단체장의 책무, 주민의 권리, 운영 계획 수립 및 공고, 의견 수렴 절차, 의견 제출, 결과 공개, 주민참여예산위원회와 그 세부 운영 등에 관한 내용을 제시하고 있다(표 참조).

주민참여예산제도의 목적(제1조)은 주민의 예산 편성 과정 참여 보장과 예산 투명성 증대에 있다. 이러한 목적은 예산 편성 단계부터 주민의 정보 접근성과 의견 표명 기회를 높여 주민의 참여를 보장해 주어야 하는 지방자치단체장의 책무(제4조)로 이어진다. 이를 위해서 자치단체장은 예산 편성 방향, 주민참여 예산의 범위, 주민 의견 수렴 절차 및 방법 등을 종합적으로 규정하는 주민참여예산운영계획을 수립하여 인터넷 홈페이지, 게시판 등을 통하여 일정 기간 공고해야 한다(제6조). 그리고 자치단체장은 예산 편성에 대한 주민 의견 수렴을 위해 설명회, 공청회, 토론회 등을 개최할 수 있고, 필요 시 주요 사업에 대한 서면 또는 인터넷 설문 조사 및 사업 공모 등을 통해 의견을 수렴할 수 있다(제7조).

그 밖에 운영 조례 모델안에서는 주민참여예산운영계획에서 정하는 바에 따른 예산 편성 관련 의견 제출(제8조), 자치단체장의 의견 수렴 결과 인터넷 홈페이지 등 공개(제9조)에 관한 사항을 다룬다. 특히, 제10조에서는 지방자치단체장이 예산 편성에 대한 주민들의 의견을 수렴하고 주민참여예산제도의 효율적 운영을 위해 위원회, 협의회, 연구회 등을 둘 수 있도록 규정하고 있다.

## 주민참여예산제도의 운영 조례 모델안

| 구분 | 모델안 비교 | | |
|---|---|---|---|
| | 모델안 1 | 모델안 2 | 모델안 3 |
| 총칙 | 제1조(목적)<br>제2조(용어의 정의)<br>제3조(법령준수의무)<br>제4조(시장의 책무)<br>제5조(주민의 권리) | 제1조(목적)<br>제2조(용어의 정의)<br>제3조(법령준수의무)<br>제4조(군수의 책무)<br>제5조(주민의 권리) | 제1조(목적)<br>제2조(용어의 정의)<br>제3조(법령준수의무)<br>제4조(구청장의 책무)<br>제5조(주민의 권리) |
| 운영 계획 | 제6조(운영 계획 수립 및 공고)<br>제7조(의견 수렴 절차 등)<br>제8조(의견 제출)<br>제9조(결과 공개) | 제6조(운영 계획 수립 및 공고)<br>제7조(의견 수렴 절차 등)<br>제8조(의견 제출)<br>제9조(결과 공개) | 제6조(운영 계획 수립 공고 및 적용 범위)<br>제7조(의견 수렴 절차 등)<br>제8조(의견 제출)<br>제9조(결과 공개) |
| 위원회 | 제10조(위원회 운영 등) | 제10조(주민참여예산위원회)<br>제11조(위원회의 기능)<br>제12조(위원회 구성)<br>제13조(위원회의 운영)<br>제14조(연구회 운영 등) | 제10조(위원회 구성)<br>제11조(위원의 위촉 및 임기)<br>제12조(위원장 및 간사의 직무)<br>제13조(기능)<br>제14조(운영 원칙)<br>제15조(분과위원회)<br>제16조(회의 및 의결)<br>제17조(회의록 공개의 원칙)<br>제18조(해촉)<br>제19조(의견 청취)<br>제20조(관계기관 등의 협조 요청)<br>제21조(주민참여 등 홍보)<br>제22조(위원에 대한 교육) |
| 지원 | | | 제23조(재정 및 실무 지원) |
| 기타 | 제11조(시행규칙) | 제15조(시행규칙) | 제24조(시행규칙) |
| 부칙 | 부칙 | 부 칙 | 부칙 |

자료: 행정자치부(2010).

그리고 위원회 체제를 적극적으로 활용하는 지방자치단체를 위해 위원회의 기능, 구성, 운영 방식, 기타 사항에 대한 구체적인 내용을 제10조 이하에서 제시하고 있다. 운영 조례 모델안에서는 주민참여예산위원회가 담당할 기능을 예산 편성 방향에 대한 의견 제출, 예산 편성에 대한 의견의 수렴 집약 활동, 기타 위원회의 목적 달성을 위한 활동 등에 중점을 두고 있다.

운영 조례 모델안은 주민참여예산이 운영과 관련된 필수 기본 사항에 대해 나름대로 잘 제시하고 있다. 그러나 모델안은 지방자치단체 수준별 차이와 지역 특수성(고유성)을 감안하지 않고 있고, 전반적으로 '소극적 주민참여예산'의 기조를 견지하는 한계를 노정한다. 현실적으로 주민참여예산제도는 도시 지역과 농촌 지역, 대도시와 중소도시, 지방자치단체의 계층 수준, 기타 인구 · 사회 · 자연적 여건 등에 따라 제도의 운영 방식과 핵심 쟁점 면에서 크게 다를 가능성이 있다. 따라서 각 지방자치단체는 표준 모델을 준거로 하되, 지역의 실정을 충실히 반영하는 창의적이고 유연한 조례를 제정하는 것이 합리적이다.

현행 운영 조례 모델안은 주민 의견 수렴에 한정하는 소극적 주민참여예산제도를 지향한다. 지역의 다양성과 창의성을 감안할 때, 일부 예산(보조금 사업 등)을 지역 주민에게 할당해 주거나 주민이 다양한 방식으로 예산에 관여할 수 있는 보다 적극적인 참여예산 방식에 대하여도 포괄적으로 제시할 필요가 있다. 그리고 운영 조례 모델안에서는 주민 참여의 결과(의견 수렴의 반영 내역, 상태 등)를 주민에게 알려 주는 내용(절차, 방법, 공시 내용)에 관한 조항을 추가할 필요가 있다. 아울러 주민참여예산과 지방의회와의 관계(유기적 협력 관계, 주민과 의회와의 역학 관계)를 설정하는 내용도 일부 추가되어야 할 것이다.

행정안전부가 제시하는 운영 조례 모델안은 법적 구속력보다 일종의 가이드라인 내지 지침 성격을 지닌다. 따라서 향후 정부는 기존의 운영 조례 모

### 광역자치단체와 기초자치단체의 표준 조례 차별성 이슈

제도 도입 이전부터 일부 예상된 바이기도 하고 지난 6년간의 경험을 통해 확인된 바인데, 기초자치단체와 광역자치단체 간에는 주민참여예산제도의 운영에 있어서 여건과 환경, 상황 및 조건 등에서 상당한 차이가 있다. 따라서 표준 조례안이나 운영 지침을 제시할 때 양자 간에 일부 차별성 있는 접근을 취하는 것이 합리적이다.

델을 주기적으로 수정 · 보완해 줄 필요가 있다. 하지만 앞으로 참여예산제도가 각 지역에 뿌리를 내리고 지역별로 창의와 다양성의 꽃이 피기 시작하면 중앙정부가 주도하는 운영 조례 모델(안)은 더 이상 존재할 필요가 없다.

## 지방자치단체의 주민참여예산 조례 제정 유형

지방자치단체가 제정한 주민참여예산제도 운용 조례를 살펴보면, 현재 전체 지방자치단체의 1/3이 넘는 곳이 가장 소극적인 모델안 1을 채택하고 있는 것으로 파악된다. 모델안 1의 경우 주민참여예산제도의 핵심 인프라에 해당하는 주민참여예산위원회를 비롯한 각종 운영 시스템에 관한 내용을 수록하지 않고 있다.* 2014년 8월 기준으로 전국 243개 지방자치단체 중 241개 단체가 주민참여예산 운영 조례를 제정하였는데, 그중 127개 단체가 모델안 1을 토대로 조례를 제정하였다(모델안 2와 모델안 3을 토대로 조례를 제정한 곳은 각각 64개

* 모델안의 특징을 보면, 모델안 1은 주민참여예산위원회를 임의 규정으로 두고 있고, 주민참여예산위원회를 명시한 것은 모델안 2, 그리고 주민참여예산위원회의 분과를 명시한 것은 모델안 3이다. 지방자치단체 중에는 행정안전부가 제시한 3가지 형태의 모델안보다 더 다양하고, 세부적인 내용이 명시된 조례를 사용하는 곳도 적지 않다.

**주민참여예산제도의 운영 조례 유형**

| 자치단체 유형 | 조례 유형 | | | | |
|---|---|---|---|---|---|
| | 1유형 | 2유형 | 3유형 | 미제정 | 계 |
| 특·광역시 | 1 | 1 | 6 | – | 8 |
| 도 | 3 | 4 | 2 | – | 9 |
| 시 | 28 | 19 | 27 | 1 | 75 |
| 군 | 45 | 28 | 9 | – | 82 |
| 자치구 | 11 | 38 | 20 | | 69 |
| 계 | 88 | 90 | 64 | 1 | 243 |

자료: 행정안전부 내부 자료.

단체, 50개 단체이다).

이러한 현상은 최근 들어 크게 바뀌었다. 2017년도 통계(행정안전부)에 의하면, 모델안 1유형을 운영 중인 지방자치단체는 88개이고, 모델안 2와 모델안 3유형을 운영하는 지방자치단체는 각각 90개, 63개 단체인 것으로 나타났다. 특별·광역시의 경우 3유형이 압도적으로 많은 반면 도를 비롯하여 기초자치단체들은 1유형과 2유형을 주로 많이 채택하고 있다. 약 3년 전과 비교할 때, 모델안 1유형을 채택한 지방자치단체의 수가 크게 줄어든 반면 모델안 2와 모델안 3을 채택한 지방자치단체 수가 크게 늘어났다. 이러한 변화는 고무적인 현상인데, 그 배경에는 정부 정책(주민참여예산제도 평가 체제 도입)의 영향이 있었던 것으로 추측된다.

물론 지방자치단체는 정부 모델을 기본 바탕으로 보다 다양하고 적극적인 실천 사항을 담는 조례를 제정해서 운영할 수 있다. 하지만 참여예산제도에 소극적인 지방자치단체(단체장, 의회, 공무원 등)는 정부가 제시하는 최소 요건만을 충족하는 형식적 · 소극적 참여예산제도를 운영하려는 마인드와 행태를 갖고 있다. 이러한 행태는 정부의 적절한 가이드라인 제시와 시민사회 조직과의 협력, 시민단체 네트워킹, 지방자치단체 간의 경쟁과 학습을 통해 반드시 교정되어야 한다.

# 17 주민참여예산제도의 운영 형태와 기구

## 주민참여예산제도의 일반적 운영 형태(모형)와 주요 기구

우리나라 주민참여예산제도의 운영 형태와 기구에 대해 요약하면 대체로 다음과 같다(그림 참조).

(주민)참여예산위원회는 주민참여예산제도의 핵심적인 의사 결정 기구 내지 단위로서 지역회의 등 다양한 경로와 방법을 통해 수렴된 지역 주민의 의견을 종합적으로 검토하여 우선순위를 결정하고, 그 내용을 예산 편성 과정에 반영하는 활동을 수행한다. 지역회의는 지역 현장에서 주민의 생생한 목소리를 듣고 주민의 폭넓은 참여와 제안을 유도하고 수렴하는 참여예산 기구이다. 따라서 지역회의는 가능한 많은 주민들을 만나서 다양한 예산 의견과 사업 제안을 유도하고, 주민의 참여예산 동참을 촉진하는 역할을 수행해야 한다.

(민관)조정협의회(통상 '민관협의회', '민관위원회', '조정위원회' 등의 명칭으로 사용됨)는 주민들로 구성된 참여예산위원회와 관련 공무원이 주민이 제안한 예

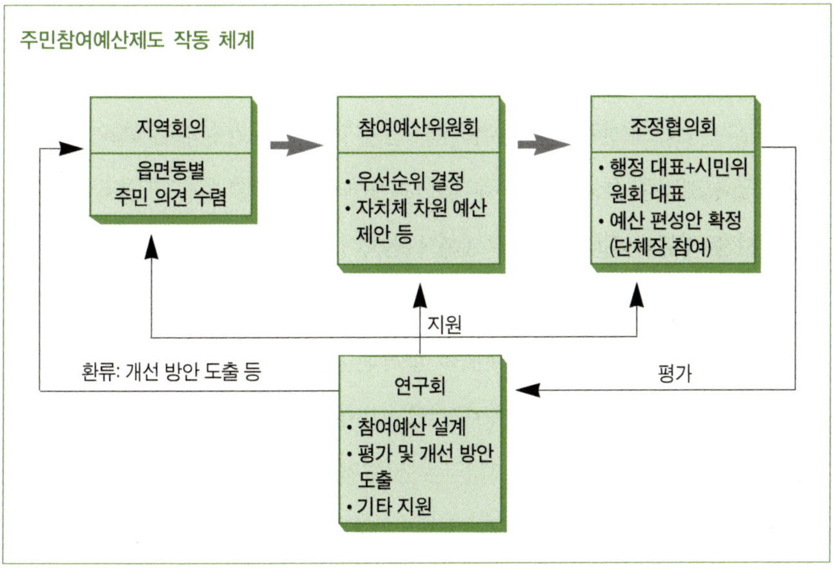


자료: 『2014 국정감사 정책자료집』(박남춘 의원), p. 8.

산 편성안과 공무원들이 사전에 작성한 예산 편성안을 조정하는 주체(기구)이다. 통상 조정협의회는 편성된 예산안이 지방의회로 제출되기 전(즉, 자치단체장이 최종적으로 결재하기 전)에 참여예산위원회 대표와 집행부 대표(자치단체장, 실 · 국장 등)가 만나서 의회에 제출할 예산안을 두고 최종 협의하는 역할을 한다. 이 과정에서는 주민이 직접 결정한 사업 예산(참여예산 사업 예산)과 예산에 대한 주민 의견서 내용들이 중점적으로 다루어진다.

연구회는 일반 주민이 예산 편성 과정에 참여하는 데 필요한 절차와 운영 및 실천 계획 등을 조정하고 운영을 실질적으로 지원하는 역할을 하는 기구이다. 그리고 연구회는 주민 대상의 교육과 제도 운영 전반에 대한 자문 및 지원 기능을 담당한다. 지방자치단체에 따라서는 연구회가 참여 예산의 운영 모니터링 결과를 가지고 평가와 함께 개선 방안을 마련하는 역할을 하기도 한다. 쉽게 말해서, 연구회는 참여예산제도와 관련된 일종의 브레인(brain) 내지 싱크탱크(think tank)의 역할을 하는 기구이다.

## 주민참여예산제도의 주요 운영 기구

우리나라의 주민참여예산제도가 활용하고 있는 주요 기구는 크게 (주민)참여예산위원회, 분과위원회, 지역회의, 민관조정협의회, 연구회(또는 운영위원회), 기타로 구성된다.

2017년 현재 (주민)참여예산위원회를 구성하고 운영하는 지방자치단체는 199개로 사실상 대다수가 동 위원회를 가동하고 있는 셈이다. 근년에 참여예산제도의 운영에 필수적인 참여예산위원회를 가동하는 지방자치단체가 크게 늘어난 것은 반길 만한 일이다. 다만, 그중 상당수가 형식적 · 소극적으로 위원회를 운영하고 있는 점은 앞으로 크게 개선되어야 할 과제이다.

정부 통계에 의하면 참여예산의 기구는 전국적으로 참여예산위원회 외에 분과위원회 121개, 지역회의 83개, 민관조정협의회 30개, 연구회 26개, 기타 13개인 것으로 파악된다. 광역자치단체의 경우 대부분 참여예산위원회와 분과위원회를 설치해서 운영하고 있다. 기타 위원회는 지원협의회, 운영위원회, 교육홍보위원회, 청년회, 재정자문단, 주민참여예산지원단, 읍면 주민간담회, 재정계획심의위원회 등이 있는데, 대부분 지역의 특성과 여건을 반영하여 설치되었다.

참여예산위원회는 일반 주민, 전문가 등으로 구성된 위원회로서 참여예

**주민참여예산제도의 주요 기구(주요 위원회 등) 현황(2017년)**

| 자치단체 유형 | 기능 | | | | | |
|---|---|---|---|---|---|---|
| | 참여예산 위원회 | 분과 위원회 | 지역 회의 | 민관조정 협의회 | 연구회 | 기타 |
| 특 · 광역시 | 8 | 8 | - | 3 | 3 | 2 |
| 도 | 8 | 8 | 2 | 1 | 3 | 2 |
| 시 | 62 | 47 | 34 | 14 | 12 | 4 |
| 군 | 54 | 20 | 12 | - | - | 2 |
| 자치구 | 67 | 38 | 35 | 12 | 8 | 3 |
| 계 | 199 | 121 | 83 | 30 | 26 | 13* |

주: *에는 민간참여예산지원단(모집), 재정자문단, 재정계획심의위원회, 읍면동 주민간담회, 운영위원회, 청년회, 교육홍보위원회, 지원협의회 등이 포함됨.
자료: 행정안전부 내부 자료(서정섭(2018. 3) 발표문에서 재인용).

산의 주제와 관련된 다양한 토의와 숙의를 실시하며, 공모 사업의 우선순위 결정, 공모 사업 외의 주요 사업에 대한 의견 제시, 예산 편성 방향, 예산안 전체, 부서의 예산 요구 사업, 일정 규모 이상 사업의 심의 · 조정 등 매우 중요한 역할을 한다. 동 위원회는 사실상 참여예산제도의 핵심 기구이므로 공정하고 효율적인 운용이 매우 중요하다.

참여예산위원회와 관련하여 최근에 관측되는 현상은 주민참여예산제도의 도입 초기에 비해 동 위원회의 결정 권한과 범위가 상대적으로 축소되고 있는 것이다. 이러한 현상의 배경에는 주민 대표성과 공정성이 충분히 검증되지 않은 참여예산위원회의 권한을 줄여야 할 필요성이 부각된 점, 그리고 참여 접근성을 높여서 주민의 직접 권한 행사의 범위를 확대시켜 주는 것이 바람직하다는 정책의 변화가 자리한다. 아울러 현장 투표가 지배적이었던 초기와 달리 최근에 발전하는 ICT를 활용하여 현장 투표와 함께 전자 투표(E-voting)를 병

주민참여예산제도의 주요 기구 운영 현황(지역별, 2017년)

| 자치단체 유형 | 기능 | | | | | |
|---|---|---|---|---|---|---|
| | 참여예산 위원회 | 분과 위원회 | 지역 회의 | 민관조정 협의휘 | 연구회 | 기타 |
| 계 | 199 | 121 | 83 | 30 | 26 | 13 |
| 서울 | 26 | 21 | 15 | 3 | 1 | 2 |
| 부산 | 17 | 5 | 2 | - | 2 | - |
| 대구 | 9 | 1 | 4 | - | 1 | - |
| 인천 | 10 | 7 | 6 | 5 | 2 | - |
| 광주 | 6 | 5 | 3 | 4 | 2 | - |
| 대전 | 5 | 3 | 3 | 1 | 1 | 1 |
| 울산 | 6 | 4 | 2 | 3 | 2 | 2 |
| 세종 | 1 | 1 | - | - | - | - |
| 경기 | 29 | 24 | 20 | 8 | 6 | 3 |
| 강원 | 9 | 7 | - | 1 | 2 | 1 |
| 충북 | 8 | 5 | 3 | - | 1 | - |
| 충남 | 16 | 11 | 5 | - | - | 2 |
| 전북 | 15 | 1 | 7 | 3 | 1 | - |
| 전남 | 23 | 7 | 6 | 2 | 4 | - |
| 경북 | 11 | 5 | 3 | - | - | 1 |
| 경남 | 7 | 1 | 2 | - | - | 1 |
| 제주 | 1 | 1 | 1 | 1 | 1 | - |

자료: 행정안전부 내부 자료(한국지방행정연구원 미발간 보고서(2018)에서 재인용).

행하는 경향이 확대된 것도 중요한 변화 요인이다(참여예산제도의 진행 과정에서 가장 중요한 의사 결정을 할 경우에는 일반적으로 투표 방식을 채택한다).

**주민참여예산제도의 기타 위원회 사례**

| 구분 | 기타 위원회 |
|---|---|
| 서울 | 참여예산위원회 – 분과위원회 – (지원협의회) |
| 울산 | 참여예산위원회 – 분과위원회 – 민관조정협의회 – (운영위원회) |
| 경기 | 참여예산위원회 – 분과위원회 – 지역회의 – 민관조정협의회 – 연구회 – (운영위원회) |
| 강원 | (재정자문단) |
| 용인 | 참여예산위원회 – 분과위원회 – 지역회의 – 연구회 – (운영위원회, 청년회) |
| 안성 | 참여예산위원회 – 분과위원회 – 지역회의 – 연구회 – (운영위원회) |
| 천안, 논산 | 참여예산위원회 – 분과위원회 – 지역회의 – (주민참여예산지원단) |
| 영덕 | (읍면 주민간담회) |
| 하동 | (재정계획심의위원회) |
| 금천구 | 참여예산위원회 – (운영위원회) |
| 대전 중구 | (주민참여예산단) |
| 울산 동구 | 참여예산위원회 – 분과위원회 – 지역회의 – 연구회 – (교육홍보위원회) |

주: 행정안전부 내부 자료(한국지방행정연구원 미발간 보고서(2018)에서 재인용).

## 주민참여예산위원회 참여 형태 등(2016년 조사 기준)

주민참여예산위원회의 위원 구성은 크게 당연직(예컨대, 관계 공무원), 추천직, 공모직, 기타로 구분된다. 지역에 따라 다르지만, 2016년 현재 추천직(자치단체장 추천)과 공모직이 전체의 약 85%를 차지하고 있다. 참여예산제도의 취지와 특성을 감안할 때, 공모 방식에 의한 일반 주민의 참여 비율이 크게 높아야 함에도 불구하고 전국적 상황은 아직도 전체 위원의 절반 수준을 밑돌고 있다. 위원의 성별 분포를 보면, 남성과 여성이 약 6 대 4(남성 61.9%, 여성 38.1%)로 남성 비율이 높은데 이것도 가능하면 앞으로 양성 평등 비율로 조정될 필요가 있다.

## 주민참여예산위원회 운영 실적(2016년 조사 기준)

- 본위원회: 총 409회, 단체당 평균 2.1회(참여예산위원회 구성 199개 단체)
- 분과위원회: 총 730회, 단체당 평균 6.0회(분과위원회 구성 121개 단체)
  - 분과위원회 구성 수: 총 481개, 분과위당 2.1회
- 지역회의: 총 1,771회, 단체당 평균 21.3회(지역회의 구성 83개 단체)
  - 지역회의 구성 수: 총 1,322개, 지역회의당 2.1회
- 청(소)년회: 총 25회, 단체당 평균 2.5회(청(소)년회 구성 10개 단체)
- 지역협의회(전문가 지원단)/예산연구회: 총 88회, 단체당 평균 2.5회(지역협의회(전문가 지원단) 및 예산연구회 구성 35개 단체)
- 예산 총회: 총 38회, 단체당 평균 1.3회(예산 총회 구성 27개 단체)
- 정책 토론회: 총 45회, 단체당 평균 2.5회(정책 토론회 구성 18개 단체)
- 예산학교: 총 481회, 단체당 3.9회(예산학교 운영 124개 단체)

주: 서정섭(2018. 3)의 발표문 인용.

18

# 주민의 참여 방법, 참여예산의 반영 등

## 주민 참여 방법 등

지방재정법 시행령(제46조 제1항)에서는 주민의 참여 방법으로 주요 사업에 대한 공청회 또는 간담회, 서면 또는 인터넷 설문 조사, 사업 공모, 기타 조례로 정하는 방법 등을 제시하고 있다. 그런데 이들 수단을 적극적으로 활용하는 지방자치단체는 현실적으로 그다지 많지 않다. 예를 들어, 공청회를 개최한 지방자치단체와 간담회를 실시한 지방자치단체는 각각 34개(전체 지방자치단체의 14.0%), 49개(전체의 20.2%)에 불과하다. 공청회와 간담회를 개최한 지역 중에서도 그 횟수와 내용 면에서 매우 적극적이고 내실을 기한 곳이 있는가 하면, 형식적으로 실시한 곳이 있는 등 대조적이다.

설문 조사는 전체 지방자치단체의 절반이 넘는 곳에서 실시하고 있는 것으로 나타나 비교적 보편적인 방식으로 간주된다(서면 설문 조사 127개 단체(52.3%), 인터넷 조사 124개 단체(51.0%)). 다만, 설문 조사의 경우에도 조사 내용이 비교적 충실한 지방자치단체가 있는가 하면 참여예산의 형식적 요건을 충족하기에 급급한 지방자치단체가 있는 등 지역 간 차이가 심하다. 대체로 평하자면, 설문 조사의 내용, 목표, 활용도가 주민참여예산제도의 취지와 목적을 충실히 뒷받침해 주지 못하고 있는 것이 현실이다.

참여예산제도를 실시하는 과정에서는 예산 편성 방향, 중점 투자 방향, 투자 우선순위, 주민 관심 사업, 예산 비효율 사업, 포용적 사업 대상 등에 대한 주민의 의견을 수렴하는 것은 어떤 형태로든 필요하다. 여기에는 주민간담회 · 포럼 · 정책 토론회 · 공청회, 주민참여예산위원회 · 지역회의를 통한 의견 수렴, 설문 조사 · 의견 제시(on-line(인터넷, 홈페이지), off-line 모두 가능) 등의 방법이 활용될 수 있다. 이때 중요한 것은 어떤 수단과 방법(또는 여러 방법의 조화)을 택하든 간에 그것이 지방자치단체의 예산 운영에 관한 주민의 참된 목소리와 수요를 합리적이고 객관적으로 수렴하고, 그것을 구체적인 예산의 수치와 사업으로 만들어 낼 수 있는 정도로 체계적이고 충실해야 한다는 사실이다.

주민이 예산 사업을 제안하고 결정하는 사업 공모 방식은 전국의 156개 지방자치단체(전체의 64.2%)가 채택하고 있어서 참여예산제도가 사업 공모 중심으로 전개되고 있음을 확인할 수 있다. 최근에 인터넷 · 모바일 등 전자 소통이 활성화되면서 전자 투표 방식을 통해 참여예산 사업을 결정하는 지방자치단체가 증가하고 있는 것은 괄목할 만한 참여예산의 신경향이다(참고로 전자 투표를 실시하고 있는 지방자치단체는 30개로 파악되고 있다). 그리고 위원회의 운영 결과를 홈페이지에 게재하는 지방자치단체는 전체 자치단체의 70%가 넘는 173개인 것으로 조사되었다.

**주민참여예산제도의 주민 참여 방법 유형(2016년 조사 기준)**

(단위: 단체 수, 횟수)

| 구분 | | 참여 방법 | | | | | 전자 투표 | 위원회 운영 결과 홈페이지 게시 |
|---|---|---|---|---|---|---|---|---|
| | | 공청회 | 간담회 | 서면 설문 조사 | 인터넷(SNS 등) 설문 조사 | 사업 공모 | | |
| 단체 수(A) | | 243 | 243 | 243 | 243 | 243 | 243 | 243 |
| 시행 단체 수(B) | | 34 | 49 | 127 | 124 | 156 | 30 | 173 |
| (B/A, %) | | (14.0) | (20.2) | (52.3) | (51.0) | (64.2) | (12.3) | (71.2) |
| 횟수 | 계 | 102 | 277 | 127 | 124 | 156 | 30 | 173 |
| | 광역단체 | 31 | 6 | 8 | 11 | 13 | 3 | 15 |
| | 기초단체 | 71 | 271 | 119 | 113 | 143 | 27 | 158 |

자료: 행정안전부 내부 자료(서정섭(2018. 3) 발표문에서 재인용).

## 주민참여예산 반영 현황

2017년 당초예산(259.4조 원) 기준으로 주민참여예산은 1조 3,426억 원(공모 사업 기준)인데, 이것은 전체 지방예산의 0.43%에 해당한다. 주민 제안 사업 수는 2만 9,638건(7.2조 원)이고, 그중에서 실제로 예산에 반영된 것은 1만 3,426건(1.1조 원)이다. 2010년 이후 주민 제안 사업 수가 증가하고 있으나, 예산에 반영되는 사업 수와 예산 규모는 증가하지 않은 채 연도별로 다소 변동이 심한 것으로 나타나고 있다.

참여예산 사업(지방자치단체가 조례 또는 주민참여예산 운영 계획 등을 통해 일정한 기준 하에 주민의 참여(주민의 사업 제안 또는 주민 대상 공모 사업)를 거치도록 정한 사업을 의미함)이 전체 예산에서 어느 정도 차지하는지의 문제는 분명 중요하고 그 나름의 의미가 있다. 하지만 여기에만 집중하는 것은 분명히 문제가 있다. 그 이유는 참여예산제도의 핵심이 예산 편성 과정에서 주민의 목소리와 수요

**연도별 주민참여예산 사업 공모 및 예산 반영 현황(2011-2017)**

(단위: 건, 조 원, %)

| 연도 | 사업 공모 | | 반영 | | 예산 규모 (B) | 반영 비율 (A/B×100) |
|---|---|---|---|---|---|---|
| | 사업 수 | 사업액 | 사업 수 | 사업액(A) | | |
| 2011 | 4,384 | 0.4 | 3,322 | 0.2 | 184.7 | 0.09 |
| 2012 | 8,528 | 1.0 | 5,096 | 0.4 | 198.1 | 0.19 |
| 2013 | 14,400 | 3.8 | 14,252 | 1.3 | 208.4 | 0.64 |
| 2014 | 19,802 | 3.5 | 13,033 | 1.2 | 220.0 | 0.52 |
| 2015 | 23,864 | 3.8 | 11,592 | 1.0 | 234.0 | 0.41 |
| 2016 | 26,267 | 4.1 | 11,823 | 1.3 | 250.0 | 0.51 |
| 2017 | 29,638 | 7.2 | 13,426 | 1.1 | 259.4 | 0.43 |

자료: 행정안전부(2018).

를 내실 있고 효과적으로 반영하는 데 있기 때문이다. 다만, 그와 같은 핵심을 구현하기 위해서는 참여예산의 양적 측면과 질적 측면이 모두 파악되고 반영되어야 하는데, 이것은 현실적으로 매우 어렵다. 즉, 총예산과 총사업 중에서 어느 정도가 실제로 참여예산제도에 의해 채택되거나 영향을 받았는지를 확인하기가 어렵다. 다만, 우리나라와 같이 대다수 지방자치단체가 참여예산용으로 주민에게 예산을 할당한 금액이 분명한 경우 그에 대한 통계는 확실히 포착된다. 하지만 앞서 수차례 강조한 것처럼 참여예산 사업(주민 공모 사업)을 운영하는 것이 참여예산제도의 본질과 핵심이 아니다.*

* 참여예산의 범위 산정과 관련하여 참여예산 사업(주민 제안 사업(공모 사업)) 외에 참여예산위원회 심사 대상 사업, 공청회 · 설명회(간담회) 의견 수렴 사업, 설문 조사 결과 반영 사업 등을 참여예산의 실질적 범위에 포함시키려는 시도도 있다. 하지만 여기에는 객관성 문제를 포함하여 본질적 실익이 무엇인지에 대한 비판이 수반된다.

## 주민의견서 포함 사항

주민의견서에 포함되는 사항은 지방자치단체별로 다르며, 그 내용과 수준 면에서 큰 차이가 난다. 대체로 말해서, 현재까지는 주민의견서 제출 장치가 참여예산제도의 본질과 목적을 충실히 구현하지 못하고 있다. 가장 큰 이유는 우리나라 참여예산제도가 전체 예산의 극히 일부에 해당하는 참여예산 사업(주민 공모(제안) 사업)에 함몰되고 나머지 주류 예산에 대한 연구와 토의 및 숙의가 제대로 이루어지고 있지 않기 때문이다.

현재 지방재정법에 의해 지방의회에 제출하는 참여예산의 주민의견서에는 대체로 다음의 내용이 포함되고 있다. 그것은 주민 참여 기구 구성 현황 및 연간 주민참여예산제도 운영 실적, 사업공모제 운영 실적 및 사업별 우선순위, 지방자치단체가 정하는 일정 기준에 해당하는 사업에 대한 사업별 주민의견서, 분야-부문별 지출 비중에 대한 주민 의견, 분과별 주민 의견, 예산안 전체에 대한 주민 의견 등이다(한국지방행정연구원, 앞의 보고서). 그런데 가장 중요한 전체 예산에 대한 주민의 의견이 체계적으로 수렴되지 못하고 있고, 예산 우선순위, 사회적 약자에 대한 배려 등 포용적 성장에 관한 내용들은 제외되어 있다.

## 주민의 예산 참여 단계와 범위의 확대 경향

최근에는 주민의 예산 참여 단계와 범위가 점차 확대되는 경향을 보인다. 아직은 대부분의 지방자치단체들이 예산 편성 과정 중 일부에 한정해서 주민의 제한적 참여를 허용하고 있지만, 일부 지방자치단체는 그것을 넘어 사업의 집행 단계와 결산 단계에서도 일정한 범위의 주민 관여를 허용한다. 예를 들어, 주민 제안 사업 집행 현황 모니터링(서울시, 논산시 등), 지역회의 요구 사업 현장 확인 모니터링(안산시), 기타 사업 모니터링 · 성과 평가 등이 실시되고 있다. 특히, 서울시의 경우 몇 년 전부터 참여예산 사업에 대한 모니터링과 평가(사업 집행 단계 모니터링, 사업 완료 단계의 성과 및 효과성 평가 등)를 실시하고 있다. 그럼에도 불구하고 전체적으로 보아 우리나라의 주민참여예산제도는 여전히 예산 편성 단계에서의 매우 제한된 참여예산 사업에 대한 의사 결정에 집중되고 있다.

## 19

# 현행 주민참여예산제도의 현황: 특징, 문제, 한계

현재 우리나라에서 시행 중인 주민참여예산제도는 실시 수준과 내용 면에서 지방자치단체 간에 상당한 차이가 있다. 전체적으로 볼 때, 현재의 수준은 지방자치단체가 보유하는 재정 권한 중 최소 일부를 주민과 공유하는 정도이고, 제도 발전의 초기 단계에 속하는 것으로 평가된다. 지금까지의 실시 경험에 의하면 주민참여예산제도는 일부 성과도 있었지만, 그것 못지않게 극복해야 할 문제와 한계도 적지 않게 드러내었다. 이러한 사실을 인식하면서 이 장에서는 우리나라 주민참여예산제도의 특징과 현황에 관해 기술하고자 한다 (주민참여예산제도의 발전 방안에 관한 내용은 다음 장에서 기술하고 있다).*

* 이 부분은 임성일의 기존 글(임성일, 2011, 2014, 2017; 『서울시 참여예산백서』, 2017 등)을 기본적으로 원용하면서 일부 수정한 것이다.

## 주민참여예산제도의 특징과 정체성: 참여예산 사업 주도형 참여예산

우리나라의 참여예산제도는 세계의 다른 나라들과 비교할 때 유사한 면도 있고 다른 면도 있다. 우리나라 참여예산제도의 주류는 지방자치단체가 주민에게 일정한 예산을 할당하면(통상 '참여예산 사업' 내지 '주민 공모(제안) 사업' 예산이라고 불림; 이하 참여예산 사업 예산으로 통일해서 사용하고자 함), 주민들이 그 범위 내에서 사업을 직접 제안하고 선정하는 운영 방식이다. 이것은 제한된 범위의 '예산 권한 주민 이양(citizen empowerment)'에 해당하며, 참여예산제도의 운영 형태 가운데 가장 적극적이고 파격적이다. 제도의 운영 골격만 두고 보면 참여예산제도의 효시인 포르투알레그리시의 유형에 근접한 것으로 인식된다.

참여예산제도가 법제화된 이후 지금까지 대부분의 지방자치단체들은 '참여예산 사업' 중심으로 제도를 운영해 왔고, 참여 주민의 관심과 에너지 또한 사실상 이에 집중되었다. 그 결과 주민들은 참여예산 사업을 제외한 나머지 재정 운영에 대하여는 거의 관여하지 않거나 목소리를 내지 않았다. 즉, 참여예산의 에너지가 참여예산 사업을 제안하고 선정하는 데 집중되고 있다고 해도 과언이 아니다. 실제로 참여예산 사업이 확정된 이후부터 주민참여예산위원회 등의 활동과 동력이 현저히 줄어드는 현상이 전국 곳곳에서 나타나고 있다. 종합적으로, 주민의 예산 관여가 참여예산 사업의 제안과 선정에 집중되고, 지역 주민의 의사와 재정 수요를 반영하는 과정과 노력이 크게 결여된 것이 주민참여예산제도의 현주소이다.

현실적으로 예산 권한의 주민 이양 부분은 지방자치단체 전체 예산 중 지극히 작은 일부에 불과하다. 만일 참여예산이 여기에 함몰된다면 마치 '나무는 보고 숲은 보지 못하는 격'이 된다. 자기 지역에 사업을 따오는 데 몰두하는 것은 나무를 보는 것이고, 나머지 다른 예산 운영에 대한 관심과 목소리가 거의 없고 그에 관한 지방자치단체와 주민 간의 소통이 부재한 것은 숲을 보지 못하는 것이다. 조금 혹평하자면, 참여예산제도의 형식과 모양은 내지만 실질과 본질은 추구하지 않는 현상이 나타나고 있다.

실제로 많은 지방자치단체들이 예산 규모가 작은 참여예산 사업에 대하여는 적극적인 반면 전체 예산에 대한 참여예산의 활성화에는 매우 소극적이다. 그중 상당수는 참여예산제도의 법적 요건을 충족해서 면피하는 데 급급하고, 제도의 본질적 발전은 뒷전에 두고 있다. 이들은 작은 예산을 주민 몫으로 넘겨주고는 나머지 예산을 과거 방식대로 운영하는 행태를 그대로 답습하고 있다. 참여예산의 취지와 정신은 온데간데없고, 법에서 의무화한 제도를 형식적으로 충족하는 아이러니컬한 행정 행위라고 말하지 않을 수 없다.

## 낮은 주민 참여, 다수 주민의 무관심

현재 전국적으로 주민의 참여예산 참여도가 매우 저조하여 제도의 도입 취지와 성과 면에서 큰 문제에 봉착하고 있다. 전국 어디를 가더라도 참여예산에 관여되는 주민의 비율이 매우 낮고, 많은 주민들이 제도의 존재를 알지 못하거나 알더라도 무관심한 태도를 보이고 있다. 이와 같은 현상이 나타나는 원인으로는 지방자치단체(장)의 인식 부족 내지 소극적 접근, 주민 의견 수렴 · 반영 절차의 정교성 미흡, 주민 의식 및 주민의 참여 유인 부족, 주민 · 시민단체의 전문성 부족, 물리적 · 지역적 여건에 따른 참여의 어려움, 시간 할당에 대한 기회비용 등 다양한 요인이 있다.

이 문제는 향후 참여예산제도의 성공 여부는 물론 지속 가능성 여부를 가늠하는 바로미터에 해당한다. 따라서 적극적으로 해결해야 한다. 참여예산제도의 모범 사례로 지목되는 브리질의 포르투알레그리시나 유럽의 도시들은 하나같이 지역 주민의 깊은 관심과 높은 직접·간접적 참여도를 핵심 원동력으로 해서 제도의 발전을 이루어 내었다. 참여예산의 성격이 일반적인 정치적 투표(시장 선거, 의원 선거 등)와 다르기 때문에 주민 내지 유권자의 절반 이상이 제도에 참여하는 것을 기대한다는 것은 사실상 무리이다. 그럼에도 불구하고 참여예산제도를 통해 공공 자금의 사용이 결정되고 영향을 받는 만큼 만일 일정 수준 이상의 주민이 동참하지 않는다면 제도의 중장기 지속 가능성은 담보될 수 없다. 대체로 말해서, 주민의 직접 참여와 간접 참여를 포함하여 전체 주민의 5-10% 이상이 참여예산제도에 관여되는 것이 바람직하며, 지방자치단체들은 중장기적으로 이를 목표로 삼을 필요가 있다.

### 참여예산 사업을 둘러싼 과열 양상 및 갈등

현행 주민참여예산제도가 참여예산 사업의 선정에 편중된 것도 문제이지만, 여기에 더해 사업의 선정 과정과 결과를 둘러싸고 대표성·공정성 문제가 불거지는 것도 매우 우려스러운 문제이다. 특히, 대도시의 경우 자치구를 중심으로 '소지역 할거주의', '구청 사업 끼워넣기' 현상 등 부작용이 끊이지 않고 있다. 실제로 자치구가 직접 나서서 지역의 주민과 각종 조직(시민단체, 직능대표 등)을 부추기고 전략적으로 사업을 따내는 행태가 전개되고 있는 것은 공

### 참여예산 사업(주민 공모 사업)의 공정성 및 운영 내실 강화

현재와 같이 주민참여예산제도가 전체 지방자치단체 예산의 1% 내외 할당(주민의 예산 결정)에 사실상 전념하는 현상이 지속될 경우 주민참여예산의 기본 가치와 목적(예산 투명성, 재정 책임성, 재정 민주주의 구현 등)을 놓치는 우를 범할 가능성이 높다.

하지만, 지방예산의 1% 내외라고 하더라도 그것을 집행부나 의회가 아닌 주민이 직접 사업을 제안하고 최종적으로 사업을 선정(예산 배분)한다는 것은 과거에는 상상할 수 없었던 획기적인 변화이다. 이것은 공공 행정에 시민의 목소리와 의지가 보다 확실히 반영되고, 정부와 의회가 비록 작지만 시민의 응집된 힘에 두려움을 갖고 행정과 정치적 활동에 신중과 조심을 기하게 되는 변화를 유발한다. 이러한 사실을 인식할 때, 현재 집중적으로 운영 중인 참여예산 사업(주민 제안(공모) 사업)의 운영에 대한 절차와 과정 및 방법의 공정성과 내실을 강화하고, 주민의 역량을 튼튼히 하는 노력과 조치가 필요하다.

공연한 비밀이다. 이러한 이해관계 문제가 해소되지 못할 경우 참여예산제도는 '불공정 · 불균형 제도'로 전락되고, 참여예산에 대한 시민의 관심과 매력은 상실되고 만다.

이와 같은 문제 현상들이 나타나는 원인은 소수 주민의 참여, 참여 주민과 자치구의 이기적 행태, 참여예산 기구의 불완전성에 기인한다. 그 외에도 지나치게 많은 참여예산 대상 사업 수, 개별 사업 판단 정보와 참여예산위원회(주민 대표 기구)의 검토 시간 및 지식의 한계, 사업 선정을 둘러싼 이해관계 발생 등도 문제의 원인으로 작용한다.

불평등 참여, 불평등 영향(공정성 시비, 위원 · 기타 이해관계자의 압력 및 담합 등)과 관련되는 첨예한 문제를 본질적으로 극복하지 않고서는 참여예산제도는 성공하기 어렵다. 절대 소수(전체 주민 대비)에 의한 사업 선정 투표권 행사는 절대 다수 주민의 수요를 반영하는 데 근본적인 한계가 있다. 지금과 같이 일반 주민에 의한 견제 장치가 결여되고, 다수 주민이 참여예산제도에 대해 무관심한 상태에서 진행되는 주민의 예산 결정 행위는 적지 않은 문제가 있다. 이를 해소하기 위해서는 보다 조직화된 시민사회의 역할 및 역량 강화가 요구된다.

### 전체 지방자치단체 예산에 대한 주민의 수요와 거시적 방향 제시 미흡

현행 참여예산 시스템은 참여예산 사업의 선정에 몰두한 나머지 참여예산이 추구하는 예산 민주성(시민의 직접 · 간접적 참여 기회 확대, 시민의 다양한 의견과 목소리 수렴 · 반영 등)이나 예산 정보 소통 진작 그리고 사회적 형평성을 구현하는 역할에 있어서는 크게 미흡하다. 구체적으로, 전체 예산(참여예산 사업 포함)에 관한 일반 시민의 진정한 재정 수요와 목소리를 종합해서 대변하고 각종 예산 투명성을 높이는 기능을 제대로 수행하지 못하고 있다.

주민이 대규모 사업 예산을 직접 기획 · 편성할 수는 없다. 하지만 적어도 지방자치단체의 재정 운용에 대한 다수 시민의 선호, 욕구, 방향성, 우선순위에 대한 사항을 체계적으로 수렴하여 지방자치단체에 제시하고 요구하는 것은 '적극적 시민'이 할 수 있는 일이고, 또한 참여예산제도가 지니는 중요한 기능이기도 하다. 현재 이러한 참여예산의 기능과 역할은 선도 단체를 포함하여 전국적으로 매우 취약한 상태이다.

## 주민참여예산원회의 위상: 취약한 시민 대표성

주민으로 지칭되는 불특정 이해관계자(stakeholder) 중에서 누가 실제로 예산 과정에 참여해서 제도 운영 주체로서 역할을 할지의 문제는 참여예산제도가 안고 있는 어려운 과제이다. 이것은 크게 (1) (주민)참여예산위원회(또는 시민예산위원회)가 주민으로부터 직접적 대표성을 부여 받지 못한 점, (2) 주민참여예산위원회가 시민의 진정한 수요와 우선순위를 충실히 대표하지 못한 점의 두 가지 문제로 구분될 수 있다.

전자는 현행 주민참여예산위원회가 주민 투표나 기타 합법적 방식에 의해 권한과 역할을 명확히 위임 받지 못한 상태에서 운영되기 때문에 발생하는 것으로 현재로서는 근본적인 한계를 노정할 수밖에 없다. 주민참여예산위원회는 각 지방자치단체의 조례에 의해 설치되지만, 현실적으로 조례가 위원회의 주민 대표성을 본질적으로 뒷받침해 주지 못하고 있다. 후자는 전자의 요인과 일부 관련이 있지만, 그보다는 현행 주민참여예산제도가 전체 주민의 의사와 목소리를 반영하지 못하고 참여예산 사업의 결정에 집중하기 때문에 발생한다.

그 외에도 참여예산위원회는 위원의 전문성, 불평등 영향력(공정성 시비, 개인 · 조직 이해관계, 의회 압력 등) 면에서 비판의 소지가 있고, 위원회의 활동 범위, 위원의 구성과 관련된 사항도 쟁점으로 부각된다.

현실적으로 참여예산위원회는 대부분의 지역에서 주민의 관심과 지지를 받는 기구로서 위상과 역할을 확보하지 못하고 있다. 참여예산위원회의 주민 대표성 위상이 향상되지 못하는 원인 중 하나는 위원회가 커뮤니티와 지역 단위의 풀뿌리로부터 주민의 진정한 예산 수요와 우선순위를 충실히 수렴해서 대표하지 못하고 있는 점이다. 이것은 사실 위원회 자체의 기능 부전이나 책임성 부족에서 비롯되는 문제가 아니고, 현행 체계가 일반 주민의 의견과 목소리들을 체계적으로 반영하고 수렴하는 소통의 기회와 공간을 확보하는 데 실패했기 때문이다. 한마디로, 지방자치단체와 시민사회가 참여예산제도가 성숙 발전할 수 있는 소프트웨어와 인프라를 충실하게 구축하지 못하였음을 의미한다.

이와 같은 참여예산위원회의 대표성 문제는 참여예산에 대한 시민의 관심과 직접 · 간접적 참여를 크게 제약하는 요인으로 작용한다. 지방의회는 투표에 의한 합법적 주민 대표 기구인 데 비해 참여예산위원회는 주민 대표성 기구로서의 정당성과 위상이 크게 취약하다. 많은 지방자치단체에서 참여예산사업의 선정 문제가 연도를 더해 가면서 이해관계자(자치구, 위원, 지역 주민, 시민사회, 지방의원 등) 간의 첨예한 '이해상충 현상'을 유발하는 상황을 인식하면, 앞으로 주민 대표성 문제는 주민참여예산제도를 강하게 압박하는 요인이 될 것으로 예상된다. 그러므로 어떤 방식이든 참여예산제도 기구의 사회적 정당성과 신뢰를 확보하는 조치가 필요하다.

참여예산위원회는 문제와 한계(주민 대표성 문제)에도 불구하고 기구의 존재 필요성에 대하여는 대다수가 공감한다.* 그 이유는 참여예산위원회가 주민과 지방자치단체를 연계 소통케 해주는 매개체로서 참여예산제도의 활성화

* 현재 지방자치단체들 중에는 참여예산위원회를 구성하지 않은 곳도 적지 않다. 이것은 한편으로 자치단체장의 소극적 태도에 원인이 있고, 또 다른 한편으로 지방재정법 등 법령에서 주민참여예산위원회의 구성 의무를 규정하지 않고 지방자치단체의 조례로 정하도록 조치한 데 있다.

에 필요한 기본 인프라이기 때문이다. 주민참여예산제도는 소통과 연계의 장(물리적 · 가상적 공간)과 수단을 필요로 하는데, 그중 하나가 주민참여예산위원회이다. 이는 지방의회와 본질적으로 다르지만, 참여예산에 관한 한 특정 공적 기능(주민 대표 기능)을 수행하는 기구인 점에서는 일부 유사성이 있다. 그러므로 앞으로 해야 할 일은 어떻게 하면 대다수 주민으로부터 기구의 존재와 역할 정당성을 인정받을 수 있도록 제도를 개선하고 노력하는 것이다.

### 모든 시민을 포용하는 참여예산 특성, 형평성 관점 부족

참여예산은 가능한 모든 주민의 목소리가 들려질 수 있도록 최대 다수를 품어야  한다. 이는 보통시민은 물론 여러 가지 이유로 보통의 조건(여건)에서는 자신의 의사를 전달하기 어려운 다양한 구성원들(사회적 약자(빈곤 · 장애 등), 소외 계층, 고령자 등)의 목소리에 참여예산은 귀 기울여 듣고 그들의 재정 수요를 반영해야 함을 의미한다. 하지만 지금까지는 그러하지 못했다. 주민을 적극적으로 포용하는 관심과 수단 및 전략이 부족하였기 때문이다. 현행 주민참여예산은 시민의 대표적 · 보편적 재정 수요와 목소리를 추출하고 반영하는 기능과 노력이 부족할 뿐 아니라 정보 접근성이 취약한 빈곤 · 장애 · 소외 · 기타 사회적 약자의 수요와 목소리를 대변하고 반영하는 역할과 개방성 면에서 상당히 취약하다.

참여예산이 사회적 배려와 포용에 경도되어서는 안 되지만, 적어도 일정 수준에서 사회적 약자와 소외 계층을 배려하는 방향성과 노력은 견지할 필요가 있다. 왜냐하면 참여예산은 주민의 목소리를 시정과 예산에 구체적으로 반영하는 역할을 하는데, 사회적 약자는 목소리를 내지 못하거나 내더라도 들리지 않을 가능성이 크기 때문이다.

### 참여예신의 본질보다 절차 및 과정 합리성에 에너지 소모

우리나라의 지방자치단체들은 참여예산제도를 실시하면서 제도의 취지와 본질에 충실하기보다 참여예산의 각종 규칙을 정립하는 데 지나치게 많은 에너지를 소모해 왔다. 예를 들면, 참여예산위원회의 구성과 운영 방식에 관한 세부 절차와 내용을 정립하는 과정에서 지나치게 많이 갑론을박을 하거나, 참여예산 사업의 심의 · 선정과 관련된 객관성 · 공정성 확보를 위해 지나치게 소소한 사항까지를 다루느라 시간과 에너지를 소모하고 있다. 물론 이러한 노력이 필요하지만, 만일 참여 주체들 간에 최소한의 신뢰가 구축되었다면 그중 상당 부분은 불필요한 일들이다. 사회적 신뢰와 시민의 신뢰가 많은 부분을 걸러내기 때문이다.

실제로 많은 지방자치단체에서 참여 주민과 지방자치단체, 그리고 주민 상호간에 신뢰가 형성되지 않아 참여예산제도의 실무 운영 규칙을 만드는 과정에서 크고 작은 논란과 해프닝이 있었다. 또한 그 완성에 오랜 시간이 걸렸고, 매년 수정 개편되었다. 적지 않은 사례에서 이해 주체 간의 신뢰 부족으로 세심한 사안들조차 일일이 규칙을 만들어야 하는 상황이 발생하였다. 이러한 현상은 거시적으로 참여예산제도 자체에 대한 생소함 내지 신뢰 형성 부족 문제와도 관련이 있을 것이다. 하지만 그보다는 현재 우리 사회가 안고 있는 사회적 신뢰 부족에 더 큰 원인이 있는 것으로 보인다.

서울시보다 조금 늦게 참여예산제도를 도입한 파리시나 뉴욕시의 경우 참여예산제도를 구조화하고 관련 절차와 규칙을 만드는 데 많은 시간과 에너지가 소모되지 않았다. 특히, 파리시의 경우 제도 도입 이후 주민들이 예산 사업을 제안하고 직접 결정하는 참여예산의 규모가 단기에 크게 확대되었고, 짧은 기간 중에 제도 운영의 다양성과 창의성을 보여 주었다. 파리시의 참여예산은 이제 전 세계의 유명 대도시 가운데 시민이 직접 결정하는 예산의 규모가 가장 큰 도시로 우뚝 섰다.

앞서 언급한 바와 같이, 우리나라 참여예산제도의 거시적 특징과 정체성은 '참여예산 사업의 운영'으로 대표된다. 서울시의 예를 들면, 그동안 시는 500억 원 내외의 참여예산 사업의 발전을 위해 관련 절차의 공정성, 문호 개방성, 사업 타당성을 개선하는 데 많은 공을 들인 반면 참여예산의 기본 취지와 가치를 구현하는 데는 그만큼의 열정과 노력을 기울이지 못하였다.* 참여예산 사업의 선정 과정과 결과를 둘러싼 객관성 · 공정성 · 대표성 문제와 자치구의 과당 경쟁 문제는 초기에 비해 다소 개선되기는 했지만, 문제의 본질은 해소되지 못하였다. 지금도 참여예산 사업의 상당수가 자치구 자체사업의 성격을 지니고 있고, 구청과 지역의 각종 단체와 조직들이 담합하여 참여예산 사업을 따오기에 몰두하는 경향이 없지 않다.

---

* 참고로 서울시의 참여예산제도가 다른 나라와 차이를 보이거나 유사하더라도 상대적으로 중점을 두는 면모를 지적하면 다음과 같다: (1) 예산 권한의 제한적 주민 이양(약 500억-600억 원 예산의 실질적 주민 의사 결정), (2) 시민참여예산위원회(참여예산위원회) 중심의 제도 운영과 위원회의 준독점적 예산 사업 결정, (3) 제도 운영(과정 · 내용 · 절차, 정보의 적극적 공유 · 공개)의 객관성 · 공정성 확보를 위한 이해관계자의 지속적인 노력과 개선, 서울시의 관심과 노력(전담 부서 설치, 행 · 재정 지원 등).

## 참여예산 운영 모니터링 및 평가 시스템 취약

현행 주민참여예산제도는 거시적 · 미시적 모니터링 및 평가 시스템 면에서 취약하다. 그동안 참여예산에 관한 체계적인 평가 · 모니터링 시스템을 구축한 곳은 중앙 · 지방을 통틀어 존재하지 않았으나, 최근 행정안전부가 나서서 이 문제를 새롭게 접근하였다. 주민참여예산제도가 법적 의무제도가 된 이후 상당 기간 제도의 운영에 대한 거시적 점검 및 평가 체제가 결여된 것은 제도의 자기반성과 미래 발전 차원에서 문제점으로 간주되었다. 이러한 상황에서 정부는 2015년에 지방재정법 개정을 통해 주민참여예산제도의 실시 운영과 관련된 평가 체계를 마련하였다. 주민참여예산제도를 전국 단위에서 거시적으로 점검 · 평가하는 수단과 접근이 마련된 것이다.

이러한 정부의 시도는 어떤 면에서 골육지책(骨肉之策)이라고 말할 수 있다. 그 이유는 주민과 시민사회의 자발성과 민주성에 기반을 두는 참여예산제도의 운영에 대한 점검 · 평가는 가능하면 지방(지역) 단위에서 자발적으로 수행되는 것이 합리적이고 바람직하기 때문이다. 다만, 골육지책이란, 참여예산제도의 법제화 이후 지금까지 전국의 많은 지방자치단체들이 제도의 취지가 무색할 만큼 소극적이고 형식적으로 참여예산제도를 운영해 온 현실 상황을 개선하고자 중앙정부가 발 벗고 나선 측면을 의미한다. 다시 말해서, 정부가 참여예산제도의 운영에 소극적인 지방자치단체들에게 자극과 유인을 주기 위해 평가 제도가 도입된 측면이 있다는 의미이다.

참여예산제도의 발전을 위해서는 어떤 형태이든 평가를 통한 진보의 과정이 필요하다. 하지만 평가 제도가 자발성에 기반을 두지 않고 수직적 권한과 규제에 기반을 둘 경우 제도의 참신성과 유연한 발전이 저해될 수 있다. 보다 바람직하기는 중앙정부 단위의 평가보다는 개별 자치단체와 지역 시민사회가 자기 지역의 참여예산 운영과 관련된 거시적 · 미시적 점검 및 평가를 실시하는 것이다. 이는 참여예산제도의 지속 가능성과 미래 지향적 관점에서 중요한 의미가 있다. 중앙정부에 의한 참여예산 평가 제도는 전국의 지방자치단체들이 참여예산의 기본 인프라와 소프트웨어를 어느 정도 정비하면 그 소명과 수명이 다한 것으로 이해되는 것이 합리적이다.

## 일반자치단체와 교육자치단체 간 이원적 참여예산제도 운영

국(주)민의 입장에서는 일반지방자치단체와 교육지방자치단체 간의 제도적 구분은 큰 의미가 없다. 중요한 것은 두 제도와 기관이 머리를 맞대어 협력적으로 예산을 편성하고 집행해서 최적의 공공 서비스 조합(public service mix)을 주민에게 공급하는 것이다. 따라서 현재 이원적으로 분리 운영 중인 참여예산제도는 협력적 연계(또는 통합 운영)를 통해 종합적 시너지(synergy)를 확보하는 것이 필요하다. 구체적으로, 시 · 도와 시 · 도 교육청 간에 분리 운영 중인 참여예산제도가 협력적 내지 통합적으로 실시되도록 개혁해야 한다. 지금까지 정치 · 행정 · 정서적 요인이 복합적으로 작용한 결과 일반 자치와 교육 자치가 분리 운영되어 왔고, 그 과정에서 국(주)민들이 행정과 세금의 효율성 저하 현상을 고스란히 감내해 왔다.

현실적으로 이러한 현상이 조만간에 타개되기는 어려워 보인다. 하지만 적어도 참여예산제도의 운영에 관한 한 두 부문 간에 융합 내지 긴밀한 협력적 관계가 구축되어야 한다. 예를 들어, 지역의 문화와 교육과 관련된 예산에 대해 주민들이 논의하고 정부 예산에 영향력을 행사하려고 할 경우 시 · 도와 시 · 도 교육청이 통합적 내지 협력적 차원에서 예산을 계획 · 편성하고 운영하는 것이다. 마찬가지로, 학교 단위에서 참여예산을 실시할 경우 학생과 학부모의 입장에서는 교육청이나 단위 학교의 예산 범위만으로 자신의 수요를 충족하기 어려운 상황이 발생할 수 있다. 이 경우 지방자치단체(시 · 도, 시 · 군 · 구)와 연계하여 참여예산의 내실을 강구하는 것이다.

앞으로 지방자치단체뿐 아니라 단위 공공 기관에서도 참여예산이 활용될 필요가 있는데, 그중 한 분야가 지방교육 부문이다. 구체적으로, 비록 규모와 범위는 작지만, 학교 단위에서 참여예산을 실시할 필요가 있다. 이것은 학생 시절부터 공적 예산(자금)에 대한 인식과 사용에 대한 학습을 하는 것이 장래에 성숙한 시민, 그리고 시민사회를 구축하는 데 매우 중요하기 때문이다. 단위 학교에서 학생이 중심이 되어 학교 참여예산을 실시할 경우에도 학교의 예산 외에 교육청, 시 · 군 등 지방자치단체와 연계 협력을 모색할 필요가 발생한다(학교참여예산(또는 학생참여예산) 관련 내용은 제4부의 부록 참조).

### 기타 문제

그 밖의 문제점으로는, (1) 지역회의에 대한 새로운 고민(특히, 광역자치단체), (2) 주민의 예산 참여 범위, (3) 예산 결과의 주민 피드백, (4) 자치단체장 및 의회와의 직접 소통 기회, (5) 공무원의 인식 및 행태 변화 등을 지적할 수 있다. 이들은 참여예산제도의 발전 차원에서 지속적으로 개선되어야 한다.

제4부

# 주민참여예산제도의 발전 방향: 전환과 과제 (참여예산 버전 2.0)

20

## 주민참여예산제도의 실시 관련 핵심 쟁점

참여예산제도는 앞서 언급한 바와 같이 장점만 있지 않고 단점과 위험성도 내포한다. 특히, 후자를 잘 알고 대응 방안을 적절히 강구할 경우 참여예산제도는 성공할 수 있다. 참여예산제도의 실시와 관련된 핵심 쟁점과 그것을 지배하는 원리를 요약하면 표와 같다. 핵심 쟁점을 지배하는 원리는 크게 대표성, 공정성, 공평성 · 형평성, 책임성, 비용효과성(cost-effectiveness)과 관련된다.

주민참여예산제도의 실시와 관련된 핵심 쟁점

| 구분 | 주요 쟁점 사항 | 관련 원리 |
|---|---|---|
| 1. 대표성<br>- 구성원 대표성<br>- 의사 · 선호 대표성 | • 누가 주민을 대표하여 예산 과정에 참여할지의 문제(주민 대표성)<br>- 대표성 없는 참여, 불평등 참여 문제<br>• 주민의 의사 · 수요 · 선호 대표성(객관적 의견 수렴, 예산 영향 등)<br>• 주민 대표 기구(주민참여예산위원회 등) 구성, 기능, 권한 정당성<br>• 낮은 주민 참여율<br>• 참여 문호의 개방성과 기회의 공평성 | • 대표성<br>• 공평성<br>• 비용효과성 |
| 2. 실효성 · 책임성<br>- 참여 단계와 수준<br>- 참여 주민의 책임성 | • 예산 과정 중 어떤 단계와 수준에 참여할지의 문제<br>• 주민의 의견 제시, 예산 의사 결정(empowerment 등 수준) 문제<br>- 의견 수렴 및 제시, 예산 관여 및 영향력 행사, 예산 의사 결정<br>• 참여예산의 범위와 대상에 관한 문제<br>- 세출 예산 중심, 세출 예산 외 세입 예산 및 기타 예산 참여 문제<br>• 참여자 전문성 문제와 의사 결정에 대한 책임성 | • 공정성<br>• 공평성 |
| 3. 공정성<br>- 불평등/불공정 영향 | • 참여자의 자기 이익 추구와 공동체 이익 반영 괴리 문제<br>• 주민 의견 수렴 및 반영 관련 공정성 문제<br>• 시민단체 등 주도 주체의 영향 공정성 문제<br>• 낮고 약한 주민 참여, 높고 강한 이익 집단 참여의 위험성 | • 공정성<br>• 대표성<br>• 책임성 |
| 4. 사회적 형평성 | • 사회적 약자, 저소득층 등에 대한 배려와 포용<br>• 재분배 성격 예산 이슈 포함 문제 | • 형평성 |
| 5. 이해관계자 합리성<br>- 자치단체장/공무원 인식 및 행태<br>지방의회 관계 | • 자치단체장과 공무원의 인식 및 태도 변화<br>• 제도적 · 형식적 관계와 실질적 관계 설정 문제<br>• 지방의회의 부정적 · 소극적 시각 및 행태 문제<br>• 시민사회의 지방의회에 대한 과도한 압력 행사의 위험성 | • 공정성<br>• 공평성<br>• 대표성 |
| 6. 제도 운영 비용 등 | • 참여예산제도와 관련된 직 · 간접적 비용<br>- 거래비용(transaction cost), 기회비용(opportunity cost), 참여유인비용(incentive cost), 홍보비용 등<br>- 각종 포럼 · 위원회 · 교육 · 학습 관련 비용, 공무원 및 기타 물적 비용<br>- 공무원의 인식 · 태도 변화 유도 비용 등<br>• (지역) 언론의 지속적 관심 유발 | • 비용효과성 |

주: 임성일(2011)을 일부 수정, 재인용한 것임.

21

## 발전 방향에 대한 기본 인식

참여예산제도가 세계에서 처음으로 도입된 지 4반세기가 넘어선 지금 제도의 운영 형태와 성과는 국가와 지역에 따라 다양하게 나타나고 있다. 이제 우리나라도  더욱 분발해서 각 지역의 특성을 반영하는 고유의 참여예산제도를 발전시켜 나가야 한다. 이를 위해서는 무엇보다도 지금까지 '참여예산 사업(주민 제안 사업)'에 경도되었던 접근 방식의 굴레로부터 벗어나야 한다. 기존 참여예산 사업의 운영 절차와 내용을 개선하는 것은 물론 전체 예산에 관한 시민의 의사와 목소리를 수렴해서 논의하고, 서로 다른 목소리를 조화시켜 예산에 반영시키는 새로운 변화를 추구해야 한다. 이것은 참여예산제도의 목표와 방향성 조정을 의미하며, 최대 다수 주민의 능동적 참여를 필요로 한다.

특히, 현재의 문재인 정부가 주민참여예산제도 활성화 이슈를 국정 과제에 포함시키고 있고, 국가 차원의 국민참여예산제도를 금년(2018년) 중반에 실시할 예정인 만큼 참여예산제도에 대한 국가적 관심과 정책적 지원은 그 어느 때보다도 클 것으로 전망된다. 이러한 국면 전환의 상황에서 특히 중요한 것은 참여예산제도가 본질적으로 추구하는 목표와 과정들이 주민, 행정부, 의회, 시민사회, 언론 등 이해 당사자들 사이에서 올바로 인식되고 실천의 열매를 맺는 일이다. 새로운 제도가 도입될 때마다 최우선적으로 요구되는 것은 제도의 취지와 목표에 대한 바른 인식과 태도의 변화이다. 이는 주민참여예산제도도 예외가 아니다. 사실, 제도의 운영과 관련된 내용과 절차와 기법에 관한 사항들도 중요하지만, 이들은 학습과 경험을 통해 충분히 체득하고 개선할 수 있는 것들이다. 무엇보다도 중요한 것은 참여예산제도를 통해 새로운 '예산 주인공'으로 등장한 주민이 제도를 제대로 알고 그에 대한 실천 의지를 불태우는 일이다. 이는 시장, 공무원의 인식 및 행태 변화와 더불어 참여예산이 추구하는 재정 민주주의를 일구어 내는 원동력이 된다.

참여예산제도는 참신성과 폭발력을 지니는 새 시대의 직접적 주민 참여 방식이다. 그러나 이것을 지방자치의 현실에 접목시키는 과정에서는 빈번하게 장애 요인에 부딪힌다(이에 대하여는 앞(p. 152)의 표를 참고할 수 있다). 다른 나라의 경험 사례를 볼 때, 각종 장애 요인을 극복하는 데는 상당한 시간과 인내와 노력이 필요하다. 따라서 지방자치단체들은 중장기 시야와 계획을 갖고서 참여예산제도의 발전을 도모해야 한다. 이러한 사실을 인식하면서 지금부터는 우리나라 참여예산제도의 발전 방향과 과제에 대해 기술하고자 한다.

22

## 참여예산제도의 미래 발전을 위해서는 무엇을 해야 하는가?

### 낮은 주민 참여, 다수 주민의 무관심 문제 극복

참여예산제도의 발전 과정에서 모든 나라들이 해결해야 하는 가장 큰 과제는 최대 다수의 주민들을 참여예산의 광장으로 불러들이는 문제이다. 이는 참여예산의 성공 사례로 손꼽히는 브라질의 지방정부나 서구의 도시들도 제도 도입의 초기에 예외 없이 경험하였던 난제이다. 현실적으로 우리나라의 참여예산제도가 안고 있는 가장 큰 고민은 낮은 주민 참여와 다수 주민의 무관심 문제이다(그나마 고무적인 것은 참여예산 사업의 주민 참여도가 비록 더디지만 매년 조금씩 확대되고 있는 현상이다).

전국적인 공식 통계가 없어서 정확히 말하기는 어렵지만, 대부분의 지방자치단체에서 참여예산에 관여되는 주민의 비율이 전체 주민의 1% 미만인 것으로 추정된다. 전국에서 참여 주민의 비율이 높은 것으로 알려진 서울시 은평구의 경우도 많았을 때 전체 주민의 약 9%(44,000여 명, 2014년 단순 투표 참가자 기

### 참여예산의 방법과 수단의 개발 필요성

참여예산이 지니고 있는 좋은 원리와 목표가 꽃을 피우고 열매를 맺기 위해서는 그것을 구현하는 방법과 수단들이 전체 시민을 포용하고 제도의 지속성을 가질 수 있도록 구비되어야 한다.

우리는 정부가 행하는 각종 공적 활동과 의사 결정에 시민의 적극적인 참여를 강조하지만, 실제로 많은 시민들은 도대체 어떻게 참여하고, 무엇을 해야 하는지, 그리고 그 결과 무엇이 좋아지는지에 대해 잘 알지 못한다. 선거는 시민 참여의 대표적 제도이자 활동이다. 그런데 선거는 오랜 전통과 학습 효과를 지니는 매우 단순한 시민 참여의 형태이다(그러나 단순하지만 민주주의를 지탱하는 핵심 활동이다). 시민들은 선거에 참여하기에 앞서 후보자의 면면과 공약을 살펴보고 때로 갈등하기도 하지만, 결국에는 선거 당일 단 한 가지 자기 결정만 하면 된다.

그러나 참여예산제도가 요구하는 주민의 참여는 그보다 조금 더 복잡한 과정과 절차와 노력을 필요로 한다. 참여예산이 직면하는 현실적인 문제는 다름이 아니라 많은 시민들이 참여의 방법과 수단 및 절차에 대해 잘 알지 못하는 점이다. 실제로 참여예산에 대한 주민의 호응도(직접 참여 포함)가 크게 높지 않은 중요한 원인 중 하나가 바로 이 문제와 직결되어 있다. 그러므로 참여예산제도가 활성화되기 위해서는 무엇보다도 주민들에게 참여예산이 무엇이고, 어떤 절차와 방법을 통해 제도에 동참할 수 있는지에 대해 접근이 쉬운 방법으로 체계적인 지식과 정보를 제공해야 한다.

준)가 참여예산제도에 관여되었던 것으로 파악된다(은평구는 모바일 참여 등 다양한 아이디어와 적극성을 보이는 지방자치단체로 잘 알려져 있다). 특히, 인구가 수백만 명에서 천만 명에 이르는 대도시의 경우 참여 예산에 동참하는 주민의 비율은 1%에도 한참 못 미친다. 이와 같은 상황에서는 주민이 직접 결정하는 예산의 규모와 사업의 범위를 선불리 확대할 수가 없다. 그 이유는 소수의 참여 주민이 거대 다수와 관련된 공적 자금(예산)의 사용을 결정하는 데 대한 공정성과 책임성의 위험 부담이 뒤따르기 때문이다.

만일 이러한 상태가 앞으로도 지속된다면 참여예산제도의 앞날은 결코 밝을 수 없다. 참여 예산의 주체이자 핵심이 되는 주민의 참여와 관심이 저조할 경우 이는 본질을 벗어나 자칫 특정 이익 집단을 위한 제도로 전락할 위험성이 있기 때문이다. 주민참여예산제도가 도입기를 넘어 도약과 발전을 도모하는 현 시점에서 정부가 가장 큰 관심을 두고 주력해야 할 것은 지역 주민이 참여예산제도의 존재와 취지를 알고, 직접 제도에 동참하도록 유도하는 전략과 유인을 모색하는 일이다. 외국의 성공 사례를 보면, 이 문제는 시간을 두고 지방자치단체와 시민사회가 진지함과 참신성을 갖고서 계속 주민에게 접근하는 것이 가장 확실한 방법임이 입증되었다.

### 주민 대표성 확보

불특정 다수의 주민들, 즉 보통 시민들 가운데 누가, 어떤 방식으로 주민을 대표해서 최종적으로 예산 과정에 참여하여 영향력을 행사하는 권한을 지닐 것인지의 문제는 참여예산제도의 본질적 과제이자 한계이다. 이는 참여 주민을 대표하는 기구의 대표성 문제와 주민의 의견 · 수요 · 선호를 대변하는 대표성 문제(객관적 우선순위의 반영 문제 등)를 내포하는데, 현실적으로 완전한 해소는 어렵다. 어떤 의미에서 주민 대표성 문제는 앞서 언급한 '낮은 주민 참여와 다수 주민의 무관심'(참여예산제도에 동참하는 주민이 절대 소수인 점) 문제와 관련이 있다. 그 이유는 참여예산에 대해 주민의 관심이 높고 참여하는 사람들이 많아질 경우 민주적 절차가 활발히 작동되고 일종의 경쟁 체제가 형성되어 대표성 문제가 크게 완화될 수 있기 때문이다.

다른 나라의 경험 사례를 살펴볼 때, 대표성 문제는 참여예산제도가 안고 있는 내재적 · 태생적 한계이자 제약 조건으로 파악된다. 보다 엄밀하게 말하자면 이것은 '참여 주민의 수 문제'와 함께 참여예산제도의 아킬레스건에 해당한다. 참여예산제도의 운영 과정에서 가장 빈번히 제기되는 이슈가 다름 아닌 '불평등 참여, 불평등 영향' 문제라는 사실이 그것을 말해 준다. 이것을 다른 각도에서 보면, 대표성 문제에 대한 본질적인 극복 없이는 참여예산제도가 성공하기 어렵다는 것을 의미한다. 결론적으로, 주민 대표성 이슈는 참여예산제도의 'A에서 Z'라고 말할 수 있을 만큼 중요하다.

현실적으로 대표성 문제를 해결할 수 있는 최적 대안이 없는 상태에서 차선책을 제시해 보면 다음과 같다. 그것은 참여 문호의 개방성과 참여 기회의 공평성(불평등, 편파적 참여 배제) 그리고 참여자 수요(목소리)의 반영 공정성을 크게 높이고, 무관심 · 무책임 참여 현상이 최소화될 수 있도록 주민 참여의 자격 · 절차 · 방법을 합리적으로 규정하고 지속적으로 개선해 나가는 접근이다.

현재와 같이 주민참여예산제도가 (주민)참여예산위원회(시민위원회) 주도 방식으로 추진될 경우 주민 대표성 확보 문제는 더욱 민감한 사안이 된다. 이러한 상태에서는 기구의 정체성, 구성, 기능 및 권한을 보다 명확히 정립해야 한다. 아울러 위원들의 사명과 역할, 공적 책무와 도덕적 규범에 대한 규정을 법과 사회적 통념에 입각해서 마련해야 한다. 그리고 참여예산위원들이 이들 제반 사항을 충분히 이해하고 실천할  수 있는 여건을 조성해야 한다. 주민참여예산위원은 주민을 대상으로 한 공개 모집 및 공개 추첨을 원칙으로 하되, 일부 특정 구성원을 예외적으로 안배할 수 있다. 예를 들면, 위원회의 구성 과정에서는 사회적 약자의 참여를 의무화하는 등 사회적 형평과 배려 요인을 반영하고, 위원회의 발전적 차원에서 직능 단체, 전문가 등 일부를 할당하는 것이다.

참여예산위원회는 지역 구성원의 인적 대표성을 확보해야 할 뿐 아니라 주민 의사 대표성(주민의 재정 수요 · 사업 우선순위 · 선호)을 충실히 공평하게 반영할 수 있는 장치를 갖추어야 한다.* 이를 위해서는 위원의 선정 과정에서 구역(지리적 구분), 지역 사회 시민 조직, 성별 및 연령, 전문성 등을 균형 있게 반영해야 한다. 이는 참여예산위원회 내의 분과위원회의 구성 및 운영에도 마찬가지로 적용된다. 그리고 주민참여예산위원회와 지역회의, 민관협의회(또는 조정협의회 등), 연구회(지원협의회) 등을 모두 구성해서 운영하거나 그중 일부를 운영할 경우 상호 연계성 장치를 마련하는 동시에 각각의 기능 및 역할에 대해 명확히 규정해야 한다.

이와 같은 조치가 없이 참여예산제도가 위원회 주도 방식으로 운영될 경우 '주민 대표성 확보 문제'는 더욱 민감한 사안이 된다. Shah(2007)는 참여예산제도가 보통의 주민이 아닌 지역의 시민단체(NGO · NPO)나 이익 집단 또는 관료 주도로 진행될 경우 그것은 무늬만 주민참여예산일 뿐 실제로는 새로운 엘리트주의(elitism)나 고객주의(clientilism)로 전락할 위험성이 있음을 경고한다. 특히, 주민의 구체적 의사를 위임 받거나 투표 등을 통한 공적 대표성을 확보하지 못한 참여예산위원들이 과도한 의욕으로 지나치게 많이 예산 영역에 개입을 할 경우, 오히려 예산의 효율성과 효과성이 저해되는 역효과가 초래될 수 있다는 사실을 경계해야 한다.

* 참여예산제도의 운영 과정에서 제기되는 '대표성 이슈'는 주민 대표성뿐 아니라 주민의 재정 선호(fiscal preference)와 의제(agenda) 선정의 이슈를 포괄한다는 사실을 명심할 필요가 있다.

다수 주민의 참여를 독려하고 참여예산 기구의 주민 대표성을 확보하기 위해서는 주민의 참여 기회와 접근성을 향상시키는 수단과 방법을 적극적으로 개발해야 한다. 이와 관련하여 전통적 방식인 서면, 공청회 · 간담회 · 설명회 · 여론 조사 등을 지속적으로 실시하되, 형식이 아닌 실질과 의미를 확보하는 진정성이 뒤따라야 한다. 아울러 인터넷, SNS 등 새로운 매체와 수단과 방법을 보다 적극적으로 활용해야 한다. 특히, 최근에 다양한 형태로 급속히 발전하고 있는 전자 · 통신 기술을 잘 활용할 경우 앞으로 주민 대표성 확보 문제나 주민의 의견 및 선호 수렴 문제는 질 · 양 면에서 획기적으로 개선될 수 있다. 어떤 수단과 방법을 사용하든 간에 중요한 것은 그것이 주민과 더 가까워지는 진정한 접근이어야 한다는 점이다.

참여예산제도가 지역 주민의 종합적 의사와 바람을 대표성 있게 반영하고 가능한 많은 주민들을 참여예산에 끌어들이기 위해서는 창의적 홍보, 다양한 시민 아이디어에 기반하는 운영 방식 고안, 주기적 주민 모임 개최, 시민단체의 적극적 활동, 해외 벤치마킹 등을 적절히 활용할 필요가 있다. 이 과정에서 지방자치단체는 주민의 예산 모임을 독려하고 유도하는 다양한 프로그램을 개발하고 그것을 적극적으로 활용해야 한다. 아울러 주민들로 하여금 자신이 지역 사회의 실질적인 소유자이고 재정 관리의 주체라는 인식을 고취시켜 주어야 한다.

참여예산위원의 전문성 강화도 주민 대표성 문제의 개선을 위해 반드시 필요하다. 위원의 전문성 부족 문제는 꾸준한 학습과 참여를 통해 극복해야 한다. 원래 예산 과정은 복잡하고 예산 원리와 예산 기법은 기술적 내용을 내포하고 있다. 하지만 이 문제는 다소 시간이 걸리지만 꾸준한 학습과 참여를 통해 충분히 극복될 수 있는 것으로 입증되었다(Pinnington 외, 2009). 이를 위해서는 기존의 '예산학교' 방식이나 주민(시민위원) 모임 속에 예산의 전문성을 함양할 수 있는 다양한 프로그램을 설치해서 운영하는 것이 바람직하다.

끝으로, 현재 자치단체장이 주도하는 형태의 참여예산위원회(시민위원회) 구성 방식을 남미나 유럽에서 많이 실시되는 소지역 단위의 주민 선출 방식으로 전환하는 방안에 대해 보다 적극적으로 검토해 볼 필요가 있다. 예를 들어, 영국 등 일부 유럽에서처럼 일군의 소단위 지역 조직(10인 이상)별로 대표를 선출하고, 선출된 대표들이 지역의회(regional council)에서 주민 대표로서 활동을 하는 자발적 상향식 접근을 채택하는 방안이다. 이러한 접근을 취할 경우 현재 자치단체장이 주도하는 방식에 비해 민주성과 대표성이 한층 더 향상될 것이다. 그러나 브라질에서와 같이 주민 선거 방식을 통해 지역의회를 구성하고 이를 중심으로 참여예산제도를 운영하는 방식은 우리나라의 실정에는 그다지 적합하지 않은 것으로 생각한다.

### 지속적 의사소통과 재정 투명성 제고

참여예산제도는 예산의 결정에 의사소통의 힘과 진정한 대화의 가치(value of dialogue)를 반영하는 것이다. 이것은 참여예산제도의 성공 여부가 정부 · 의회 · 주민 그리고 주민 상호간의 끊임없는 대화와 정보 공유에 달려 있음을 의미한다. 따라서 지방자치단체는 지속적으로 재정 정보를 충실히 공개하고, 주민이 쉽게 접하고 이해할 수 있는 방식으로 재정 투명성을 높여 나가야 한다. 구체적으로, 주민들이 예산의 구조가 복잡하고 어렵다는 인식을 불식시킬 수 있도록 예산 정보의 눈높이, 내용, 표현 방법과 소통 방식을 부단히 개선하는 한편 예산학교 등 관련 공교육 프로그램과 공익 홍보를 적극적으로 추진해야 한다.

정확한 예산 정보의 공개와 공유는 주민의 이해와 감시 등 간접적 공공 관리를 통해 집행부와 의회의 부정과 비효율을 차단하는 효과가 있다. 그리고 예산 정보가 충실히 공개되면 주민 각자가 희망하고 선호하는 사업의 추진 방법을 알 수 있게 되는 한편 정부 예산 운용의 법적 · 재정적 제약과 어려움에 대하여도 인식하게 된다. 이는 점진적으로 주민들이 사업을 무리하게 요구하는 행태를 예방하고 줄여 주는 긍정적인 효과를 유발한다.

토론회 · 간담회 · 공청회 · 설문 조사의 내실화, 참여예산위원회(시민위원회)와 지역회의의 활성화, 홈페이지 · SNS(Social Network Service) 등 핵심 ITC 수단을 적극적으로 활용하여 참여예산 운영 시스템의 연중 개방성과 접근성을 향상시키는 것도 참여예산의 소통과 투명성을 높이는 데 크게 기여한다.* 이때 중요한 것은 지방자치단체가 어떤 매체와 수단을 활용하든 간에 자치단체장과 관계 공무원이 주민의 의사와 선호를 지속적으로 탐지하고, 기왕에 제시된 주민의 의견을 잘 점검하고 환류해서 진정성과 개선 효과를 입증해 보이는 노력이다.

그동안 적지 않은 지방자치단체들이 주민의 예산 참여 기회를 높이고자 다양한 방식을 통해 문호를 개방하려고 노력한 것은 사실이다. 하지만 그 과정에서 일반 주민이 예산 운영 문제를 두고 심도 있게 논의하고 숙의하여 의견을

* 특히, 예산 편성 기간 중에는 주민의 의견을 단기에 집중적이면서 실용적으로 수렴할 수 있는 주민 모임 공간(실제 · 가상 공간)을 충분히 확보해 주는 조치가 필요하다.

수렴하는 열린 기구와 공간을 마련하는 데는 소홀하였다. 예를 들면, 시장이나 시정의 책임 있는 정치적 · 행정적 리더십이 공청회나 간담회 또는 다른 적절한 방식으로 시민에게 보다 가까이 다가가서 진솔하게 시민의 의견과 목소리를 듣고 소통하지 못하였다.

'참여예산제도 버전 2.0' 시대에는 참여예산이 지방예산의 참된 가치 창출을 위해 지방자치단체와 주민 그리고 주민 상호간에 대화와 소통을 통해 협력적 의사 결정을 이루어 내는 혁신적 기제로서 거듭나야 한다. 이를 위해서는 일반 주민이 참여예산의 운영에 쉽게 접근할 수 있도록 참여의 기회와 공간이 획기적으로 확장되어야 하고, 아울러 주민이 참여에 대해 유인과 매력을 가질 수 있도록 제도가 참신하게 변해야 한다. 이러한 변화가 없이는 전통적으로 집행부와 의회가 주도해 왔던 예산 과정에 주민이 능동적 주체로 참여하여 예산의 의사 결정과 운용 방식을 획기적으로 바꾸는 새로운 거버넌스 체제는 구축될 수 없다.

끝으로, 참여예산제도와 언론 매체 간의 연계성 강화를 도모해야 한다. 언론 매체, 특히 지역의 언론이 참여예산제도에 지속적인 관심을 갖고서 관련 보도를 하고, 지역의 예산 현안에 직접 · 간접적으로 참여할 수 있는 여건과 환경을 조성해 주어야 한다. 예를 들어, 언론이 주민의 '직접 예산 결정' 과정에 대해 큰 관심을 갖고 공정하고 객관적인 보도를 할 경우 참여예산 사업을 둘러싼 투명성 문제와 대표성 문제는 상당 부분 정리될 가능성이 높다.

## 참여예산의 기본 취지와 가치에 충실한 제도 운영

주민참여예산제도는 무엇보다도 제도의 도입 취지(목적)와 기본 가치를 충실히 구현하는 방향으로 진보해야 한다. 구체적으로, 참여 민주성, 예산 투명성, 사회적 포용성(social inclusion)을 구현하는 방향으로 활동 양식을 계속해서 향상시켜 나가야 한다. 참여 민주성을 구현하기 위해서는 최대 다수의 시민이 참여하고, 일반 시민의 재정 수요와 목소리가 민주적 절차와 방법에 의해 충실히 수렴되는 참여의 기회와 공간이 확장되어야 한다. 참여 민주성(재정 민주성)은 시민이 예산 의사 결정에 직접 · 간접적으로 참여할 수 있는 기회와 문호의 개방 수준, 의사 표현과 결정에 관한 과정과 절차의 민주성, 그리고 얼마나 많은 시민이 그 기회와 과정을 적극적으로 활용하고 있는지를 바로미터(측정 기준)로 삼는다.

예산 투명성을 향상시키기 위해서는 앞서 언급한 바와 같이 지방자치단체가 예산 운영 정보를 주민에게 적시에 알기 쉬운 방법으로 공개하고, 정보의 질과 양을 계속해서 다듬어 나가야 한다. 특히, 예산의 절차와 기법 그리고 시민이 배우고 익혀야 할 학습 정보를 지속적으로 제공하고, 모든 예산 활동의 내역과 이행 결과를 주민에게 회계적으로 충실히 설명하는 재정 책임성(fiscal accountability)을 이행해야 한다. 주민의 관심이 높은 예산 정보가 사전에 충실히 제공될 경우 예산 확정 이전에 보다 많은 시민이 참여해서 왕성한 토론과 의견 개진을 통해 보다 합리적인 예산 편성을 유도할 수 있다. 다양한 예산 정보가 주어진 상태에서 이루어지는 시민 토의(informed public discussion)는 지방자치단체와 주민 그리고 주민과 주민 간의 소통을 완화하는 데 크게 기여한다.

이와 관련하여 상대적으로 적은 비용으로 신속한 정보 공개와 의사소통을 유도하는 웹 기반(web-based)의 정보 공개 · 공유를 강화하는 것이 중요하다.

참여예산의 사회적 포용성 이슈는 다소 논란이 있지만, 당분간 중요한 운영 원리로 채택될 필요가 있다. 사회적 포용성의 핵심은 사회 · 경제 · 신체적으로 취약하고 소외된 주민 계층을 참여예산제도가 사회적 공평(social fairness, equity)과 공동체 정신으로 보듬어 안는 예산 운영을 주도하는 데 있다. 구체적으로, 이들 특수 계층의 재정 수요와 목소리를 적극적으로 수렴해서 예산의 운영 방향과 결정 과정에 적극적으로 반영하는 것이다. 이를 위해서는 다양한 접근이 있겠지만, 지방자치단체 또는 참여예산위원회 차원에서 독립된 특별 분과를 설치하여 운영하는 것도 하나의 접근 방안이 될 수 있을 것이다.

### 참여예산 사업을 넘어 새로운 제도화의 모색: 주류 예산 접근

우리나라의 주민참여예산이 지방예산의 전반적인 운영에 관한 사항이나 우선순위에 대해 합의된 의견을 제시하고 영향력을 행사하기보다 참여예산 사업의 선정 문제에 집중하고 있음은 앞서 여러 번 강조한 바이다. 현실적으로 참여예산 사업의 확정 단계가 끝나면 마치 주민참여예산의 한 해 농사가 끝이 나고 참여예산의 다른 중요한 기능이 올 스톱(all-stop)되는 듯한 분위기가 연출되고 있다. 물론 서울시 등 일부 지방자치단체들이 주민의견서의 검토 · 제출, 전체 예산에 대한 연구 · 검토 등 참여예산의 다른 면모를 보이는 노력을 하고는 있지만, 아직은 매우 초보적이고 제한적 수준에 머무르고 있다. 예를 들어, 서울시의 경우 전체 시 예산을 다루는 '온예산제도'를 가동하고 있지만, 관련 인프라와 시의 적극적 지지 부족 등 몇 가지 이유로 인해 사실상 제 기능을 발휘하지 못하고 있다.* 지금과 같은 운영 체제(재정 지원 포함) 하에서는 서울시 예산에 대한 일반 시민의 생생한 목소리가 지역별 · 단계별로 체계적으로 수렴되는 풀뿌리 민주주의의 공론화 · 제도화는 구현될 수 없다.

현재 우리나라의 주민참여예산제도는 참여예산 사업이라는 거대한 제도적 장벽에 막혀 사실상 진보하지 못하고 있다. 이제는 참여예산 사업의 장벽을 넘어 새로운 제도와 규범으로 면모를 달리해야 한다. 이 과정에서는 참여예산 사업에 대해 전면적인 구조조정을 할 수도 있고, 아니면 현재의 상태를 부분적으로 개선할 수도 있다. 어떤 방식을 취하든 중요한 것은 참여예산제도의 운영 틀과 무게 축을 참여예산 사업으로부터 지방자치단체의 '주류 예산'(mainstream budget)으로 옮기는 것이다. 이제까지와 달리 주류 예산에 대한 시민의 목소리와 수요를 적극적으로 반영하고, 필요 시 예산 결정에 직접 영향을 미치는 형태로 체제를 전환하는 새로운 시도를 해야 한다. 이것은 다름 아닌 주민참여예산의 정체성 전환(회복)이자 업그레이드('참여예산제도 버전 2.0')를 의미한다.

오늘날 우리나라의 주민참여예산제도가 안고 있는 본질적 문제는 참여예산 시스템이 전체 지방예산에 관한 일반 시민의 재정 수요와 목소리를 종합적으로 대변해서 예산에 반영시키는 기능을 제대로 수행하지 못하는 현상에 있다. 구체적으로, 우리나라의 참여예산은 사실상 주류 예산에는 거의 목소리를

---

* 「2017년 온예산위원회 운영 결과 보고」에 의하면, 위원회의 기능은 (1) 2018년도 시 예산에 대한 시민의견서 작성, (2) 의견서 작성을 위한 설명회, 세미나, 워크숍 및 실무 작성 회의 운영 등, (3) 온예산위원 활동 지원을 위한 전문가 자문단(코디네이터) 운영과 관련된 역할을 수행하는 데 집중하고 있다. 현재 온예산위원회는 총 5개 분과의 74명(온예산위원 69명, 코디네이터 5명)으로 구성되며, 시민의견서를 간단히 작성하여 제시하고 있다.

내지 못한 채 전체 예산의 1% 미만의 작은 사업 예산들을 기획해서 배분하는 데 전력을 기울이고 있다. 극단적으로 일부 자치단체장들은 참여예산 사업을 가지고 주민에게 엄청난 의사 결정 권한을 부여한 것처럼 생색을 내고는 사실상 예산의 대부분을 주민으로부터 구애 받지 않고 편성하고 있다. 지방의회 또한 주민이 제시한 참여예산의 대부분을 수용하고는 나머지 예산의 심의 · 확정은 과거와 마찬가지로 자신의 독점권을 행사하고 있다.

이러한 현상은 바뀌어야 한다. 물론 시민이 모든 예산에 대해 계획하고 결정할 수는 없다. 하지만 적어도 시민의 세금이 사용되는 모든 사업에 대해 자신의 응집된 목소리는 낼 수 있어야 하고, 또한 그 목소리는 공허한 메아리가 아니라 시장과 의원들이 경청하고 두려워해야 할 깊이 논의되고 다듬어진 목소리여야 한다.

참여예산이 풀뿌리 민주주의를 구현하는 시대적 기제로서 작동하면서 지방자치단체의 '주류 예산'과 '주류 행정 서비스'의 운영에 변화를 주기 위해서는 다음과 같은 변화가 수반되어야 한다. 먼저, 주민의 참여와 관여의 방법을 혁신하고, 주민들에게 양질의 풍부한 예산 정보가 제공되어야 한다. 그리고 주민들이 지방자치단체의 예산 운영 전반에 대해 토의하고 목소리를 낼 수 있는 확실한 기회와 광장이 마련되고, 그 속에서 참여 주민과 시민사회가 유기적으로 연대하여 공동체의 예산 수요와 목소리를 끄집어내어야 한다. 이때 참여예산의 광장에서는 주민 각자가 다른 사람의 목소리와 선호를 확인하고, 또한 그것을 토론과 소통을 통해 상호 유익과 공동체의 관점에서 조율해 나가는 민주적 절차와 학습이 전개되어야 한다. 이와 더불어 사회적 약자와 소외 계층의 목소리와 선호(수요)를 도출하여 예산에 반영시키는 참여예산의 '포용적 촉진자'(inclusive facilitator) 기능도 병행되어야 한다. 이와 같은 변화의 광장이 구축되고 그 속에서 주민과 주민, 주민과 공무원, 참여예산위원(회), 의회, 기타 이해관계자들이 서로 다른 견해를 이해하고 존중하면서 큰 틀에서의 조화와 합의를 이루어 나갈 때 참여예산제도는 진보를 향해 한 걸음씩 전진할 수 있다.

### 주민의 역량 강화

주민참여예산이 활성화되기 위해서는 주민의 예산 역량이 강화되어야 한다. 부연하면, 주민들이 정부의 운영 방식과 관련된 각종 법령과 기술적 내용들을 일정 수준 체계적으로 이해하고 그것을 실제에 적용할 수 있어야 한다. 이를 위해서는 예산학교나 기존의 각종 주민 모임과 위원회 등을 대상으로 다양한 전문성 함양 프로그램을 추진할 필요가 있다. 특히, 예산학교는 예산 전문성과 시민 교양을 강화하고, 지방자치단체의 형편이 가능하다면 연중으로 가동하는 것이 바람직하다. 예산학교는 기존의 각종 교육 시설이나 공공 시설을 활용하여 운영하되, 교과 내용과 강사진이 충실하고 훌륭해야 한다. 물론 이러한 방법을 통해 시민의 예산 · 재정 역량이 강화되는 데는 상당한 시간이 소요된다. 하지만 꾸준히 지속적으로 확대 · 강화될 경우 시민의 역량이 높아지는 것은 틀림없다.

주민의 지식과 역량이 취약할 경우 참여예산이 잠재력을 발휘하는 데 제약에 부딪히고, 자칫 정치가들(자치단체장 포함)로 하여금 정치적 공치사를 하는 기회를 만들어 줄 수도 있다. 즉, 정치가와 행정가들이 참여예산제도를 실시한답시고 크게 홍보를 하고는 실제로는 전체 예산의 1% 내외의 금액을 시민

## 참여예산제도와 정통한 토의와 숙의 (informed discussion/deliberation)

참여예산이 성숙 발전하기 위해서는 그것이 초기의 정치 · 사회적 운동에서 벗어나 재정 민주주의의 기술적이고 숙의적인 측면을 함양하는 방향으로 전환될 필요가 있다. 기술적이라는 것은 정부 예산의 구조와 운영에 관한 초보적 지식과 역량을 넘어 공무원 · 의원과 어깨를 겨눌 수 있는 수준 향상을 의미한다. 숙의적이라는 것은 참여예산 사업을 고안하고 결정하는 과정이나 전체 예산에 대한 시민의 우선순위와 수요를 선정하는 과정에서 참여 시민들이 관련 사안에 대해 깊이 생각하고 객관적인 정보와 사실에 입각해서 진지하게 토의하는 것을 의미한다.

에게 할당하고 결정하게 만드는 것이다. 나머지 99% 예산은 과거와 마찬가지로 집행부와 의회가 결정하는 자기 합리화를 할 가능성이 높다. 이러한 상황이 확산될 경우 참여예산은 본래 의도하는 목적을 달성하지 못하고 예산 변두리의 작은 변화를 만지작거리는 시민의 모임으로 전락하게 된다. 앞으로 주민참여예산제도는 일부 중소 규모 투자 사업의 사용을 시민이 직접 결정하는 활동뿐 아니라 전체 시 예산의 거시적 관점(필요하다면 단년도가 아닌 중기 시야 포함)을 시야에 두면서 활동의 반경과 의사의 표현(목소리)을 확대해 나가야 한다.

공공의 자금(우리들의 돈)을 사용하는 문제를 결정하는 대화와 토의는 객관적인 정보와 지식 그리고 다수 시민의 깊은 고민의 과정과 냉철한 판단을 반드시 수반해야 한다. 이러한 과정을 거칠 때 비로소 참여예산제도가 공감(합의) 기반의 의사 결정 시스템으로 진보할 수 있다. 그렇지 못할 경우 다소 무능한 정부라 할지라도 어설프게 구성된 준비되지 않은 시민들이 예산을 결정하는 것보다 더 나을 수 있다.

## 지방자치단체에 적합한 다양한 참여예산제도의 실시

앞서 언급한 바와 같이, 참여예산제도의 모델은 세계적으로 매우 다양하며, 각각의 모델이 갖는 장점과 유용성은 지역의 여건과 상황에 따라 다르다. 그러므로 우리나라에서도 앞으로는 지역의 여건과 특성을 반영하는 보다 다양한 참여예산 형태가 활성화될 필요가 있고, 또한 그것이 바람직하다. 지역의 여건과 특성이란, 지역의 규모(인구 · 경제 · 재정 등)와 특성(자연 환경 및 지리적 특성, 도시 · 농촌 특성) 그리고 지방자치단체의 계층 수준 등의 차이를 의미한다.

현실적으로 인구 100만 명이 넘는 대도시와 인구 5만 명 내외의 군(그리고 수조 원의 예산을 다루는 광역 자치단체와 수천억 원의 예산을 다루는 기초 자치단체)이 동일한 차원에서 표준화된 방식으로 주민참여예산제도를 실시한다는 것은 결코 바람직하지 않다. 예를 들면, 법적 · 의무적 경비를 제외하면 사실상 자체 사업이 얼마 되지 않는 자치구의 성공 사례를 재정 규모가 천문학적이고 수많은 자체 사업을 경영하는 대도시에 그대로 적용할 경우 상당한 문제와 한계가 발생한다. 마찬가지로, 일부 자치구에서 비교적 성공을 거둔 참여예산위원회 모델을 대도시 단위에서 적극적으로 추진할 경우 무엇보다도 '대표성 문제'와 '불공평한 영향력' 문제에 시달릴 가능성이 높다. 대도시의 경우 주민 투표 등 합법적인 권한 위임 방식을 경유하지 않는 한 이 문제의 해결은 사실상 힘들다. 이러한 현실을 고려할 때, 참여예산제도의 운영은 각 지역의 여건과 특성에 따라 다양하고 유연하게 실시되는 것이 합리적이다. 이와 관련하여 다음과 같은 몇 가지 대체적인 가이드라인을 제시하고자 한다.

인구와 재정 규모가 큰 중 · 대도시의 경우 기존의 주민참여예산위원회 방식을 크게 개선하고(역할 조정 포함), 현재 매우 취약한 주민 협의 및 의견 수렴 방식을 보다 획기적으로 고안하여 적극적으로 활용할 필요가 있다. 그 이유는 중·대도시의 경우 주민 투표나 그와 유사한 방식을 거치지 않고서는 위원회의 주민 대표성을 확보하기가 어렵기 때문이다(이 문제를 해소하기 위해서는 매우 큰 사회적 비용이 소요된다). 그렇지 않을 경우 이 문제는 항상 참여예산의 아킬레스건이 되어 계속해서 문제를 유발할 것이다.

참여예산의 주민 협의와 의견 수렴 기능을 강화하기 위해서는 전통적 의견 수렴 방식(서면, 공청회·간담회·설명회·여론 조사 등)과 기존의 재정 정보 공개 시스템을 획기적으로 개선하는 노력이 수반되어야 한다. 예컨대, 전통적 의견 수렴 방식에 첨단 기법을 적용하는 한편 인터넷, SNS 등 새로운 매체와 첨단 전자·통신 기술을 적절히 활용하여 주민 대표성과 주민 의견 수렴의 질적 수준을 한 단계 업그레이드시키는 것이다. 주민 의견 조사의 빈도와 질과 정확도를 정치 시즌에 실시되는 여론 조사에 버금할 만큼 높여야 한다. 아울러 예산 편성이 있기 몇 달 전에 주민에게 사전예산보고(pre-budget report) 제도를 실시함으로써 주민이 객관적인 예산 계획 정보를 토대로 자신의 의견을 제시할 수 있도록 도와주어야 한다.

그리고 대도시의 경우 일부 소규모 지역 개발 사업을 개발한 다음 지역별 경쟁 체제를 통해 주민에게 예산 권한을 부여하는 방안을 점진적으로 추진해 볼 필요가 있다. 예컨대, 특별·광역시의 본청이 자치구 단위로 소규모 참여예산 사업을 할당하여(조건부 보조금, 가칭 '참여예산사업보조금') 주민들이 실제로 예산을 편성하고 실시할 수 있는 기회를 제공하는 방안이다. 이때 만일 자치구가 자금을 추가적으로 매칭(matching)하기를 원할 경우 본청이 그에 상응하는 추가 자금 지원을 하는 보조금 제도를 설계할 수도 있다.*

인구 규모가 작은 소도시와 군의 경우에는 지역 단위로 '주민(마을)회의'(town meeting)를 주기적으로 개최하면서 위원회 방식을 병행하는 접근이 합리적이다. 그리고 주민의 예산 관여와 관련해서는 지역 현안(주민 숙원 사업 등) 분야의 소규모 투자 사업의 예산을 주민들이 직접 편성하도록 허용해 주는 권한 이양 방식을 단계적으로 시행할 필요가 있다. 기초자치단체 가운데 자치구는 기능, 특성, 인구 및 인구 특성 면에서 시 · 군과 차이가 있음을 감안할 때, 자치구의 모형은 중 · 대도시와 소도시 및 군과의 절충적 접근을 모색할 필요가 있다.

### 특별 · 광역시 본청과 구를 연계하는 참여예산 활성화: 포괄보조금 제도 도입

특별 · 광역시와 같은 대도시의 경우 시 본청은 지역 단위, 커뮤니티(마을) 단위에서 추진될 수 있는 생활 밀착 사업은 가능한 구를 중심으로 하위(풀뿌리) 참여예산 활동이 활성화될 수 있도록 참여예산의 틀을 새롭게 짜야 한다. 이것은 참여예산의 역량과 효과 강화를 통해 성과를 향상시키는 접근이다.

이를 위해서는 참여예산제도에 대한 시 본청과 자치구의 관계를 어떻게 재정립할지에 대해 다각도에서 깊이 고민하고 정책 방안을 찾아야 한다. 하나의 정책 대안으로서 시가 자치구와 협력적 관계를 갖고서 참여예산제도의 활

* 이것은 지금까지 우리나라에서는 사용되지 않았던 것으로 이론적으로 '개방형 특정(조건부) 보조금'(open-ended specific/conditional grants) 제도에 해당한다.

성화를 위한 행정 · 재정적 유인과 자극책을 제공하는 방안을 검토할 필요가 있다. 구체적으로, 참여예산을 위한 포괄보조금(block grant: 가칭 '주민참여예산 포괄보조금')을 운영할 것을 제시한다.* 이 경우 기본적으로 고려할 사항은 다음과 같다.

(1) 포괄보조금의 재원은 본청이 마련해서 일정한 배분 방식을 통해 자치구에 배분한다. 이때 재원은 시 일반회계 예산을 통해 전액을 신규로 조달할 수도 있고, 전체 제도의 설계에 따라 다르지만 기존 참여예산 사업 비용 중 일부를 포괄보조금 재원으로 활용할 수도 있다(후자의 경우에도 시의 신규 재원 조달은 필요하다). 포괄보조금은 원칙적으로 자치구의 재원 부담, 즉 자금 매칭(matching)은 없는 것으로 하고, 단일 자치구를 대상으로 배분하는 것을 원칙으로 한다.
(2) 시는 포괄보조금의 대상 사업을 구체적으로 열거하고, 일정한 배분 방식을 설정하여 자금을 배분하며, 사업의 실행에 대한 모니터링 · 평가 · 피드백 장치를 마련한다. 대상 사업의 조건은 기존 참여예산 사업의 조건을 일부 수정 · 보완하되, 신설되는 포괄 보조 사업에 대하여는 대상 사업의 조건과 운영 시스템을 새롭게 설정한다.
(3) 포괄보조금의 대상은 크게 두 부문으로 구분한다. 하나는 커뮤니티 단위의 다양한 시민 생활 밀착 사업(시민 창의 사업 포함)을 대상 사업으로

* 포괄보조금은 보조금의 사용 용도를 구체적으로 정하지 않는 점에서 일반보조금(general grant)의 특성을 지니지만, 여전히 넓은 의미(포괄적 의미)에서 사용 용도를 제한하는 점에서 특정보조금(specific grant)의 성격을 지닌다.

대도시 참여예산제도와 포괄보조금 도입(안)

| | 포괄 보조 대상 | 비고 |
|---|---|---|
| 1. 커뮤니티 개발 보조금 (Type I) | • 자치구, 커뮤니티(마을) 단위 생활 밀착 개발 사업<br>• 기존 참여예산 대상 사업 조건의 수정 · 보완 | • 기존 자치구 참여예산 사업의 수정 · 보완<br>• 자치구/지역회의/일반 시민의 연계 강화 (*특별 · 광역시 본청의 모니터링 · 평가) |
| 2. 시민참여 활성화 보조금 (Type II) | • 자치구, 커뮤니티 단위의 참여예산 활성화를 위한 인프라/소프트웨어 구축, 활성화<br>• 플랫폼/광장/포럼 등 각종 유 · 무형 소통 모임 기회, 공간, 제도 창출 | • 자치구 일반 예산 영향/변화, 참여예산 사업 활성화<br>• 특별 · 광역시 일반 예산 영향/변화, 참여예산 사업 활성화<br>※ 일반 시민의 주류 예산에 대한 의견, 목소리, 수요, 선호 등 bottom-up, grassroots 접근에 의해 종합적 수렴, 반영 |

구성하고(Type I), 또 다른 하나는 시민참여예산의 활성화 기반을 구축하는 사업으로 구성한다(Type II). 이때 커뮤니티 단위의 소규모 주민 밀착 사업에 대하여는 시가 주도하지 않고, 자치구가 중심이 되어 자율적으로 참여예산의 활성화를 도모한다. 특히, 후자(시민참여예산 활성화 기반 구축: Type II 보조금)는 자치구를 중심으로 자치구 예산은 물론 시 예산의 거시 · 미시적 운영 및 예산 결정과 관련된 시민의 목소리와 소통(창의적 아이디어와 의견 제시, 재정 수요와 선호 표현, 각종 예산 관련 토론 및 숙의, 대화와 소통을 통한 의견 수렴 등)을 활성화시키는 플랫폼 내지 광장(물리적 공간, 무형적 공간)을 만들고, 그 운영에 필요한 예산을 지원하는 데 중점을 둔다.*

* 한마디로, 시민의 모임을 적극적으로 유치해서 중지를 모아 참여예산제도의 내실을 기하는 데 필요한 예산을 지원하는 포괄보조금이다. 이것은 어떤 면에서 보이지 않는 사업을 지원하는 것인데, 시민참여예산의 인프라와

(4) 포괄보조금의 배분 공식 속에는 자치구의 노력과 성과를 반영하는 재정 인센티브 장치를 마련한다.

(5) 포괄보조금제도의 도입과 함께 기존의 참여예산 사업 중 자치구 지역사업(예컨대, 서울시의 경우 지역 참여형 사업, 구 계획형 사업, 동 계획형 사업)들은 가능하면 지역 커뮤니티 단위의 소규모 예산 사업으로 전환하여 활성화시키는 것이 바람직하다. 예를 들면, 주민의 생활과 밀착되는 지역의 작은 공공재를 참여예산 사업이 다수 주민의 숙의와 노력을 통해 생산해 내는 것이다. 이 과정에서는 지역 단위의 모임을 활성화하고, 주민이 제안하는 의견과 사업을 숙성시켜 실제 예산으로 만드는 다양한 형태의 촉진자들(facilitators)이 양성되어야 한다.

## 새로운 국고(시 · 도비) 보조 사업 도입: 참여예산 보조 사업

중앙정부와 광역자치단체는 기초자치단체(시 · 군 · 구)를 대상으로 참여예산의 활성화 차원에서 참여예산제도의 취지와 목적에 부합하는 보조 사업(가칭 '참여예산 보조 사업') 제도를 실시할 필요가 있다. 예컨대, 영국의 중앙정부가 소규모 국고 보조 사업(커뮤니티 발전 사업, 사회적 기업, 기타 지역의 환경 · 문화 · 소규모 인프라 개선 사업 등)을 참여예산의 대상 사업으로 활성화시키는 것과 비슷하다. 이것은 금년부터 실시되는 국가참여예산제도의 일환으로 추진되어도

소프트웨어 강화 차원에서 매우 중요하다. 앞서 강조한 바와 같이, 주민참여예산제도의 중요한 특징이자 장점이 수평적 이해관계자인 주민 상호간에 생각과 의견을 같이하거나 달리하는 부분을 교환하고 수렴하는 광장을 개설하는 것임을 상기하면, 이러한 보조금 제도는 큰 의미가 있다.

무방할 것이다. 참여예산 보조 사업의 핵심은 중앙정부(중앙 부처) 또는 광역 자치단체가 시 · 군 · 구를 대상으로 참여예산 대상 사업(즉, 주민이 직접 적절한 예산 사업을 제안하고 다수 주민이 논의 · 투표 등을 거쳐 최종 결정하는 보조 사업)을 개발하고 그것을 전국의 기초 자치단체에 보조 사업 형태로 지원하는 데 있다.

보조 사업은 정액 보조 사업(일정한 금액을 보조하는 사업)의 형태를 취할 수도 있고, 아니면 정률 보조 사업(상위 정부가 일정한 비율의 재정을 지원하면, 보조금을 받는 지방자치단체가 그에 상응하여 일정한 비용을 부담하는 보조 사업)의 형태를 취할 수도 있다. 그리고 후자의 경우에도 만일 지방이 자원해서 추가적 비용 부담을 하고자 할 경우 중앙정부는 그에 대응하여 추가적으로 자금을 더 지원해 주는 개방형 정률보조금제도를 채택할 수도 있다(이것은 지금까지 실시하지 않았던 새로운 보조 방식이다). 참여예산 국고(또는 시 · 도비) 보조 사업은 기존의 국고 보조 사업과 본질적으로 다르다. 기존의 투자사업형 국고 보조 사업은 수혜자가 지방자치단체인 데 비해, 여기서 제시하는 참여예산 국고 보조 사업은 수혜자가 지역 주민이면서 보조 사업의 예산 운영을 주민들이 숙의하고 협의해서 결정하는 점에서 완전히 다르다.

## 지방자치단체의 장의 마인드와 행태 변화

참여예산제도가 '풀뿌리 민주주의'에 근거를 두고 있지만, 제도가 성공하기 위해서는 무엇보다도 예산 편성 권한을 보유하는 자치단체장의 마인드를 전통적 시각으로부터 새로운 시각으로 전환시키는 것이 중요하다. 이를 위해서는 자치단체장들이 예산 편성 권한의 일정 부분을 주민과 공유할 때 실제로 지방자치단체와 지역 사회 모두가 윈-윈(win-win)한다는 사실을 확실히 깨달을 수 있어야 한다. 참여예산제도의 핵심 성공 요인 중 하나가 자치단체장이 의사 결정과 관련된 권한, 정보, 지식을 공유하고 공개하는 결단, 즉 기득권의 포기에 있음은 각국의 사례가 입증하는 바이다. 우리나라에서도 주민참여예산제도를 적극적으로 실시하고 있는 지방자치단체들은 무엇보다도 지역 시민사회(시민단체)의 강한 요구와 열망과 자치단체장의 강력한 정책 의지에 의해 추동력을 확보한 것으로 파악된다.

자치단체장의 인식 및 태도 변화는 주민참여예산제도가 법제화되었다고 해서 당연히 이루어지는 것이 아니다. 자치단체장 스스로의 깨달음과 결단이 가장 중요하지만, '동료 압박'(peer pressure)과 이웃 지역으로부터 다가오는 선의의 경쟁(yard stick competition) 그리고 시민사회의 역량과 사회적 압력(social pressure) 또한 그에 못지않게 중요하다.

자치단체장에게 요구되는 인식과 발상의 전환은 기본적으로 지방자치단체 공무원과 지방의회 의원에게도 동일하게 요구된다. 공무원과 의원의 인식 변화를 유도하기 위해서는 참여예산제도와 관련된 교육과 학습의 기회를 확대하고, 다양한 방법과 경로를 통해 주민과의 소통 체험을 늘려 나가야 한다. 세계적으로 참여예산에 성공한 도시들은 대부분 예산학교와 다양한 모임(forum, council, plenary)을 연중 내내 운영하고 있음을 상기할 필요가 있다. 이와 더불어 주민과 집행부 간에 예산 · 재정 부문의 의사를 공유하고 소통을 극대화시키는 기제와 경로를 마련하는 것이 중요하다. 이는 궁극적으로 참여예산의 핵심 주체 간에 원활한 의사소통이 이루어지지 않고는 결코 제도의 성공을 기대할 수 없기 때문이다.

## 참여예산제도와 지방의회의 관계 강화

지금까지 우리나라의 주민참여예산은 상대적으로 행정부(집행부)와의 관계 속에서 발전해 온 반면 의회의 역할은 사실상 부재하였다. 앞으로는 주민참여예산의 운영 과정에서 주민의 대표자이자 집행부 견제자의 역할을 담당하는 지방의회와의 관계를 구축해 나가면서 상호 협력적으로 진행해야 할 주제와 활동에 대해 정립할 필요가 있다.*

참여예산제도를 둘러싸고 빈번하게 제기되는 문제 중 하나로 동 제도와 대의 민주주의(representative democracy) 간의 관계 설정 문제이다('참여예산제도가 대의 민주주의를 부정하는 것은 아닌지?'라는 이슈이다). 결론적으로 말하면, 참여예산제도는 대의 민주주의를 부정하기보다 그것을 보완해 나가는 협력적 기제이다. 예를 들어, 예산 편성 단계에서 참여 주민(시민위원회 포함)과 지방의회 간에 직접 · 간접적 협의의 기회가 생겨나는데, 이때 참여 주민과 지방의회가 간담회, 비공식 협의 모임 등을 적극적으로 활용하면 협력적 시너지 효과가 나타난다. 특히, 지역의 정당 갈등이 심한 구조에서 주민들의 합의와 바람을 상당 수준 반영하는 예산 편성(참여예산 사업 포함)은 예산 의결 과정에서 정당 간 갈등과 횡포를 완화시키는 순기능을 발휘할 수 있다.

일부 외국의 사례에서는 지방의회의 권한 중 일부를 주민과 공유하는 현상이 관측된다. 이는 대부분 의회 주도형 지방자치 체제에서 나타나는데, 우리나라와 같은 기관 대립형(집행부와 의회의 분립 구조) 지방자치 운영 구조 하에

---

* 예를 들면, 주민들이 소규모 지역 사업을 제안하고 추진하는 과정에서 지역의 의원들이 촉진자 내지 조언자 역할을 담당할 수 있을 것이다.

### 참여예산제도와 지방의회의 관계

참여예산제도가 진전되더라도 그것이 집행부와 의회에 대한 견제, 감시, 압력, 협력적 기제로서의 역할은 계속 강화될 수는 있지만, 결코 지방의회를 부분적으로 대신하는 지방 거버넌스의 기제가 될 수는 없다. 그 이유는 지역 주민이 예산 편성 과정에도 참여하고 동시에 예산 심의 과정에도 참여하는 것은 논리적 · 현상적으로 합리적이지 않기 때문이다. 예산 편성의 권한과 예산 심의 의결 권한은 상호 분리될 때 균형과 공평성이 확보될 수 있음은 잘 알려진 바이다. 현재와 같은 제도적 환경에서 지방의회가 심각한 예산 심의 역량 부족, 부정과 부패 관행 노정, 지속적 졸속 예산 심의 등 심각한 부정적 현상을 뚜렷이 보이지 않는 한 참여예산제도가 대의 민주주의의 핵심 기구의 영역에 진입해서 영향력을 행사하는 접근은 합리성과 정당성을 갖기 어렵다.

서는 그러한 현상이 실현되기 어렵다. 하지만 이 문제에 대하여도 긍정적 자세를 갖고 향후 다각도에서 심도 있게 검토해 볼 필요가 있다.

# 23 참여예산의 시민 혁신

## 참여예산의 시민 혁신을 향한 전진

참여예산제도를 통해 민주적 예산 결정 과정이 확대되고 주민 친화적 예산 운영이 이루어지기 위해서는 수많은 시민의 아이디어와 입장들이 상호 대화와 소통을 통해 수렴되는 획기적인 시민 혁신(civil innovation)이 있어야 한다. 이것은 참여의 과정(절차)과 수단 및 방법의 획기적인 창의성을 필요로 한다. 참여예산의 이노베이션이 가장 필요하고 유용한 부문은 아마도 시민의 참여 및 관여와 관련된 수단과 방법 부문일 것이다. 구체적으로, 지방예산과 참여예산 사업에 대한 일반 시민의 아이디어와 의견 제시 및 수렴, 재정의 수요(needs)와 선호(preference)에 대한 시민 목소리 종합, 의사 결정 투표 등에 필요한 창구와 수단(대화의 광장과 의사 결정)을 활성화하는 과정에 참여예산의 이노베이션이 이루어져야 한다. 예를 들면, 전통적인 모임 방식 외에 첨단 ICT 방법을 적극적으로 활용하는 것이다. 이러한 접근은 참여예산제도 자체는 물론 예산 내용의 품질 향상과 다양성을 풍부하게 만드는 데 기여한다. 그리고 이것은 중장기적으로 참여예산 관련 빅 데이터(big data)의 유용한 활용과 함께 참여예산의 운영 비용 절약에도 큰 도움이 될 것이다. 앞으로 참여예산이 시민 생활과 관련된 빅 데이터와 잘 접목될 경우 참여예산은 지금까지 경험해 보지 못했던 참신한 방법과 영역을 개척할 수 있을 것이다.

중요한 의사 결정을 하는 경우에도 전통적 투표 방식에 더해 전자 참여 또는 투표(E-participation, E-voting) 방식을 혼합할 필요가 있다. 이를 위해서는 지방자치단체와 시민사회(참여예산위원회 포함)가 관련 소프트웨어와 인프라를 구축하고 기존 시스템과의 연계 활성화를 도모하는 한편, 그에 따른 부작용과 민주주의의 위험성(투표 담합, 부정 투표, 이익 집단의 포획·전유물화 등)을 예방할 수 있는 안전 장치를 마련해야 한다. 만일 주민의 관심이 매우 높은 거시적 의사 결정 사안이 발생할 경우 참여예산의 투표 시스템을 일반 언론 매체와 연계하여 접근해 볼 수도 있다. 이는 매우 예외적인 경우이지만, 참여예산제도에 대한 일반 시민의 관심을 유발하는 좋은 계기가 될 수 있을 것이다. 시민 혁신은 다른 데서 출발하는 것이 아니고, 지방자치단체가 주민에게 예산에 대한 정통하고 중요한 정보를 적시에 제공하고 참여예산의 운영 과정에서 주민들이 함께 모여 다양한 아이디어와 예산 주제를 논의하는 과정이 무르익는 그 곳에서 창출된다.*

* 예를 들면, 참여예산위원회가 중심이 되어 지방예산 중에서 2년 단위 예산(biennial budgeting)을 편성할 수 있는 것이 무엇인지에 대해 시민의 중지를 모은 다음 그에 대해 깊이 검토해서 자치단체장에 시범 사업을 권고하는 것도 시민 예산 혁신의 한 부분이 될 것이다.

E-participation, E-voting 등

앞으로 시민참여예산은 이 시대의 기술과 기예를 최대한 활용하여 시민의 참여 방식과 참여 결과의 공유 그리고 환류와 새로운 시도를 발선적으로 이어나가야 한다. 전통적 참여 방법은 그 나름대로 중요성과 유용성을 지니고 있고, 새로운 참여 방법과 수단 또한 그 나름의 장점과 유용성을 지닌다. 그러므로 참여예산제도의 활성화를 위해서는 주민의 편리성과 관심과 의사 표현을 효과적이고 집약적으로 할 수 있는 혁신적 수단과 도구를 적극적으로 발견해서 활용해야 한다.

참여예산제도와 관련된 최근의 세계적 동향 중에서도 가장 두드러지면서 비약적인 발전을 하고 있는 것이 ICT를 적극적으로 활용하여 주민의 참여성과 대표성을 강화하고자 하는 시도이다. 이것은 변화하는 시대 상황을 반영하여 모바일, 인터넷 투표, SNS 등을 통해 의견 수렴, 찬반 조사, 의사 결정 등을 적극적으로 추진하는 현상을 의미하며, 세계적으로 참여예산제도 2.0 세대를 주도하는 수단과 방법이다.

전자 참여(E-participation, E-voting, 웹 기반 투표(Web-based polls))의 형태는 보다 많은 시민의 참여를 가능하게 해주는 면에서 참여예산제도의 가장 큰 취약점인 소극적(소수) 참여 문제와 대표성 문제를 해소할 수 있는 막강한 역량을 지닌다. 그리고 이것은 점점 개인화 · 다양화 · 전자화되어 가는 우리 사회에서 개인의 의사와 수요를 사회적 의사와 수요로 표준화해 나가는 가장 효과적인 수단과 방법으로 간주된다. 다만, 아직은 몇 가지 요인으로 인해 전자 참여의 신뢰성과 책임성 및 민주성이 전통적인 직접 참여에 비해 뒤떨어지는 문제와 한계가 있다. 각 지방자치단체들은 이에 대해 세심하게 준비하고 대응할 필요가 있다. 그리고 시민의 참여 방법을 다양화시키는 것은 시민참여예산의 이노베이션을 촉진하고 제도를 활성화시키는 데 있어서 매우 중요하다.

### 참여예산의 전국 네트워킹 활성화

주민참여예산제도가 발전하기 위해서는 전국의 지방자치단체들이 시민사회(또는 참여예산위원회 등)를 중심으로 자율적인 참여예산 네트워크를 구축할 필요가 있다. 이것은 전국의 지방자치단체들이 상호 학습할 수 있는 좋은 기회를 제공하는 동시에 수범 사례(best practice)의 공유, 선의의 경쟁, 건전한 압력, 그리고 열린 정부 파트너십 등을 통해 참여 지방자치단체는 물론 우리나라 전체의 주민참여예산제도가 진일보할 수 있는 터전을 마련해 준다. 전국 네트워킹은 특정 지방자치단체의 시민사회(조직)가 대응하기 어려운 예산 이슈나 규칙 등에 대해 전국의 시민사회가 연대하여 '건설적 압력'과 '창의적 아이디어'를 공유할 수 있는 좋은 환경을 조성해 준다. 그리고 한 걸음 더 나아가 세계적 참여예산제도의 선두 주자들(국가 및 지역, 기관, 조직)과 국제적 네트워킹을 도모하여 참여예산의 선진화 · 현대화를 이루어 나갈 필요가 있다.

세계적으로 볼 때, 참여예산제도가 활성화되는 과정에서는 지역 단위의 연결점과 활동이 필요하고 주민과 시민사회의 지속적인 역량 강화, 정보 확산 경로 확보, 의사소통, 주민 참여 독려 등을 위한 시민사회 조직의 네트워크 강화가 필수적으로 수반된다.

## 시민사회의 지속적인 관심과 역할 강화 필요

앞서 언급한 바와 같이, 우리나라는 세계적 조류에 비추어 주민참여예산제도를 다소 늦게 도입한 국가에 속한다. 제도의 도입이 이루어지기까지는 시민사회의 부단한 노력이 가장 큰 원동력으로 작용하였지만, 정작 제도가 도입되자 시민사회의 관심과 기여는 오히려 줄어드는 분위기이다. 이는 상당히 우려할 만한 일이다. 사실, 참여예산제도의 법제화가 시민사회 중심의 자발적 운동력을 크게 위축시킨 경향이 없지 않다. 아마도 법제화를 계기로 정부가 전면에 나서서 제도 활성화를 주도하는 형태가 되었기 때문인 것으로 추측된다. 실제로 법제화 이후 참여예산의 운영과 관련된 과정과 절차 및 내용들이 상당 수준 정형화·획일화되는 틀이 갖추어져 시민사회 조직의 역할 범위가 축소되었다.

그러나 참여예산제도는 궁극적으로 풀뿌리 주민의 응집된 역량과 노력 및 관심이 지속적으로 뒷받침될 때 유지되고 발전된다. 그렇지 못할 경우 제도의 동력은 급격히 떨어진다. 앞으로 우리나라의 참여예산제도가 지속적으로 발전하기 위해서는 시민사회 조직의 관심과 역량 그리고 참여 동기가 새롭게 강화되어야 한다. 이것은 참여예산이 정부와 시민 간의 소통과 논의뿐 아니라 시민과 시민, 시민과 시민사회 간의 수평적 소통과 숙의 과정을 매우 중요시하기 때문에 더욱 그러하다.

우리나라의 참여예산제도는 다른 나라와 달리 국가가 적극적으로 나서서 법과 제도를 정비하고 전국 획일적으로 실시하는 특징을 보인다. 좋은 제도를 활성화시키기 위해 국가가 주도하는 것은 분명히 중요하고 의미가 있다. 하지만 국가가 주도권을 과도하게 갖게 될 경우 제도 활성화의 핵심 주체인 주민과 시민사회의 역량이 마음껏 발휘되기 어렵고 재정 민주주의의 특성에 제약이 주어질 가능성이 있다. 이것은 어떤 면에서 참여예산제도의 법제화가 갖는 양면성(긍정적 측면과 부정적 측면)의 한계이기도 하다. 외국의 경험을 보면, 시민사회 조직의 적극적인 노력과 헌신이 뒷받침되지 않고서는 참여예산이 성공할 수 없음을 알 수 있다. 따라서 주민참여예산제도는 앞으로도 계속해서 시민사회와 연계성을 갖고 추진되어야 할 것이다. 건전한 시민사회는 정부(지방자치단체)와 주민을 연결해 주는 튼튼한 연계 고리로서 역할을 수행한다.

## 24

# 기타 발전 과제

### 추경예산은 참여예산제도의 사각지대: 참여예산의 관심

추경예산 편성에 관한 사항은 당연히 참여예산의 대상에 포함되어야 한다. 지금까지는 추경예산 편성 영역은 사실상 시민참여예산의 사각지대로 남아 있었다. 추경예산 또한 국(주)민의 세금을 사용하고 있음을 인식한다면, 이에 대해 참여예산이 관여해서 영향을 미치는 것은 당연한 일이다. 특히, 우리나라에서는 중앙-지방 간 재정 관계와 예산 편성 시점 등의 이유로 당초예산 못지않게 1차 추경예산이 중요하기 때문에 앞으로 추경예산 편성에 대한 주민참여예산의 관심과 노력은 반드시 필요하다. 이와 관련하여 각 지방자치단체는 추경예산 편성에 관한 정보를 적극적으로 공시하고, 주민 설명회 · 공청회를 비롯하여 다양한 소통의 채널을 가동시켜야 한다.

## 참여예산제도와 성인지예산제도

참여예산제도와 성인지예산제도 모두 1990년대 중반 이후 세계의 많은 나라에서 적극적으로 채택되어 발전 중에 있다. 우리나라는 근년에 두 예산제도에 관심을 두고 국가 차원에서 법제화를 강구하는 등 다소 뒤늦은 행보를 보였다. 하지만 한 가지 고무적인 것은 비록 뒤늦게 시작하였지만, 두 제도 모두 법적 기반을 갖고서 중앙 · 지방 정부 전 방위에 걸쳐 의무적으로 실시되는 점이다(세계에서 두 제도를 모두 국가가 법 제정을 통해 실시하는 나라는 몇 나라 되지 않는다).

성인지예산제도는 시민사회(특히, 여성단체)의 노력에 힘입어 2006년도에 국가재정법을 통해 법제화가 이루어졌고, 2010년부터 중앙정부 예산을 대상으로 제도의 실시가 이루어졌다. 지방의 경우 2013년부터 전국의 모든 지방자치단체들이 의무적으로 성인지예산제도를 실시하도록 되었다. 성인지예산제도는 그동안 예산의 계획과 편성 과정에서 고려되지 않았던 '성 변수(gender variables)와 성 관점(gender perspectives)'을 예산 과정에 적극적으로 고려함으로써 재정의 사회적 형평성(양성 평등)을 높이고자 하는 배경에서 도입되었다.

성인지예산제도는 예산의 편성과 집행이 남성과 여성, 소년과 소녀에게 미치는 의미와 영향을 객관적으로 파악해서 예산의 성별 차별적 영향(혜택)을 차단하고 시정하는 데 그 목적이 있다. 성인지예산은 정부가 예산을 편성할 때 특정 사업이 남녀 간에 차별적인 효과(의도하지 않고, 예상하지 못한 효과 포함)를 야기하는 것은 아닌지를 감별하는 '성인지예산 안경'을 끼고 객관적으로 점검하는 역할을 한다. 과거에는 예산 편성 과정에서 사업의 수요와 필요성, 재정 운용의 효율과 형평(예컨대, 지역균형발전, 소득 재분배, 저소득 · 취약 계층, 사회적 약자에 대한 배려 등)에 관한 요소들을 주로 고려하고 젠더 이슈에 대하여는 전연 고려하지 않았다. 성인지예산은 이러한 관행에서 벗어나 예산에 젠더 관점과 이슈를 적용하여 예산의 효율과 형평을 도모하는 것이다. 성인지예산제도는 재정 운용 전반에 걸쳐 양성 평등을 실현하는 데 중점을 두지만, 그 효과는 정부 활동의 책임성 · 참여 · 투명성 제고, 정부의 거버넌스 체제와 재정 관리 시스템 개선, 그리고 거시경제의 성장과 안정성 기여 등으로 나타난다(Stotsky, 2006).

비록 도입의 목적과 배경 면에서 차이가 있지만, 주민참여예산제도와 성인지예산제도가 유기적인 연계성을 갖고서 착실히 추진될 경우 지방재정의 책임성과 투명성 및 사회적 형평성이 높아지는 효과가 나타난다. 예를 들어, 주민이 예산 편성에 관여하는 과정에서 주민의 관심 대상 사업이 남녀 간에 차별적 혜택을 초래할 수 있는 성인지예산의 대상 사업인지를 검토하고, 그와 관련된 정책 권고나 의견을 제시하는 것이다. 현재까지 참여예산제도를 실시하면서 관련 사업이 남성과 여성에게 미치는 파급 효과에 대하여는 사실상 거의 무관심하였다. 그러나 앞으로는 모든 정책과 사업에 대해 '성 인지 내지 성관점'(gender awareness, perspective)의 렌즈를 끼고서 성별 영향 여부를 면밀히 검토하고 예산 과정에 반영하여야 할 것이다.

## 비용-효과(cost-effective) 방식의 모색

참여예산제도는 비용 없이 혜택만 주어지는 제도가 아니다. 이것은 일회성 제도가 아니고 사실상 연중 계속되는 제도로 여기에는 많은 주민과 공무원 및 기구가 관여된다. 이러한 제도의 수행에는 다양한 비용이 소요되는데, 여기에는 의견 수렴 비용, 의사 결정 비용, 교육 및 학습 비용, 관계 공무원 인건비, 홍보 비용, 기타 거래 비용(transaction cost) 및 기회비용(opportunity cost) 등이 포함된다. 만일 이들 비용이 참여예산제도가 창출하는 종합적 혜택(benefit)을 초과한다면 참여예산제도의 지속성에 제동이 걸리게 된다. 따라서 참여예산의 실시 과정에서는 참여예산제도의 운영 비용을 최적화 내지 최소화시키는 노력이 매우 중요하다.

그동안 국내에서는 주민참여예산제도의 운영과 관련해서 비용 문제를 논하는 경우는 없었다. 그러나 앞으로는 이 문제에 대해 심도 있게 논의하고 객관적으로 점검해야만 한다. 모든 정책은 혜택과 함께 비용을 수반한다. 만일 특정 정책이 사회적 정의와 공평과 직결되는 것이 아니라면 그 정책은 반드시 정책의 혜택이 '비용 효과적'인지를 점검 받아야 한다.

## 참여예산과 시민의 '예산 질문'

주민참여예산제도는 시민의 다양한 예산 질문(budget question)을 수렴하고 해소하는 기능을 담당할 필요가 있다. 주민의 예산 질문은 예산 운용에 대한 지식과 정보 습득에 관한 것으로부터 지방자치단체의 주요 예산 낭비와 비효율성 지출, 도덕적 해이, 나아가 시민의 예산 혁신 아이디어에 이르는 광범위한 내용을 포괄할 수 있다.* 주민참여예산제도에 이와 같은 기능을 첨부하는

* 예를 들면, 우리 자치단체 예산의 불용과 세계잉여금이 왜 발생하며, 그 내용이 무엇인지에 대해 시민의 질문이

이유는 시민의 참여를 촉진하고, 시민의 아이디어와 문제 의식을 통해 지방자치단체의 예산 운영에 변화를 가하고자 하는 데 있다.

있을 경우, 참여예산 시스템은 그것을 지식과 정보 차원에서 해소해 줄 뿐 아니라 현실 문제의 심각성을 인지하고 그에 대해 연구 · 검토한 다음 자치단체에 개선을 요구하는 것이다.

25

# 부록

## 국민참여예산제도

### 1) 서론

정부의 예산 문제에 일반 국민이 직접·간접적으로 관여하는 참여예산제도가 세계적으로 인기를 얻게 되자 일각에서는 그것을 지방 단위를 넘어 국가(중앙정부) 단위에서 실시할 수 있는지에 대해 검토하거나 실시를 주장하고 있다. 지금까지는 대체로 대통령(수상)이나 국회의원 등에 대한 주기적인 선거를 통해 일반 국민이 국가의 예산 운용이나 방향에 관여하는 정도이고, 지방 단위에서와 같이 직접 예산의 편성에 아이디어를 제시하거나 일부 예산의 사용을 결정하는 경우는 없었다. 그 이유는 무엇보다도 지방 차원에서 활발하게 전개되어 온 주민의 직접 예산 참여 활동이 여러 가지 현실적 장애로 인해 국가 단위에서는 작동하기가 어렵기 때문이다. 무엇보다도 급격히 발달하는 각종 기술 수단을 활용하더라도 수많은 사람들이 참여해서 소통해야 하는 물리적 거리를 극복하기가 힘들다. 그리고 지방 단위와 달리 수천만 명이나 되는 일반 국민 수에 비해 개인의 참여가 가질 수 있는 의미와 존재감이 크게 줄어들고, 복잡다단한 국가재정(예산) 문제에 대한 전문성과 투자 시간 소요 등이 국가 단위 참여예산의 활성화를 가로막는 요인으로 작용한다(Tanaka, 2007). 다나카(Tanaka)는 이러한 장애 요인을 감안하여 국가(국민)참여예산보다 국가 단위의 재정 투명성을 높이고, 예산 회계에 관한 정보 공개를 보다 충실히 확장하는 한편 국민을 포함한 시민사회와 전문가 사회가 국가의 예산 운영에 대해 철저히 감시 · 감독을 강화하는 것이 보다 실용적인 접근임을 강조한다. 특히, 각종 첨단 기술과 창의적 수단 및 방법을 최대한 활용해서 양질의 정확한 정보를 정부가 국민에게 적시에 충분히 공급할 것을 제안한다.

현실적으로 전통적인 지방 단위의 참여예산과 달리 국가 단위에서 참여예산을 실시하는 것이 비할 수 없을 만큼 애로와 문제가 많다는 것은 분명하다. 그럼에도 불구하고 그에 대해 다각도에서 심층적으로 분석한 다음 매우 정교하고 창의적인 국민참여예산제도를 고안한다면, 비록 시간이 걸리고 그 과정에서 문제와 갈등이 생기더라도 궁극적으로는 좋은 의미와 긍정적인 효과가 나타날 것이다. 아마도 많은 사람들이 국가의 여건과 예산 운영 시스템이 지방과 상당히 다르기 때문에 지방 단위에서 성공한 참여예산제도를 국가 단위에 접목시키는 것은 무리라고 생각할 것 같다. 그런데 우리나라의 예산 편성 불합리성 문제는 어떤 의미에서 지방 단위보다 국가 단위에서 더 크게 부각되는 경향이 있다. 지방자치단체의 장은 주민과 상대적으로 근거리에서 지역의 수요와 목소리를 비교적 자주, 직접 접하는 데 비해 국정의 운영 리더십은 그렇지 못하기 때문이다. 그뿐 아니라 지방의 경우 지방자치가 자리를 잡아가면서 지방자치단체 간의 경쟁 체제가 정립되어 각 자치단체가 주민의 재정 수요를 파악해서 반영하고자 하는 시도가 상당히 늘어나는 추세인 데 비해 중앙정부는 국민의 재정 수요를 파악하는 시도가 상대적으로 부족하다. 그리고 국가의 예산이 거의 해마다 법정 기한 내에 확정되지 못하는 사실상의 바람직하지 못한 관행(악습)도 비슷한 사례에 해당한다(다만, 최근에는 법 개정을 통해 헌법상의 예산 시한을 지킬 수 있도록 조치되었다). 이러한 사실을 종합적으로 인식할 때, 앞으로 참여예산제도의 취지와 운영 방식을 국가예산제도에 응용할 수 있는 방안을 강구하는 것은 의미 있는 과제라 하겠다. 다만, 그것은 지방의 참여예산을 모방하거나 복사판이 되어서는 안 되고, 매우 획기적이고 혁신적인 접근이어야 할 것이다.

이와 같은 문제 인식을 하면서 여기서는 정부가 금년부터 시행하는 국민참여예산제도의 개요에 대해 가능한 정부 정책의 사실(fact) 중심으로 기술하고자 한다.

### 2) 국민참여예산제도의 개요: 주요 내용과 과정

정부는 금년(2018년)부터 사상 처음으로 전국 단위(전 국민 대상)의 국민참여예산제도를 도입하여 시행한다. 이것은 지금까지 지방재정법에 의해 전국의 모든 지방자치단체들이 의무적으로 실시해 온 주민참여예산제도와 조금 다른 경로와 접근 방식으로 시행된다. 우선, 국민참여예산제도는 2017년에 출범한 문재인 정부의 공약을 기반으로 추진되었다는 특징이 있다. 해당 공약은 공약

### 주민 참여 확대로 자치분권과 풀뿌리 민주주의를 강화하겠습니다

- 주민발의, 주민소환, 주민투표제 확대 및 기준 완화
- 지자체 주민참여예산제 확대
- 국민예산 국민참여예산제 도입

  '주민참여예산제'와 마찬가지로 국가 예산 편성에도 국민의 의사와 목소리가 직접 반영될 수 있도록 국민참여예산제 신설

자료: 더불어민주당, 『대통령선거 공약집』, 2017.

전체 4가지 비전 중 〈지방분권 강화 및 균형 발전〉 항목의 세 번째 사항으로 명시되었다(박스 내용 참조).

선거 공약에서 제시된 국민참여예산제도는 일차적으로 지방분권의 과제로 포함되었다. 이것은 지방분권이 기존의 중앙정부와 지방자치단체 간의 관계에 집중되어 온 데서 한 걸음 더 나아가 정부와 국민 간의 관계 변화로 확대되는 것을 의미한다. 즉, 중앙정부에서 지방자치단체로 이양되는 권한이 궁극적으로 국민과 주민에게로 이어질 때 비로소 실질적인 지방분권이 달성된다는 가치가 포함되어 있다.

문재인 정부는 국민참여예산제도의 실시와 관련된 제도를 정비하기 이전에 시범 사업(6개 사업, 총 422억 원)을 추진하였다. 시범 사업으로 선정된 것으로는 고용안정장려금 사업의 일환인 재택 · 원격 근무 인프라 지원 사업(계속사업 중 선정), 어린이집 등 · 하원 자동 알림 서비스, 365일 일자리 상담 서비스 운영, 농촌 지역 일손 부족 해소, 농어촌 폐형광등 및 폐건전지 수거함 사업, 여성 안

**국민참여예산 온라인 투표 결과**

(단위: 백만 원)

| 순위 | 과제명 | 득표 수 | 예산 규모 | |
|---|---|---|---|---|
| | | | 2017년 | 2018안(추가 증액) |
| 합계 | | 5,000 | 1,400 | 42,218 |
| 1 | 재택 · 원격 근무 인프라 지원<br>(고용안정장려금) | 655 | 1,400 | 2,000<br>(추가 +600) |
| 2 | 어린이집 등 · 하원 자동 알림 서비스<br>(보육 관리 사업) | 643 | - | 700<br>(+700) |
| 3 | 365일 일자리 상담 서비스 운영<br>(고용 전산망 관리) | 635 | - | 1,445<br>(+1,445) |
| 4 | 농촌 지역 일손 부족 해소<br>(농촌 고용 인력 지원) | 634 | - | 2,400<br>(+2,400) |
| 5 | 농어촌 폐형광등 및 폐건전지 수거함<br>(분리 배출 취약 지역 배출 환경 개선 사업) | 540 | - | 48<br>(+48) |
| 6 | 여성 안심용 임대주택 지원 사업<br>(다가구 매입 임대, 출자 지원) | 494 | - | 35,625<br>(-) |

자료: 기획재정부.

심용 임대주택 지원 사업이 있다. 이 중에서 예산 규모가 가장 큰 것은 여성 안심용 임대주택 지원 사업으로 총 356억 원의 자금이 투자되었다.

정부는 시범 사업의 실시와 함께 국민참여예산제도의 법적 근거를 마련하고, 지방 단위의 주민참여예산제도와 차별성을 지니는 국가 차원의 참여예산제도 시행에 필요한 기본 계획을 수립하였다. 국민참여예산제도의 실시에 대한 법적 근거는 국가재정법의 개정을 통해 마련되었다. 구체적으로, 기존에 예산 편성의 일반 원칙으로서 천명된 국가재정법 제16조(예산의 원칙: "정부는 예산 과정의 투명성과 예산 과정에의 국민 참여를 제고하기 위하여 노력하여야 한다.")의 내용을 동법 시행령에서 보다 세부적이고 명확히 하였다(다음 내용 참조).

**국가재정법 신·구 개정 사항 비교**

| 현행 | 개정안 |
|---|---|
| 제5조(재전 정보의 공표) ① - ③ (생략)<br>④ 각 중앙 관서의 장은 제3항 각 호의 사항을 법 제21조 제4항 및 제67조 제3항에 따른 세항 단위로 구분하여 매월 공개하여야 한다. 다만, 자료의 특성상 매월 생성되기 어려운 자료의 경우에는 해당 자료의 생성 주기에 따라 분기·반기 또는 연(年) 단위로 공개하여야 한다. | 제5조(재정정보의 공표) ① - ③ (현행과 같음)<br>④<br>----------------------------------------------------------<br>--------- 세항 단위 이하로 구분하여 매일 ------.<br>----------------------------------------------------------<br>-----------------------------------------------. |
| 신설 | 제5조의2(예산 과정에의 국민 참여) ① 기획재정부 장관은 법 제16조 제4호에 따라 예산 과정의 투명성과 예산 과정에의 국민 참여를 제고하기 위한 구체적 절차를 마련하여 시행하여야 한다.<br>② 정부는 제1항의 규정에 의한 국민 참여 과정에서 수렴된 국민 의견을 검토하고 그 결과를 예산 편성 시 반영할 수 있다.<br>③ 정부는 국민이 예산 과정에 참여할 수 있는 기구를 운영할 수 있다.<br>④ 그 밖에 국민 참여 제고를 위해 필요한 구체적인 사항은 기획재정부 장관이 정한다. |

자료: 기획재정부.

(1) '기획재정부 장관이 국가재정법 제16조 제4호에 따른 국민 참여를 제고하기 위한 구체적 절차를 마련하여 시행'할 것을 규정함으로써 국민 참여 절차 마련의 근거를 명확히 하였다(제5조의2 신설).

(2) '정부는 국민 의견을 예산 편성 시 반영할 수 있다'고 규정하여 국민 의견이 헌법과 국가재정법상 정부의 예산 편성권을 침해하지 않음을 명시하였다(제5조의2 제2항).

**국민참여예산제도의 단계별 고려 사항**

| 단계 | 내용 | 검토 사항 |
|---|---|---|
| 사업 제안 단계 | • 사업 공고 게시, 마감<br>• 신청 자격 및 사업 유형<br>• 사업 제안 및 활성화 | • 어떤 사업들을 대상으로 공모를 진행할 것인가?<br>• 누가 사업을 제안할 수 있는가?<br>• 어떤 방법으로 사업 제안을 받을 것인가? |
| 사업 심사 단계 | • 심사단 구성<br>• 심사 단계 구분<br>• 심사 기준 및 한도 설정 | • 심사 기구는 어떻게 구성하고 운영할 것인가?<br>• 심사위원은 어떤 방식으로 선발할 것인가?<br>• 공모로 접수된 사업은 어떻게 분류할 것인가?<br>• 분야별 한도를 어떻게 설정할 것인가?<br>• 사업에 대한 심사는 어떤 단계로 진행되는가?<br>• 사업은 어떤 기준으로 선정할 것인가? |
| 사업 선정 단계 | • 선정 방식(투표 등)<br>• 참여예산의 최종 결정<br>• 과정 공개와 공표 절차 | • 어떻게 최종 선정 대상 사업을 확정할 것인가?<br>• 참여예산과 정부 및 국회의 예산 편성권을 어떤 방식으로 조화시킬 수 있을 것인가?<br>• 선정 과정의 투명성과 정당성은 어떻게 확보할 것인가? |
| 사업 집행 단계 | • 참여예산 사업의 관리<br>• 집행 과정의 참여 방안<br>• 사업 평가 및 환류 | • 최종 선정 사업은 어떻게 집행하고 관리할 것인가?<br>• 집행 과정에서 국민 참여와 공개 수준은 어떠한가?<br>• 일반 재정 사업의 집행과 평가 과정에 어떻게 국민의 참여를 확보할 것인가? |

자료: 한국조세재정연구원, 『국민참여예산제 운영 방안 연구』, 2018.

(3) 국민이 예산 과정에 참여할 수 있는 기구 운영의 근거 규정을 마련하였다(제5조의2 제3항).

이러한 법적 근거를 토대로 정부는 기획재정부를 중심으로 전체적인 국민참여예산제도의 운영 계획을 마련하기 위해 정책적 검토와 연구를 진행하였다. 이 과정에서 사업 제안 단계, 사업 심사 단계, 사업 선정 단계, 사업 집행 단계별로 검토되어야 할 주요 사항을 점검하고, 각종 법제도적 제약 사항을 점검하면서 단계별로 참여예산의 취지를 살릴 수 있는 방안을 모색하였다.

이와 같은 과정을 거쳐 마련된 2018년도 국민참여예산은 3월까지 참여예산제도를 시행할 수 있는 기본 인프라(온라인, 오프라인)를 구축하고 본격적으로 참여예산 사업의 공모를 진행하였다. 해당 사업들은 국민참여예산 주무 부서인 기획재정부와 각 관계 부처의 제안 사업 적격성 점검 및 숙성 과정을 거친 다음 우선적으로 각 부처의 예산안에 반영하여 제출될 예정이다. 제안 사업 적격성 점검 및 숙성 과정에서는 최초 제안자의 사업 내용이 변경될 수 있고, 관련 예산 규모 또한 조정될 수 있다. 현재 부처별로 별도의 민관예산협의회를 설치해서 운영하도록 규정되어 있는데, 이 과정에서도 국민의 예산 참여 절차가 보장된다.

정부는 국민참여예산이 처음 시도되는 제도인 만큼 사업의 홍보를 위해 찾아가는 사업 제안 설명회를 개최하였다. 국민들의 활발한 참여를 통한 국민참여예산의 활성화를 위해 실시한 이번 행사는 특히 정책 결정 과정에서 소외되기 쉬운 노인, 여성, 장애인, 영유아, 아동, 청년 관련 시민단체 그리고 경제단체 및 관계 부처 담당자를 대상으로 진행되었다. 행사는 전국적으로 서울, 부산, 대전, 광주 등 4개 권역으로 나누어 실시되었다. 2018년 4월 15일까지 진행된 첫 번째 국민참여예산제도의 국민 제안 사업으로는 총 1,206건이 접수되었다. 분야별로는 보건복지 분야의 사업이 총 293건으로 24.3%를 차지하여 가장 많았고, 그 다음으로 일반 · 지방행정 관련 사업 165건(13.7%), 공공 질서 및 안전 136건(11.3%) 등의 순으로 나타났다. 전반적으로 복지 · 사회 분야의 사업 비중이 높은 것으로 나타났다(그림 참조).

참여예산제도를 총괄하는 기획재정부는 2018년 3월에 국민참여예산제도

2018년도 국민참여예산 접수 현황(건, %)

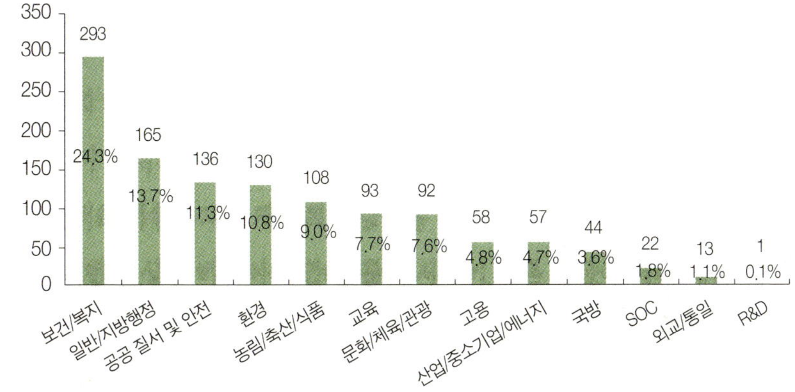


자료: 기획재정부, "국민참여예산 첫 단추를 꿰다," 2018. 4. 17.

운영지침을 마련하여 각 부처에 전달하였다. 이에 따르면 국민들의 사업 제안에서부터 이후 예산국민참여단에 의한 심의가 있을 때까지 사업의 분류 과정과 제안 사업에 대한 적격성 검토, 제안 사업의 숙성 과정이 진행된다. 그 후 사업의 선정(확정)이 이루어지면 예산안을 요구하는 단계가 진행된다.

사업의 분류는 크게 두 단계로 구성되는데, 그것은 (1) 국민 제안 사업의 분류와 관계 부처(주무 부처) 연계, (2) 관계 부처의 적격성 점검이다. 첫 번째 단계는 기획재정부가 국민들이 제안한 사업들을 분류해서 관계 부처로 송부하는 것이 중심을 이룬다. 제안 사업 중에서 2개 이상의 부처가 연관된 사업일 경우 '1제안 1부처 원칙'에 입각하여 해당 사업을 특정 주무 부처에 할당한다. 이렇게 할당된 사업 목록에 대해 주무 부처는 자체 검토를 통해서 기획재정부에 이의 신청을 하여 사업을 조정할 수 있다. 이후 각 부처에서는 자체적으로 합

**각 중앙 부처의 적격성 검토 심사표**

| 기준 | 판단 근거 | 판정 |
|---|---|---|
| 합법성 | • 사업의 목적과 내용이 현행 법령에 위반되는가?<br>• 법 개정이 선행되어야 사업 추진이 가능한가?<br>• 사업 추진 과정에서 법령에 위반될 가능성이 높은가? | □ 적격<br>□ 부적격 |
| | 〈부적격 시 구체적 사유〉<br>상기 판단 근거 등에 기초하여 부적격으로 판단한 근거를 2-3줄로 기술 | |
| 유사성 | • 기존 재정 사업으로 추진 중에 있는 사업인가?(사업의 목적 및 수혜 집단 등이 유사한 경우)<br>• 이미 진행되고 있는 사업의 유지 · 운영을 위해 신청한 사업인가? | □ 적격<br>□ 부적격 |
| | 〈부적격 시 구체적 사유〉 | |
| 적절성 | • 특정 지역에 효과가 집중되는 사업인가?<br>• 특정 개인이나 단체에게 사적 이익이 발생하는 사업인가?<br>• 특정 제품 판매를 목적으로 하기 위한 사업인가? | □ 적격<br>□ 부적격 |
| | 〈부적격 시 구체적 사유〉 | |
| 효과의 범위 | • 관련 법령상 지방자치단체 재원을 투입 · 수행해야 하는 지방자치단체 고유 사업인가?<br>• 대규모 사업으로 예비타당성 조사를 거쳐야 하는 사업인가? | □ 적격<br>□ 부적격 |
| | 〈부적격 시 구체적 사유〉 | |
| 효과의 지속성 | • 1회성 행사 지원 사업으로 사업의 효과가 지속적으로 나타나기 어려운 사업인가? | □ 적격<br>□ 부적격 |
| | 〈부적격 시 구체적 사유〉 | |

자료: 기획재정부, 『국민참여예산제도 운영지침』, 2018. 3.

법성, 유사성, 적절성 등의 기준을 바탕으로 제안 사업의 적격성 점검을 진행한다. 이때 적격성 점검이란, 사업의 질에 대한 평가가 아니라 참여예산의 제도적 성격에 부합하는지의 여부를 가리는 작업을 의미한다. 이것은 다시 말해서, 부처의 적격성 검토 결과가 이후 진행되는 국민참여예산지원협의회나 예산국민참여단의 우선순위 심의 과정을 대체할 수 없음을 의미한다.

각 부처에서 예비적으로 수행한 적격성 검토의 내용을 최종적으로 확정하는 것은 부처별로 설치될 예정인 국민참여예산지원협의회의 역할이다. 국민참여예산지원협의회는 일반 국민의 예산 과정에 대한 전문성 부족을 보완하기 위한 참여예산 기구로서 다수의 자문위원으로 구성된다. 지원협의회는 부처별로 추천한 민간 전문가 1-2인을 포함하여 전체 60명 내외로 구성되며, 예산국민참여단의 4개 분과 구조에 맞추어 동일하게 분과를 설치한다. 이때 각 분과마다 민간 전문가 6명 이상을 포함하여 기획재정부와 각 부처 담당자가 참여한다. 분과별 지원협의회는 국민 제안 신청 건수 등을 고려하여 탄력적으로 운영하는 것으로 되어 있다. 특히, 분과별 지원협의회는 제안된 사업 중에서 유사성이 높은 것들은 통폐합을 유도하고, 사업의 수정을 통해 사업 제안의 취지를 살릴 수 있는 경우에는 사업 수정을 하는 등 적극적인 예산 심의를 통해서 사업의 품질을 높이는 역할을 해야 한다.

이와 같은 과정을 거쳐 부처별로 선정된 참여예산 사업은 300명의 국민들이 직접 참여하는 예산국민참여단(6월 구성 예정)에 의해 심사를 받게 된다. 예산국민참여단은 기본적으로 각 부처가 요구한 참여예산 후보 사업의 목록(국민들이 제안한 참여예산 사업 중 조정 등을 통해 선정된 사업)을 대상으로 논의하고, 반영 가능한 사업들을 종합적으로 선별하는 역할을 한다. 이때 예산국민참여

**예산국민참여단 분과별 소관 부처**

| 분과 | 소관 분야 |
|---|---|
| 복지분과 | 복지부, 여가부, 식약처, 보훈처 소관 |
| 사회분과 | 고용부, 교육부, 문체부, 문화재청, 환경부 소관 |
| 경제분과 | 국토부, 산업부, 중기부, 농림부, 해수부, 과기부, 산림청, 농진청 소관 |
| 일반행정분과 | 행안부, 국방부 및 기타 소관 사업 |

단은 분과회의를 개최하여 각 부처가 요구한 참여예산 사업을 최대 10개에서 15개의 사업으로 압축한다. 이 과정에서 부처별 예산 심의를 진행한 지원협의회도 함께 참여하여 사업의 숙성을 돕는다. 이후 대상 사업에 대해 일반 국민의 선호도 조사를 실시하는데, 이는 300명의 참여단이 가지고 있는 국민 대표성을 보완하기 위해 도입되었다.

예산국민참여단에 의해 선정된 사업은 7월 중 일반 국민을 대상으로 하는 설문 조사와 참여단의 투표를 통해서 최종적으로 확정된다. 특히, 국민참여예산제도의 특성과 여건상 참여단으로 구성할 수 있는 국민의 숫자가 제한될 수밖에 없는 점을 감안하여 정부는 숙의 과정을 통해 사업을 검토한 참여단의 투표와 일반 국민들이 원하는 사업 선호도(일반 국민 대상 사업 선호도 조사)를 종합적으로 고려하는 접근 방법을 취하고 있다.

이것은 초기 국민참여예산제도의 가장 큰 한계와 취약점으로 간주된다. 그리고 국민참여예산의 착근 및 활성화에 있어서 특히 중요하고 향후 활성화될 필요가 있는 부분은 부처별 제안 사업의 심의 과정이라고 할 수 있다. 그 이유는 국민참여예산제도의 성격상 상당한 전문성을 필요로 하는 의제가 제안될 가능성이 크므로 해당 사업의 타당성 검토가 주로 해당 사업 부처에서 검토

### 국민참여예산제도의 2018년도 운영 계획

|  |  |
|---|---|
| 사업 제안 및 관리 (3-4월) | ▶ 국민 사업 제안(4. 15 마감)<br>▶ 제안 사업 적격성 점검 |
| 각 부처의 제안 사업 숙성 및 예산안 요구(4-5월) | ▶ 각 부처는 제안 사업 숙성 후 후보 사업을 포함하여 기재부에 예산안 요구 |
| 제안 사업 논의 (6-7월) | ▶ 예산국민참여단 발족<br>▶ 참여단, 참여예산 후보 사업 압축 |
| 사업 선호도 조사 (7월) | ▶ 일반 국민 설문 조사<br>▶ 예산국민참여단 투표 |
| 정부 예산안 반영 (8월) | ▶ 재정정책자문회의에서 논의<br>▶ 국무회의에서 정부 예산안 확정 |
| 국회의 예산안 심의 · 확정 (9-12월) | ▶ 국회에서 정부 예산안 심의 · 확정 |

### 국민참여예산제도의 선정 과정(예시)

사업 접수 (온 · 오프라인 등) ➡ 제안 사업 부처 배정 (참여예산 총괄 부서) ➡ 제안 사업 적격 심사 (부처 기획 재정담당관) ➡ 심사 대상 사업 확정 (참여예산 총괄 부서) ➡

네티즌 의견 조사 (참여예산 포털) ➡ 참여단 사업 심사 (참여단 분과) ➡ 국민 선호도 조사 (투표+여론 조사) ➡ 참여예산 사업 추천 (참여예산 정책협의회)

**국민참여예산 사업 결정 과정(예)**

| | 누가 | 어떻게 | 무엇을 |
|---|---|---|---|
| 예산국민참여단 선호 투표 | 예산국민참여단 전체 | 분야별 우수 사업 선호 투표 | 사업 심사 우수 사업 |
| 일반 국민 여론 조사 | 무작위 추출 국민 1,000-2,000명 | 분야별 우수 사업 선호 여론 조사 | 사업 심사 우수 사업 |
| 재정정책자문회 추천 | 정부 | 우선순위 내 사업에 대한 예산 편성 | 투표 및 여론 조사 우선순위 사업 |
| 정부 예산안 확정 | 정부 | 국민참여예산 국무회의 의결 | 재정정책자문회의 추천 사업 |
| 국회 예산안 확정 | 국회 | 국민참여예산 최종 확정 | 정부 제출 국민참여예산안 |

자료: 기획재정부(2018).

하는 과정에서 이루어지기 때문이다.

국민참여예산제도에는 법에서 정한 대통령의 예산 편성권 자체를 침해하지 않기 위한 제도적 장치가 마련되었다. 이것은 지방자치단체와 달리 중앙정부의 경우 예산 편성권의 문제가 법률 사항을 넘어 헌법 사항과 관련되어 보다 엄격한 적용이 필요하다는 고민의 결과로 이해된다.* 그 결과 현재 국민참여예산 사업의 최종적인 확정(정부 예산 확정)은 기존의 예산 편성 절차에 따라 설치 운영되는 합법적 기구에서 하는 것으로 되어 있다.

위 표에서와 같이 국민참여단의 선호 투표와 일반 국민에 대한 여론조사

* 현행 헌법은 "국회는 국가의 예산안을 심의 · 확정한다"고 정하고 있으며(제54조 제1항), 또한 "예산안, 결산, 국유재산 처분의 기본 계획, 국가의 부담이 될 계약 기타 재정에 관한 중요 사항"을 국무회의 심의를 거치도록 하고 있다(제89조). 이러한 헌법 규정을 고려하여 비록 국민참여예산제도가 법적 의무 제도로 도입되었지만, 이를 통해서 제안된 사업을 실제 예산에 반영하는 것은 임의 사항으로 규정하였다.

결과는 1차적 사업 우선순위 결정 방식(과정)에 해당한다. 실질적으로 참여예산 사업의 최종 예산 반영 여부는 국가재정법상 설치된 재정정책자문회의를 통해서 추천되는 과정을 거쳐 국무회의의 의결로서 확정된다.

그 밖에 국민예산참여단에 대한 참여예산 관련 교육(예산학교) 문제와 관련하여 찾아가는 학교나 심화 교육 등에 대한 검토가 진행되고 있다.

### 3) 종합

정부가 금년부터 국민참여예산제도를 도입하는 시도는 매우 획기적이고 진취적이다. 이 책의 다른 부분에서 지적하였다시피, 세계 각국에서 간헐적으로 국민참여예산에 대한 논의나 주장이 없었던 것은 아니다. 하지만 제도의 의미와 참신성에도 불구하고 참여예산제도가 지방자치단체 등 제한된 지리적 공간, 특히 정부와 주민 그리고 주민 상호간에 대화와 소통을 긴밀히 하고 목소리를 전달할 수 있는 수단과 방법이 유용한 공간에서 성공할 수 있음을 인식하여 국가 단위의 참여예산에 대한 실효성에는 대다수가 의문을 표현하고 있다. 그럼에도 불구하고 포르투갈 정부가 선도적으로 치고 나왔고, 우리나라 또한 선두 주자로 나선 점은 좋은 정책적 시도라고 생각된다. 문제는 참신성과 개혁의 포장을 한 형식과 수사가 아니라 실질과 성과와 내용으로 무장하는 충실하고 제대로 된 제도를 도입하는지의 여부에 있다.

현실적으로 지방자치단체의 참여예산제도와 달리 국가 수준의 참여예산제도에 대한 우려가 기대 못지않게 크고, 무엇보다 국회 등 기존 예산 과정의 이해당사자 간에 제도 인식 차이가 큰 만큼 당분간 국민참여예산제도는 점진적이고 실험적인 형태로 운영될 가능성이 크다. 중요한 사실은 참여예산은 그것이 지방 단위에서이든 아니면 국가 단위에서이든 수행에 막대한 사회적 기회 비용(social opportunity cost)이 수반된다는 점이다. 그러므로 처음 제도를 도입할 때 사전에 종합적이고 철저한 제도 설계와 위험 관리(risk management) 장치를 마련해야 하고, 제도의 본원적 취지에 충실한 운영을 강구해야 된다. 경우에 따라서는 비록 소수의 사업과 작은 규모의 예산과 결부되더라도 그것이 국민을 예산의 주체로 분명히 인정하고, 국민의 예산 목소리에 귀 기울이면서 진정한 예산 소통을 실현해 줄 수만 있다면, 적어도 그 출발은 참신하고 의미가 있다.

국민참여예산제도의 도입은 국가재정이 전문 관료와 일부 전문가의 전유물이 아니고, 국민이 직접 제안하고 통제할 수 있는 제도를 모색한다는 측면에서 적어도 재정 민주주의의 가능성을 높이는 계기가 될 것이다. 이 과정에서는 상대적으로 재정 과정의 투명성과 개방성 면에서 제약이 컸던 국가재정 정보가 다양한 형태로 공개되고, 국민의 재정 감수성이 높아지는 예산 참여 프로그램이 고안될 수 있도록 지속적인 제도 개선의 의지와 혁신적 노력이 필요하다. 지방의 참여예산제도가 한 번의 제도 도입으로 완성되지 않고 매년 지속적인 제도 개선을 통해서 자리 잡게 된 것을 상기하면서 국민참여예산제도 또한 지속적인 제도 개선을 통해서 뿌리를 내리고 정착할 수 있다는 믿음과 노력이 필요하다.* 현재의 국민참여예산제도의 시행에 가장 큰 영향을 미친 것은

* 지난 3월 22일 기획재정부가 『2019년 예산안 편성지침』의 재정 운용 기본 방향을 통해 "재정정보 공개 확대 및 국민참여예산제를 본격화하고, 국가-지방 간 기능, 역할 조정 추진으로 실질적 지방분권 구현"이라고 밝히면서 각 사업 부처가 세출 예산안을 작성할 때 마련하는 요구서에 국민참여예산을 포함하도록 한 것은 그 나름

무엇보다도 2012년부터 전국적으로 시행된 지방의 주민참여예산제도이다. 이러한 점을 인식할 때, 국민참여예산제도는 지역에서 시작해서 국가 단위에 영향을 미친 상향식(bottom-up) 제도 확산의 중요한 사례로서 평가될 수 있다.

끝으로, 국민참여예산제도의 발전적 차원에서 몇 가지 건설적 비판을 하면 다음과 같다.

정부가 국민참여예산제도의 도입을 위해서 관련법을 개정하고 세부 사항을 준비하였지만, 기본적으로 매우 소극적인 참여예산제도를 지향하고 있다. 그리고 국민참여예산제도의 개념과 설계와 운영 방식을 확정하는 과정에서 지난 6년 이상 전국적으로 시행된 주민참여예산제도에 대해 다각도에서 심도 있는 검토와 분석을 종합적으로 하지 못한 점은 큰 잘못이다. 이는 국민참여예산제도가 앞으로 국민의 관심과 지지를 얻고 지속 가능성을 확보하는 데 큰 애로가 될 것이다.

사실, 국가 수준에서 본격적인 참여예산제도를 시행한 사례가 거의 없는 상태에서 정부는 지방자치단체 참여예산제도의 운영 틀과 과정 및 방법을 크게 모방해서 접근하고 있는데, 이에 대하여는 다시 한 번 깊이 재검토해 볼 필요가 있다. 국가와 지방, 국가와 국민, 국민과 국민, 주민과 주민의 관계는 크게 보아서는(또는 얼핏 보아서는) 매우 유사한 측면이 많지만, 실제로 예산의 수요와 목소리, 참여의 과정, 대화와 소통의 방법, 행정부와 입법부와의 권한 및 관계, 갈등과 문제의 대상과 깊이 등 많은 점에서 큰 차이가 난다.

어떤 제도를 형식적 · 논리적으로 모방하는 데는 사실 조금의 시간과 소

---

의 의미가 있다. 이는 국민참여예산제가 최소한 정부의 예산 편성 절차를 통해서 공식화되었음을 뜻하는 것으로 이후 제도의 변화를 감당할 수 있는 제도의 안정성을 보장하는 것이라 볼 수 있다.

수의 우수한 인력만으로도 충분하다. 그러나 형식적 · 논리적 모방은 제도의 가치와 운영 과정에서 발생하는 갈등과 문제(예상하였던 것, 예상하지 못하였던 것 포함) 그리고 이해관계자(stakeholder) 간의 첨예한 편견과 관점 등을 몸으로 느끼고 가슴으로 인지하지 못하는 빈껍데기가 될 가능성이 크다. 소위 '졸속 날림(부실) 공사'로 귀착될 가능성이 크다는 말이다.

참여예산제도가 정부(국가, 지방자치단체)와 국(주)민 간의 관계를 새롭게 정립하고, 특히 정부-국민(주민)-국민(주민) 간의 대화와 소통 그리고 숙의(deliberation) 과정을 매우 중요시하는 '풀뿌리 민주주의의 특산품'임을 현재 실시 중에 있는 국민참여예산제도는 실질적으로 체화하지 못하고 있는 듯하다. 참여예산의 가장 기본적인 문제들 – 예컨대, '누가 어떻게 국민을 대표할 것인지', '어떻게 국민 상호간의 만남을 통한 예산의 대화와 소통을 이룰 것인지', '다수와 소수 국민의 재정 수요와 목소리가 어떻게 민주적 절차와 방식을 통해 전달될 것인지' 등 – 에 대한 대응 전략과 방식 및 목표가 제대로 구축되지 못하고 있다. 형식이 실질로 변화되어야 하고, 왜 국민참여예산제도를 실시해야 하는지, 그리고 실시 결과(성과) 중장기적으로 국민참여예산 주체 간의 관계(국가와 국민, 국민 상호간 관계)에 어떤 변화가 일어나 국민의 행복과 국가 발전에 기여하는지에 대해 보다 쉬운 말로 명쾌하게 국민과 소통해야만 한다.

## 학교(학생)참여예산

우리나라와 달리 일부 선진국을 중심으로 최근 들어 학생과 청년을 대상으로 하는 참여예산제도가 조금씩 시도되고 있다. 이는 의미가 있고 참신한 시도로 간주된다. 그것은 청소년 시기부터 공공의 자금(쉽게 말해서 우리들의 돈)을 어떻게 사용하는 것이 합리적이고 효과적인지를 상호 학습과 실천을 통해 체득할 수 있는 것은 매우 바람직한 일이기 때문이다. 중 · 고등학생들이 학교와 학습의 현장에서 공적 예산의 사용 문제를 두고 초기 계획 단계부터 최종 결정 단계 그리고 후속 단계(감시 · 감독 및 결과 평가 단계)까지 종합적으로 관여하는 기회에 접할 경우 일찍부터 실천하는 민주주의 교육을 연마할 수가 있다. 특히, 대화와 토론을 통한 상호 학습 과정은 친구들 간에도 생각이 다른 점을 발견하게 되고, 때로는 내가 옳고 좋다고 생각하는 아이디어가 친구들의 동의를 얻지 못하는 답답한 벽에 부딪히기도 할 것이다. 어떤 학교 프로그램이 바람직한지를 두고 갑론을박을 하다가 다수의 합의에 이르지 못하고 결국 투표를 통해 최종 선호 프로그램이 확정되는 경험도 할 수 있다.

이러한 민주적 절차는 청소년들이 앞으로 사회 현장에 나서게 될 때 수 없이 부딪히게 되고 또한 승복해야 하는 민주주의의 사회적 규범이다. 내가 제안하고, 내가 원하는 프로그램이 채택되면 기분이 좋겠지만, 그것은 나와 생각을 달리하는 다른 학생들의 입장에서 보면 그다지 유쾌한 결과는 아니다. 하지만 민주주의는 기회의 균등 원칙과 다수결 원칙이라는 기본 규율을 바탕으로 합리적 절차를 거쳐 움직이기 때문에 학생들은 학교 참여예산제도를 통해 보다 피부에 와 닿는 민주주의 학습을 할 수 있게 된다.

그뿐 아니라 학교 참여예산제도는 실제로 학교 현장에서 학생들이 어떤 작은 프로그램을 실시하는 것이 가장 바람직하고 합리적인 프로그램의 선택인지, 다수의 학생들이 선호하는 것이 무엇인지를 자신의 입과 머리를 통해 의사 결정을 하거나 직접 · 간접적 영향을 미칠 수 있다는 점에서 큰 의미가 있다. 마지막으로, 학생들은 학교 참여예산제도의 진행 과정에서 우리들의 엄마와 아빠가 낸 세금의 집합체(예산, 공공 자금)가 어떻게 사용되고 있는지에 대해 어렴풋이나마 알 수 있게 되고, 공공 자금은 공정하게 사용되고 또한 책임성 있게 집행되어야 한다는 학습을 하게 된다. 민주주의란 때로 개인의 입장에서 불합리하고 억울하게 느껴지는 냉정한 제도처럼 여겨지기도 하지만, 장기적인 시야와 경험에서 보면 누구에게나 기회와 권한이 평등하게 주어질 수 있는 가능성을 다른 어떤 정치 시스템보다 더 많이 내포하는 것을 알게 된다.

우리나라에서도 소수의 지방자치단체들이 청소년을 위한 참여예산 프로그램을 가동하고 있는데, 이는 바람직한 시도이다. 필요하다면 지역의 여건과 상황을 고려하여 다양한 참여예산 프로그램을 강화하는 것이 좋다. 예를 들면, 노인층이 두터운 지방자치단체의 경우 그와 관련된 특수하고 독특한 참여예산 프로그램을 고안하여 실행할 수 있을 것이다.

끝으로, 미국의 한 고등학교에서 실시한 학교 참여예산의 운영에 관한 사례(미국의 첫 번째 사례)를 간단히 소개하고자 한다. 미국의 애리조나(Arizona)주 피닉스시의 Bioscience라는 공립학교의 어느 교장 선생님(Quintin Boyce)은 자신의 재량으로 결정할 수 있는 학교 예산의 일부를 학생들이 합력해서 사용 용도를 결정하도록 허용(즉, 권한 이양)을 하였다. 교장 선생님은 이 문제와 관련하여 특별한 규칙은 정하지 않았고, 다만 사업(project)의 결정이 학교에 유익한 혜택을 줄 수 있어야 한다는 조건을 달았다. 그 후 학생들은 적극적으로 대화하고 토론을 하면서 자신들에게 가장 필요한 예산 사업이 무엇인지를 결정해 내었다. 학생들은 결과에 대해 만족하였고, 작은 규모이지만 공적 자금(예산)이 어떤 의미를 지니고 또한 어떤 방식으로 사용되는 것이 합리적이고 바람직한지에 대해 학습을 하고 교훈을 얻었다.

# 제5부

# 참여예산 어떻게 하나요?: 가이드북

26. 참여예산 기구
27. 참여예산 사업
28. 집행 모니터링
29. 전체 예산 참여
30. 참여예산 교육

| 절차 | 시행 단계 | 기구 |
| --- | --- | --- |
| 사업 제안 접수 | 사업 공모 | |
| | ⇓ | |
| 참여예산 교육 | 위원 추첨 및 예산학교 | 참여예산위원회 구성<br>연구회 혹은 지원협의회 |
| 지역회의 및 분야별 회의 | ⇓ | |
| 사업 심사 절차 | 사업 심사 | |
| | ⇓ | |
| 주민총회 및 주민 투표 | 사업 선정 | |
| | ⇓ | |
| 전체 예산에 대한 참여 | 예산안에 대한 의견서 제출 | |
| | ⇓ | |
| 집행 모니터링<br>평가 및 개선 방안 토론 | 평가 및 환류 | |

26

# 참여예산 기구

## 참여예산위원회 구성

우리나라 참여예산제도의 핵심 주민 참여 기구는 참여예산위원회이다. 따라서 참여예산위원을 어떻게 뽑고, 임기를 몇 년으로 할지, 위원회의 구성과 기능을 어떻게 정할지에 관한 이슈는 실질적으로 매우 중요하다. 여러 방식의 장 · 단점을 제대로 파악하여 우리 지역 사정에 적합한 체계를 수립해야 한다.

위원은 시민(주민) 누구나 고른 기회를 가질 수 있도록 공모-추첨제 방식으로 선정하는 것이 바람직하다. 임기는 보통 2년, 1회 연임 허용 방식이 많이 사용되고 있다. 충실한 활동을 위해서는 위원회 내에 분과를 두는 것이 바람직하다. 분과는 대체로 사업 분야별로 구성하고 있는데, 이 구성 방식의 단점을 극복하기 위한 대안으로 활동 기능별로 구성하는 것도 합리적이다.

### 1) 참여예산위원 선정

참여예산위원 중 공무원인 당연직 위원을 제외한 위촉직 주민위원은 공모와 추천 방식으로 선정한다. 추천은 단체장과 의회로부터 받는다. 지역에 따라 지역회의에 추천권을 주는 경우도 있다. 공모위원 선정 방식은 추첨제와 심사제로 나눌 수 있고, 두 방식을 혼합하는 경우(1차 자격 심사 후 2차 추첨)도 있다. 대체로 참여예산을 적극적으로 시행하는 지역에서는 시민 참여 확대를 위해 공모-추첨제를 중심으로 위원을 선정하고 있다.

많은 지역에서 위원회 구성 시 성별 균형을 맞추고(한쪽 성 60% 초과 금지 등) 사회적 약자를 우선하는 규정을 두며, 추첨 시 연령, 성, 지역별 안배를 고려하는 등 사회적 대표성 보장을 위해 노력하고 있다.

#### (1) 위원 선정 방식

참여예산위원은 선정 방식에 따라 크게 위촉직과 당연직으로 구분된다. 우리나라의 운영 실정을 감안하여 위촉직을 다시 공모위원과 추천위원으로 나눠 3가지(공모위원, 추천위원, 당연직 위원)로 분류할 수 있다. 일반 시민 대상 공모위원은 다시 신청 접수 후 선정 방식에 따라 추첨제와 심사제로 나눌 수 있다. 추천위원은 보통 자치단체장과 지방의회의 추천으로 위촉한다. 당연직 위원은 대체로 부단체장과 실·국장급 공무원이 맡는다.

적극적으로 참여예산제도를 시행하는 지역에서는 대부분 시민의 주도성 보장을 위해 당연직 위원을 두지 않거나 두더라도 소수에 그치도록 조치한다. 그리고 공모위원이 대부분을 차지하도록 구성하며, 공모위원 선정 방식으로

### 서울시 참여예산위원 개요 및 2017년도 구성 현황

- '시민'의 정의: 참여예산 조례상 시민에 해당해야 참여예산위원이 될 수 있다. 서울시 참여예산 조례는 서울시에 주소를 두고 있는 자는 물론 서울시 소재 기관의 임 · 직원 및 학교 학생까지 시민으로 정의하고 있으며, 국적의 제한도 두지 않는다. 다만, 서울시와 자치구의 공무원 및 산하 기관 직원은 시민에서 제외하고 있다.
- 인원: 총 300명 이내(공모 · 추첨 275명, 시장 · 시의회 추천 25명, 당연직 없음)
  ※ 추천위원으로 사회적 약자(장애인, 다문화 가정 등)를 우선하도록 조례에서 규정
- 임기: 1년(1회에 한해 연임 가능)
- 공모 신청 자격: 조례상 시민에 해당하며, 예산학교를 수료한 자(예산학교 회원)
- 추첨 방식: 연령, 성별, 지역 안배 고려하여 무작위 추첨
- 2017년 구성 현황

| 구분 | 성별 | | 지역(자치구)별 | | 연령별 | | |
|---|---|---|---|---|---|---|---|
| 총원 | 남 | 여 | 최다 | 최소 | 10-30대 | 40-50대 | 60대 이상 |
| 297 | 141 | 156 | 15 | 10 | 84 | 142 | 71 |

는 추첨제를 중심으로 하고 있다. 추첨제는 행정의 임의성을 배제하여 위원 선정의 민주성 및 개방성을 극대화하기 위한 방법이다.

(2) 위원 선정 방식 발전 과제

① 사회적 대표성 강화: 전체 주민 중 무작위 후보 추출

우리나라 참여예산위원회 구성 방식의 가장 큰 취약점이자 비판 대상은 사회적 대표성 부족이다. 현행 시스템이 공모제 중심이다 보니 응모하지 않는 다수 시민을 대변할 수 있는 구성이 어렵다. 이를 보완하기 위해 임의 선정을

배제하는 추첨제를 시행하고, 추첨 시 성별, 연령 등 사회적 균형성을 고려하고 있지만 적지 않은 문제가 발생하고 있다. 예컨대, 애초 공모에 신청한 시민을 대상으로 하기 때문에 행정 프로그램에 적극적 참여 의지와 많은 경험을 갖는 중장년층이 다수를 점하는 현상이 나타난다.

이러한 단점을 극복하기 위해 서울시 성북구는 2016년부터 전체 주민을 대상으로 하는 무작위 추출 방식으로 위원을 선정하고 있다. 여론 조사 기관에 의뢰하여 무작위로 후보자를 추출한 다음 전화 면접을 통해 활동 의사를 확인하고 최종 후보를 선정한다. 최종 후보는 반드시 참여예산학교를 이수해야만 위원으로 위촉될 수 있다.

② 상향식 구성 체계 미흡: 지역회의 대표 선정권 부여

상향식 구성 체계를 갖추지 못하고 있는 점도 문제점으로 지적된다. 지역 및 분야별 회의 등 기층 주민회의에서 대표를 선정하는 구조를 갖추지 못하고, 개인 차원의 공모제를 중심으로 위원을 선발하고 있어 참여예산위원의 다수 주민과의 연계성 및 책임성이 낮다. 위원 중 일부를 지역회의의 추천 몫으로 할당하는 경우는 있지만, 상향식 구성 체계가 중심인 경우는 찾아보기 어렵다. 그런데 읍 · 면 · 동별 지역회의의 시민 참여가 활성화되지 못하고 있는 우리의 실정을 감안할 때, 과도하게 상향식 선정 방식에 의존할 경우 자칫 기존 관변 기득권층이 위원회를 과점하는 현상이 나타날 수 있다. 따라서 공모제, 무작위 추출, 상향식 선정 등 위원 구성 방식별 장 · 단점을 우리 실정에 맞게 적절히 선택 및 혼합해서 활용하는 것이 바람직하다.

③ 사회적 약자 배려 부족: 할당제, 우선권 등

사회적 약자 배려 부족은 위원회 구성 방식에서도 문제가 된다. 지방자치

단체의 조례상 위원 선정 시 사회적 약자를 우선하도록 규정한 경우는 많지만, 실제로는 사회적 약자 참여는 극소수에 불과하다. 사실, 많은 지방자치단체들이 상징적 명분을 취하는 데 급급한 실정이다. 서울시의 경우 조례에 시장 및 시의회 추천 시 청소년, 장애인, 다문화 가정 등 사회적 약자를 우선해야 한다고 규정하고 있지만, 전체 위원 중 장애인이나 이주민 또는 외국인 등이 활동하는 것은 매년 한두 명에 불과하다. 청소년도 추첨 시 우선 선정권을 부여하는 등 참여 확대를 위해 노력하고 있지만, 애초 신청자가 부족하여 극소수 참여에 그치고 있다.

이런 상황에서는 위원으로 선정되어도 해당 집단의 대표성으로 활동하는 것이 아니므로 사회적 약자의 목소리를 제대로 표출하기 쉽지 않다. 사회적 약자 참여가 생색내기나 구색맞추기에 머무르지 않으려면 최소한 해당 집단별 '권리'로 할당되는 위원 수가 복수로 보장되어야 한다. 나아가 이러한 사회적 약자 할당위원의 지지 기반 겸 활동 모니터링 역할을 할 수 있는 해당 집단별 시민 논의체 구성이 필요하다.

이 문제에 관한 한 수원시의 청소년참여위원회가 대표적 모범 사례로 손꼽힌다. 수원시는 참여예산 조례에 별도의 청소년위원회 설치를 명시하고, 청소년 예산학교와 참여예산 사업 등 독립적인 프로그램을 운영하고 있다. 다만, 여러 집단마다 이렇게 별도의 체계를 운영하는 것은 효율적이지 못할 가능성이 높기 때문에 사회적 약자 할당제나 우선권, 가산점 등 적극적 우대 정책을 취하는 방향으로 개선해 가야 할 것으로 판단된다.

### (3) 위원 임기 및 연임 기한

참여예산위원의 임기를 어느 정도 기간으로 책정하는 것이 타당한지(적정 임기 문제)에 관해서는 여전히 논란이 많다. 임기 2년에 1회 연임 허용으로 규정하는 경우가 보편적이지만, 참여예산위원의 권력화 방지와 더 많은 시민의 참여 기회 보장을 위해 임기를 1년으로 정한 경우도 있다.

다만, 임기가 너무 짧은 경우 위원들이 활동 경험을 충분히 축적하지 못하여 시민 역량 강화 효과가 떨어지고 운영의 비효율성이 높아질 우려가 있다. 따라서 단순히 위원이 될 수 있는 기회를 넓히는 데 초점을 두기보다 위원 이외에도 실질적 참여가 가능하도록 참여 통로를 다양화할 필요가 있다. 특히, 위원회에 권한이 과도하게 집중될 경우 주민들 사이에서 위원이 되어야만 의미 있는 참여를 할 수 있다는 인식이 생길 수밖에 없다. 그러므로 근본적인 문제 해결을 위해서는 권한의 분산에 초점을 두는 것이 바람직하다.

**【서울시 사례: 임기 1년, 자동 연임 없음】**

서울시의 경우는 다소 특이하다. 현재 임기 1년에 1회 연임을 허용하고 있지만, 2017년부터 자동 연임제를 없애고 매년 원점에서 추첨을 실시하고 있다. 다시 말해서, 특정 위원이 1년 임기를 마치고 연임 의사를 가지고 있다고 해서 자동적으로 연임이 되지는 않는다. 부연하면, 작년에 위원직을 수행한 시민이 올해 운 좋게 추첨에 당첨이 되어야만 1년 더 위원직을 수행할 수 있다. 현재 서울시는 시민의 위원 참여 기회를 넓히는 데 중점을 두고 있다. 다만, 이러한 방식은 서울시와 같이 참여예산위원 희망자가 많은 조건이 갖추어졌을 때 가능하다. 현실적으로 많은 지역에서는 참여예산위원 신청자가 부족하여 매년 새로운 인물을 충원하기가 어려운 문제에 직면하고 있는데, 이러한 상황에서는 이 방식을 선호하더라도 채택하기 어렵다.

### 2) 분과위원회 구성

참여예산제도를 적극적으로 시행하는 지역은 모두 참여예산위원회 내에 분과위원회를 두고 있다. 가장 큰 이유는 참여예산이 일회성 행사(회의)가 아닌 한, 참여예산과 관련된 모든 주제와 사안을 전체회의에서 논의 결정하는 것이 불가능하기 때문이다. 지금까지 분과위원회는 대체로 사업 분야별로 구성하는 경향이 많았다. 최근에는 이러한 분과 구성 방식이 시민 제안 사업 심사에 편중된 활동을 가중시키는 요인 중 하나라는 인식이 고조되면서 기능별 구성 방식이 대안으로 대두되고 있다.

(1) 분과 구성 방식

현재 참여예산위원회의 중심 기능이 시민 제안 사업의 검토 · 심사에 있는 만큼 분과 구성 방식은 대체로 예산 편성 소관 부서 또는 의회 상임위원회 편제에 준해 이루어지고 있다. 분과위원회를 사업 분야별로 구성하는 방식이 안고 있는 가장 큰 단점은 참여예산위원의 활동이 시민 제안 사업 심사에 몰두한 나머지 그 밖의 참여예산 활동에 대한 관심과 여력이 크게 떨어진다는 것이다.

시민 제안 사업에 대한 심사 및 선정 절차는 통상 3월경에 제안 접수를 시작해서 9-10월경에 최종 선정을 하고 있다. 이는 사실상 상당히 촉박한 일정 운영이다. 그런데 현실적으로 대다수 시민의 주된 관심사가 애초부터 시민 제안 사업의 예산 편성에 쏠리는 경향이 큰데, 이러한 상태에서는 참여예산위원회의 기능 자체가 사업 심사를 위한 분야별 분과위원회 활동에 집중되는 쏠림

2017년도 서울시 민관예산협의회 분야별 구성 현황

| 민관예산협의회 | 간사 부서 | 소관 실 · 본부 · 국 |
|---|---|---|
| 여성 | 여성정책담당관 | 여성가족정책실, 평생교육정책관 |
| 경제 · 일자리 | 경제정책과 | 경제진흥본부, 일자리노동정책관, 서울혁신기획관, 정보기획관 |
| 복지 | 복지정책과 | 복지본부, 시민건강국, 행정국, 재무국 |
| 교통 | 교통정책과 | 도시교통본부 |
| 문화 | 문화정책과 | 문화본부, 시민소통기획관, 기획조정실, 서울도서관 |
| 환경 | 환경정책과 | 기후환경본부, 물순환안전국 |
| 관광체육 | 관광정책과 | 관광체육국 |
| 도시안전 | 안전총괄과 | 안전총괄본부, 소방재난본부, 비상기획관, 도시기반시설본부 |
| 주택 | 주택정책과 | 주택건축국, 도시재생본부, 도시계획국, 지역발전본부,<br>도시공간개선단, 상수도사업본부 |
| 공원 | 공원녹지정책과 | 푸른도시국, 한강사업본부 |
| 협치 | 민관협력담당관 | 시정협치형사업 심사 |

현상이 나타나기 십상이다. 그 결과 시민 제안 사업 이외의 예산 전반에 대한 참여 활동이 소홀하게 되는 것은 당연지사이다.

(2) 기능별 분과

앞서 지적한 분과 구성 문제를 인식한 일부 지방자치단체는 분과위원회를 사업 분야 대신 활동 기능별로 구성하거나 양자를 혼합하여 구성하고 있다. 이러한 접근 가운데 일부는 참여예산의 처음 단계에서부터 전체 예산에 대한 참여 활동을 고유 기능으로 하는 분과위원회를 별도로 설치하는 등 분과위원회 구성 방식을 크게 변화시키고 있다. 이를 통칭 '기능별 분과위원회'라 한다. 예컨대, 시흥시가 기획홍보 · 정책예산 · 지역예산의 3개 분과를 설치한 것이나, 서울시가 2017년부터 분과위원회를 크게 사업 심사 기능을 담당하는 '민관

**2018년도 서울시 참여예산위원회 분과 구성 체계**

| 분과명 | 구성 | 주요 기능 |
|---|---|---|
| 민관예산협의회 (10개 분야) | 총 200명 내외: 10개 분야별 구성 | • 시정참여형 사업 심사<br>• 지역참여형 사업 적격 심사 |
| 온예산분과 (5개 분과) | 총 75명 내외: 5개 분야별 분과 구성 | • 온예산 참여(시민 참여 결산, 전체 예산안 검토 의견 등)<br>• 참여예산 사업 집행 모니터링<br>• 예산 낭비 신고 검토, 시민성과금 심사 등<br>• 자치구 참여예산제도 평가 |
| 홍보 · 교육분과 (1개 분과) | 총 25명 내외: 제도 홍보 및 시민 교육 전문 독립 분과로 구성 | • 참여예산 홍보 콘텐츠 제작, 자료 수집<br>• 각종 행사에 참여예산 사업 홍보<br>• 교육 모니터링 등 |

예산협의회'와 예산 전반에 대한 참여 및 제도 홍보 등을 담당하는 '기능분과'로 나누어 구성한 것이 그에 해당한다.

## 지역회의와 분야별 회의

지역회의와 분야(의제)별 회의는 각각 해당 지역과 분야별로 주민의 의견을 수렴하고 논의 · 결정하는 참여예산 기구이다. 아직 우리나라의 참여예산제도에서는 분야별 회의가 거의 시행되지 않고 있고, 읍 · 면 · 동별 지역회의도 참여예산에 적극적인 소수의 자치단체에서만 운영되고 있다.

읍 · 면 · 동별 지역회의 구성 방식은 크게 개방형과 위원회형으로 나눌 수 있다. 개방형은 고정된 구성원 없이 개최 정족수만 두고, 주민 누구나 참여할 수 있도록 허용하는 방식이다. 양자 혼합형(일정한 위원은 두되, 모든 주민의 참여 및 의결권 보장)도 가능하다.

서울 은평구 동별 참여예산회의 개요

| 구분 | 개요 | 비고 |
|---|---|---|
| 명칭 | 동 참여예산위원회 | |
| 인원 | 50명 이내 | 직능단체 회원 1/2 미만 |
| 운영 시기 | 상시 운영 | 주민 누구나 참석 가능 |
| 의결 요건 | 동 위원 과반수 참석, 과반수 찬성 | 일반 주민 참여자에게도 의결권 부여 |
| 기능 | • 지역 의제 설정 및 지역 문제 해결 위한 의견 수렴<br>• 지역 의제 추진 위한 예산 관련 사항 논의 및 의결<br>• 주민 제안 사업 발굴 및 관급공사에 대한 의견 제시 | 은평구는 관급공사 시행 시 지역회의 의견 수렴을 의무화하고 있음 |
| 특징 | • 동 회의 자체 운영 계획 수립<br>• 동 회의 운영비 지원 | 동별 운영비 지원 규모(2017): 약 230만 원 |

지역회의의 권한과 기능은 다양한데, 핵심은 자체 참여예산 사업 및 참여예산위원 선정권 여부에 있다. 권한이 가장 강한 유형은 동별 참여예산 사업을 별도로 두어 지역회의에 독자적 선정권을 부여하고, 참여예산위원 중 지역회의 추천 몫을 보장하는 경우이다. 반면에 권한이 가장 약한 유형은 단순히 주민 의견 수렴 기능만 수행하는 경우이다.

### 1) 지역회의 구성

지역회의는 통상 기초 행정 구역 단위(읍 · 면 · 동)로 구성한다. 산하에 행정구가 있는 대도시나 광역자치단체는 행정구별, 기초자치단체별 등 지역 특성에 맞게 지역회의를 두기도 한다. 주민 참여 저조 등으로 인해 모든 읍 · 면 · 동별로 지역회의를 구성하는 것이 어려울 경우 권역별로 지역회의를 구성할 수도 있다.

(1) 지역회의 구성 방식

읍 · 면 · 동별 지역회의 구성 방식은 크게 개방형 방식과 정원제 방식의 두 유형으로 나뉜다. 개방형 방식은 고정된 구성원을 두지 않고 회의마다 일정 수 이상의 주민이 모이면 지역회의가 구성되는 것으로 규정하는 형태이다. 이것은 주민의 자유롭고 편리한 참여를 보장하고, 참여자의 확대 가능성을 높이는 장점을 지닌다. 정원제 방식은 일정 수의 주민위원을 위촉하여 이들로 지역회의를 구성하는 형태이다. 이 방식은 주민의 자유로운 진 · 출입은 어려운 반면 위원의 책임성과 활동의 집중성을 높이는 장점이 있다.

(2) 지역회의 권한과 기능

지역회의의 권한과 기능도 지방자치단체마다 차이가 있다. 우선 법적 근거 여부를 보면, 조례에 지역회의 설치 근거 규정을 두는 경우와 조례에는 규정하지 않고 운영 계획에 따라 구성하는 경우가 있다. 지역회의 기구의 중요성을 고려할 때 지역회의 설치 근거 규정은 조례에 명시하는 것이 바람직하다. 다만, 구체적인 구성과 운영에 관한 사항은 기구의 탄력적 · 효율적 운영을 위해 조례에 세부 규정을 두기보다 운영 계획에 반영하는 것도 고려할 만하다. 이 경우 지역회의의 구성과 운영 계획에 대한 민관 공동 논의를 충실히 하여 행정 편의적 계획을 방지해야 한다.

① 동별 참여예산 사업 선정권

지역회의의 권한은 주로 참여예산 사업비 배분 방식에 따라 큰 차이가 난다. 지역별 사업비를 책정하는 경우 지역회의는 해당 사업에 대한 심사 및 선정권을 갖게 되므로 권한이 강해진다. 이와 달리 지역회의는 해당 지역 사업 제안을 발굴하고 후보 사업을 선정하는 권한에 그치고, 최종 결정권을 지방자치단체 단위의 참여예산위원회에 부여하는 경우도 있다. 이 경우 지역회의는 제한적 권한을 갖게 된다.

② 동별 참여예산위원 선정 내지 추천권

지역회의 권한의 또 다른 중요한 부분은 참여예산위원 선정 또는 추천권과 관계된다. 참여예산위원회 구성 시 지역회의별 추천위원을 두어 지역회의를 대표하는 위원 몫을 보장하는 경우와 그렇지 않은 경우가 있다. 지역회의 추천위원을 두는 경우 지역회의의 권한 강화에는 도움이 되지만, 이들 추천위원이 자신을 읍 · 면 · 동별 대표자로 인식하는 탓에 '소지역 이익 대변' 경향이 생기는 부작용이 있을 수 있다.

(3) 지역회의 활성화 방안

지역회의 활동을 활성화하고 주민 참여를 확대하기 위해서는 지역회의에 실질적 권한을 부여하여 참여한 주민들이 효능감을 느낄 수 있도록 만들어 주어야 한다. 그리고 지역회의 위원 외에 가급적 많은 주민들이 함께할 수 있는 프로그램을 필수적으로 연계시키는 노력이 필요하다.

(4) 다른 주민참여제도(마을계획 등)와 연계

동별 참여예산회의는 마을계획단 등 다른 주민 참여 기구와 유사성이 많다. 동네에 필요한 사업 제안 발굴 등 주민 의견 수렴 기능이 비슷하고, 실제 참

**【지역회의 활성화 방안 예시】**

- 동별 참여예산 사업 결정권 부여: 동별로 일정한 규모의 사업비를 배정해 자체 결정하도록 권한 부여
- 동별 참여예산위원 추천권 부여: 동별 참여예산위원 추천권을 부여하거나 해당 동 참여예산위원이 반드시 동별 회의에도 참여하도록 하는 등 참여예산위원회와 동별 회의 간 연계 강화
- 타운홀 미팅, 주민총회 등 일반 주민 참여 프로그램 강화: 소수 위원에게 권한 집중되지 않도록 최종 결정 시 주민총회를 거치도록 하여 일반 주민의 실질적 참여 권한을 보장
- '동네 한 바퀴' 등 적극적 주민 의견 수렴 프로그램 강화: 적극적으로 동네 현안을 파악하고 주민 의견을 수렴하는 프로그램을 시행하여 찾아가는 주민 참여 기제로 활용

**수원시 '3일간의 동네 유람' 프로그램**

| 일정 | 구분 | 내용 |
|---|---|---|
| 첫째날 | 우리 동네 알기<br>(동 주관) | • 동 유래 및 지역 현황, 지역 현안 사업 알기<br>• 우리 동네 주민참여예산 추진 사례 공유 |
| | 설명회<br>(지역회의) | • 예산 제안 설명회 개최<br>- 주민참여예산제 홍보 동영상 상영<br>- 주민참여예산제도 소개 및 사례 설명<br>- 참여예산 제안 방법 및 예산제안서 접수 안내 |
| 둘째날 | 동네<br>한 바퀴 | • 우리 동네 생활 현장 및 취약 지역 탐방<br>- 탐방하며 우리 지역에 필요한 사업 발굴 |
| 셋째날 | 총회 | • 다수 주민의 공동 예산 제안 사업 발굴 및 토론 |

여자도 겹치는 경우가 적지 않다. 그러므로 이러한 주민참여제도를 각각 분리해서 운영하기보다 긴밀히 연계 내지 통합 운영하는 방안을 모색할 필요가 있다. 앞으로 주민자치회가 활성화되면 이러한 필요성은 더욱 높아질 것이다.

일부 지역에서는 이미 동 참여예산회의와 마을계획을 연계 · 통합하는 시도를 하고 있다. 서울 성북구는 2015년부터 동별 참여예산회의와 마을계획을 사실상 통합해서 만든 '마을심사단' 제도를 운영하고 있다. 성북구가 동별로 참여예산 사업비를 배정하고, 동별로 주민 20명 이상으로 구성되는 마을심사단이 동별 시민 제안 사업을 심사할 수 있는 권한을 갖는다. 마을심사단은 후보 사업을 선정한 다음 그것을 주민 누구나 참여할 수 있는 동 주민총회에 상

성북구 참여예산 사업 운영 절차도

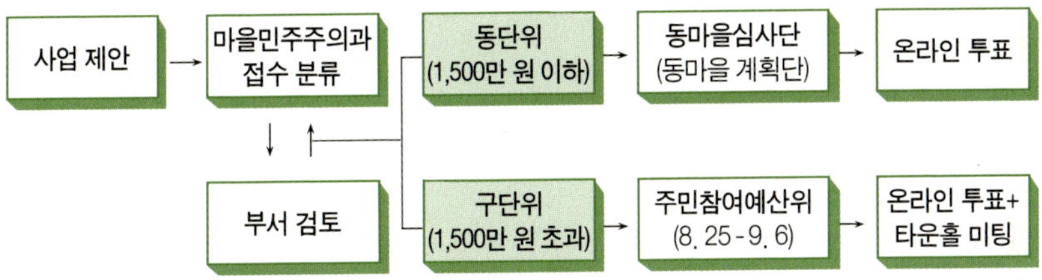


**【성북구 마을심사단 개요】**

- 역할: 제안 사업 제출 전 서류 심사 및 토론 주민총회에 상정할 동단위 사업 결정(우선순위 포함)
- 임기: 1년, 1회에 한하여 연임
- 정원: 동별 20명 이상(제안자 별도)
- 심사 대상: 마을민주주의과에서 송부한 동단위 사업 일체
- 심사 기간: '17. 8. 10 - 8. 19(기간 내 실시)
- 성립 요건: 재적 과반수 위원이 출석하고 심사 대상 건수가 4건 이상
  ※ 주민참여예산위원 임기 준용, 위촉한 날로부터 시작
- 결정 사항: 총회에 상정 사업 5건 이내로 심사 결정

정하며, 사업은 최종적으로 투표에 의해 결정된다.

기존 마을계획 과정에 의해 마을총회를 개최하는 동의 경우 별도의 참여예산 총회를 열 필요 없이 마을총회로 가름하면 된다. 마을심사단이 마을총회 상정 사업을 선정할 때에는 주민자치위원회와 협의해야 한다. 성북구는 이러한 방식을 통해 참여예산-마을계획-주민자치위원회 간의 연계성과 효과성을 높이는 창의적 노력을 하였다.

(5) 분야(의제)별 회의

분야 또는 의제별 회의가 필요하다는 사실은 참여예산제도의 시행 초기부터 대두되었다. 하지만 아직까지 분야별 회의가 지역회의처럼 활발히 운영되고 있는 지방자치단체는 없는 것으로 파악된다.

분야별 회의는 지역회의와 달리 분야별 · 의제별로 시민사회 또는 당사자 그룹이 중심을 이루어 운영하는 특성을 지닌다. 지금까지는 우리나라의 실정상 그러한 그룹의 참여예산제도에 대한 관심이나 준비 정도가 부족하고, 행정 또한 별다른 노력을 기울이지 못하고 있다. 하지만 주민 참여 활성화와 새로운 시민 제안 발굴을 유도하기 위해서는 분야별 회의는 반드시 강화되어야 할 참여예산의 영역이다.

일부 지방자치단체에서는 청소년회의, 노인 참여예산과 같이 특정 계층에 초점을 두는 참여예산 회의를 운영하고 있다. 이러한 시도를 여러 분야와 계층에 걸쳐 확산할 경우 차츰 분야별 회의의 토대와 내용이 형성될 수 있을 것이다. 수원시의 경우 2012년부터 참여예산 조례에 청소년위원회 설치 규정을 명시하고, 이후 지속적으로 청소년들의 의견 수렴과 독립적인 의사 결정

### 2017년도 수원시 청소년 참여예산위원회 운영 일정

| 일시 | 과정명 | 진행 내용 | 비고 |
|---|---|---|---|
| 2017. 4. 14(금)<br>(18:30-21:00) | 청소년 예산학교<br>(1차) | • 인사 및 모둠나누기<br>• 위촉장 수여<br>• 주민참여예산의 이해 | 시 중회의실 |
| 2017. 4. 15(토)<br>(09:00-17:00) | 청소년 예산학교<br>(2차) | • 청소년 인권 교육<br>• 효율적인 회의 진행 요령<br>• 수원시 청소년 사업 소개<br>• 청소년 예산 사업의 이해 및 질의 토론 | 시 중회의실 |
| 2017. 5. 13(토)<br>(10:00-16:00) | 청소년 참여예산<br>상상 워크숍 | • 청소년 의견 수렴 활동 계획<br>• 청소년 시설 등 현장 활동<br>• 청소년 사업 발굴 토론 활동 | 청년바람지대<br>및 현장 활동 |
| 2017. 5. 15-<br>6. 2(3주간) | 청소년 의견<br>수렴 활동(4-8회) | • 청소년 제안 설명회 및 의견 수렴 활동<br>(제안서 접수) | 청소년 기관<br>및 각 학교 |
| 2017. 6. 3(토)<br>(09:00-12:00) | 청소년위원회 회의<br>(1차) | • 모둠별 제안 사업 분류 및 검토<br>• 모둠별 활동 발표<br>• 청소년 예산 정책 제안 토의 | 시 중회의실 |
| 2017. 7. 15(토)<br>(09:00-12:00) | 청소년위원회 회의<br>(2차) | • 제안 사업 우선순위 결정<br>• 청소년 제안 발표 주제 선정 | - |
| 2017. 8. 4(금)<br>(10:00-17:00) | 청소년위원회 회의<br>(3차) | • 청소년 예산 발표 주제 모의발표<br>• 시의회 방문 견학(시의원 만남) | - |
| 2017. 8월 둘째 주<br>(14:00-18:00) | 시장님과 함께하는<br>청소년 제안 발표회 | • 청소년 정책 과제 및 활동 성과 발표<br>• 시장님과의 대화<br>• 청소년위원회 활동 평가 | 청소년문화센터<br>(은하수홀) |

절차를 운영하고 있다.

## 연구회 혹은 지원협의회

참여예산연구회 또는 지원협의회는 참여예산제도 운영 과정의 민관 협력 기구로 볼 수 있다. 이 기구는 통상 참여예산 전문가와 참여예산위원회 대표, 지역 시민사회 단체, 담당 공무원 등으로 구성된다. 기구의 주된 기능은 참여예산제도 운영 모니터링 및 발전 방안 제시, 시민 교육 등 주민 참여 활성화 방안에 관한 자문 내지 기획 · 주관, 기타 참여예산위원회 활동 지원 등이다.

서울시 등에서는 전문가 자문 기구 성격이 강한 '연구회' 대신 '지원협의회'로 명명하고, 예산학교 주최 등 실질적 권한을 부여하였다. 그리고 지원협의회의 운영 과정과 내용 등에 관한 전반적인 사항을 민관 공동 논의로 추진하고 있다.

### 1) 연구회(지원협의회) 운영 현황

현재 연구회(지원협의회)를 운영하고 있는 지방자치단체들은 그다지 많지 않다. 2017년 말 기준(행정안전부 내부 자료)으로 전국의 지방자치단체 중 연구회를 운영하는 곳은 26개 단체에 불과한 것으로 파악된다. 일부 지역의 경우 실제로는 연구회 성격의 기구를 운영하고 있음에도 불구하고 명칭이 달라서 조사 결과에 포함되지 않은 것으로 추측되지만 이들을 반영하더라도 연구회(지원협의회)를 운영하는 지방자치단체는 전국적으로 30곳 이내인 것으로 보인다.

### 2) 연구회 구성 및 기능

연구회는 대체로 전문적 자문위원회 성격으로 운영되고 있기 때문에 구성원은 통상 재정 및 주민 참여 관련 전문가와 시민단체 활동가가 주축이 되는 경우가 많다. 지방자치단체에 따라서는 여기에 지방의원, 참여예산위원회 대표, 담당 공무원이 연구회에 추가적으로 참여하고 있다.

**【2017년도 수원시 연구회 구성 및 기능】**

- 구성(조례 제23조)
  - 20명 이내
  - 위원회 위원장, 예산 관련 전문가, 시민단체 관계자, 기타
- 기능(권한)
  - 주민참여예산제 운영 조례 개정 연구 및 제도의 역기능 해소 방안 강구
  - 시의회와의 원활한 협조 방안 모색, 주민참여예산제 평가 및 개선 방안 건의
- 2017년 운영 결과(총 4회 운영)
  - 1차 회의: 2017 주민참여예산제 운영 계획(안) 논의
  - 2차 회의: 수원형 주민참여예산제 발전 토론회 계획 논의
  - 3차 회의: 수원형 주민참여예산제 제도 개선 방안 논의
  - 4차 회의: 주민참여예산제 평가 토론회 세부 운영 및 운영 조례 개정(안) 논의

### 3) 연구회(지원협의회) 발전 방향: 서울시 지원협의회

일부 지방자치단체(예컨대, 서울시)에서는 연구회가 상대적으로 강한 권한과 기능을 갖고 있는데, 이 경우 연구회의 구성 방식이 약간 다르다. 서울시 지

원협의회의 경우 참여예산위원회 분과위원장들이 참여하여 사실상 참여예산제 운영 과정 전반의 민관 협의 운영위원회와 같은 성격으로 운영하고 있다.

**【2018년도 서울시 지원협의회 구성 및 기능】**

- 구성
  - 인원 구성: 30명
    - 예산전문가(5), 시민단체(3), 참여예산위원(16), 협치위원(2), 시의원(1), 공무원(3)
  - 임원: 회장 1, 부회장 1(임기 1년, 1회에 한해 연임)
  - 임기: 2년(1회에 한해 연임)
    - 참여예산위원은 조례상 위원 임기 규정에 따름(임기 1년)
- 기능
  - 시민참여예산 운영 계획 수립, 시민참여예산제도 운영에 따른 지원
  - 시민참여예산제도 관련 국내외 참여예산제도 연구
  - 시민참여예산제도 운영에 관한 의견 제시 및 자문
  - 예산학교 운영 및 조례에 대한 의견 제시
  - 참여예산제 홍보, 예산 관련 토론회 · 공청회 · 워크숍 개최 등에 대한 활동
- 2017년 운영 실적: 총 20회 개최

27

# 참여예산 사업

## 사업 접수 및 행정 검토

우리나라의 참여예산 사업은 주로 개별 제안을 공모하여 참여예산위원회의 심사를 거쳐 선정되고 있다. 최근에는 개별 제안을 벗어난 시민 제안 방식이 확산되고 있으며, 최종 결정권을 시민 모두가 함께 행사하는 주민 투표 방식 등도 많이 도입되어 있다.

참여예산 사업의 운영 과정은 크게 접수–심사–결정 단계로 나눌 수 있다. 주로 쟁점이 되는 부분은 행정 검토의 권한과 방식, 참여예산위원회의 공정하고 충실한 심사를 위한 방안들, 참여예산위원 외 시민 참여 심사 방식, 최종 결정 방식과 참여 범위 등이다.

서울시 성북구의 사업제안서 양식

| 주민 제안사업 신청서 | | |
|---|---|---|
| ◈ 제안 대표자 인적사항 | | |
| 성명(단체명) | 주 소 | 연 락 처 |
| | | |
| ◈ 제안사업 | | |
| 사 업 명 | | |
| 사 업 위 치 | | |
| 제 안 사 업<br>내 용 | | |
| 필 요 성<br>기 대 효 과 | | |
| 소 요 예 산 | | |

### 1) 시민 제안 공모 · 접수

시민 제안 공모는 보통 3월을 전후로 해서 1개월 내외의 기간 동안 실시되고 있다. 최근에는 특정 시기가 아닌 연중 상시 접수가 바람직하다는 의견을 받아들여 접수 창구를 늘 열어 놓는 지역이 늘었다. 상시 접수의 경우 정기 공모 이후에 들어온 제안은 대부분 다음 해의 심사 과정에 상정된다.

(1) 제안 자격

원칙적으로 제안 자격에는 어떠한 제한도 두지 않는 것이 바람직하지만, 조례상 규정이나 정책적 판단에 따라 제안 자격에 제한을 두는 경우도 없지 않다. 서울시의 경우 조례상 시와 자치구의 공무원을 참여 자격이 있는 '시민'에서 제외하고 있다(따라서 이들은 사업 제안 자격도 없다). 또한 시민인 경우에도 2016년까지는 개인에게만 제안 자격이 부여되었으나, 이는 2017년도 조례 개정에 의해 단체에도 개방되었다.

일부 지역에서는 개인 제안인 경우 일정 수 이상 연명을 받아야 접수가 가능하도록 하고 있다. 서울 성북구의 경우 동 단위 사업은 3인 이상, 구 단위 사업은 10인 이상 연명해야 제안할 수 있다. 서울시에서도 개인이 시정협치형 사업을 제안하고자 할 때는 3인 이상 연명해야 한다. 이처럼 제안 자격을 개인이 아닌 복수의 주민으로 하는 것은 혼자만의 생각이 아닌 여러 사람의 의견 교환과 동의에 의한 공동체적 내용(사안)을 지향하기 때문이다.

(2) 제안 방식

대체로 일정한 제안서 양식을 제시하고, 이 제안서를 작성하여 서면 접수하는 것을 원칙으로 하고 있다. 접수 창구는 지방자치단체 홈페이지를 통한 온라인 접수를 기본으로 하되, 우편 및 방문 접수도 가능하다. 서울시의 경우 접수된 제안은 즉시 홈페이지에 게시되어 누구나 열람할 수 있고, 제안에 대해 '좋아요'로 동의를 표시하거나 댓글 의견을 달 수 있다.

### 2) 제안 사업에 대한 행정 검토

접수된 시민 제안 사업은 소관 부서별로 배분되어 행정 검토 과정을 거치게 된다. 행정 검토의 중점은 적격성과 사업 타당성 여부에 있다. 적격성 검토

### 2018년도 서울시 시정참여형 사업 부적격 기준

- 지방자치법, 지방재정법, 그 밖의 예산 편성에 관하여 규정된 법령을 위반하는 사업
- 이미 설치 운영 중인 시 또는 자치구 시설에 대한 운영비의 신규 또는 증액 요구 사업
- 단년도 사업이 아닌 계속 사업
  ※ 계속 사업: 공사나 제조, 그 밖의 사업으로 그 완성에 수년을 요하는 사업
- 기타 예산 편성 기준과 절차를 피할 목적으로 제안된 사업
  ※ 학술 용역 심의, 민간 위탁 동의 등 법정 사전 절차 미이행한 경우 제외
  (단, 참여예산 사업 선정 후 시의회 예산안 제출 전까지 절차 이행한 경우는 가능)

는 법적 문제의 여부와 자체 참여예산 사업 적격 기준에 대한 위배 가능성 여부를 중심으로 진행된다. 타당성 검토는 적격 사업을 대상으로 사업의 효율성, 효과성 등이 충분한지를 검토하는 과정이다.

(1) 적격성 검토

적격성 검토 결과는 적격과 부적격으로 판단된다. 부적격으로 판단될 경우 통상 해당 사업 제안은 아예 심사 자체에 회부되지 않는다. 참여예산 사업으로 추진할 수 없다고 판단하기 때문이다. 그런데 이러한 판단을 행정 부서에서 최종적으로 결정하게 되면, 자칫 시민 참여의 취지가 훼손되고 행정 편의적 운영으로 전락할 수가 있다. 따라서 최종 결정은 참여예산위원회 등 시민의 역할에 맡기는 것이 바람직하다. 일반적으로 참여예산제도를 적극적으로 시행하는 지방자치단체들은 행정 검토 결과 부적격으로 판단한 사업이라도 제안 내용 및 부적격 판단 사유를 참여예산위원회에 보고하고, 최종 결정권을

2017년도 성북구 행정 검토 의견서

## 부서 검토 의견

<table>
<tr><td colspan="6">◆ 제안자 No.</td></tr>
<tr><td>성 명</td><td colspan="2"></td><td>전화</td><td colspan="2"></td></tr>
<tr><td>주소</td><td colspan="2"></td><td>E-mail</td><td colspan="2"></td></tr>
<tr><td colspan="6">◆ 주민 제안 사업 내용</td></tr>
<tr><td>사업명</td><td colspan="2"></td><td>소요 예산</td><td colspan="2">○○○백만 원</td></tr>
<tr><td>위치</td><td colspan="5"></td></tr>
<tr><td>제안 사업<br>내용</td><td colspan="5"></td></tr>
<tr><td>제안 취지</td><td colspan="5"></td></tr>
<tr><td colspan="6">◆ 사업 부서 검토 의견</td></tr>
<tr><td>사업 개요</td><td colspan="5"></td></tr>
<tr><td>소요 예산</td><td colspan="2">백만 원</td><td>사업 기간</td><td colspan="2"></td></tr>
<tr><td>법령 · 조례 등<br>저촉 여부</td><td>해 당( )<br>해당없음( )</td><td colspan="4">※ 저촉 사유:</td></tr>
<tr><td>부적격<br>심사 기준<br>해당 여부</td><td>해 당( )<br>해당없음( )</td><td colspan="4">※ 부적격 사유:</td></tr>
<tr><td>사업성 평가<br>(타당성, 시급성, 사업 효과, 수혜 범위 등)</td><td colspan="5"></td></tr>
<tr><td>종합 검토 결과</td><td colspan="2">적절 ( )</td><td colspan="3">부적절 ( )</td></tr>
<tr><td rowspan="2">검토<br>기관</td><td>기관명</td><td></td><td rowspan="2">검<br>토<br>자</td><td>확인자(부서장)</td><td>(서명)</td></tr>
<tr><td>부서명</td><td></td><td colspan="2">작성자: 팀장 담당 (Tel. )</td></tr>
</table>

위원회에 부여하고 있다.

#### (2) 타당성 검토

일반적으로 타당성 검토 결과는 적정과 부적정 또는 타당성 높음과 낮음으로 판단된다. 그런데 타당성 검토 결과는 사업의 추진 여부를 판단하는 것이 아니고, 참여예산위원회의 심사 과정에 참고 의견으로 제출되는 성격(위상)을 지닌다. 행정(공무원)의 전문적 검토 의견을 제시해 줌으로써 시민들이 보다 질 높은 사업을 선정할 수 있도록 도와주는 역할을 수행한다. 서울시의 경우 홈페이지에 제안 사업마다 행정 검토 결과 내용은 물론 담당 부서와 담당자명, 연락처를 공개하여 더욱 책임감 있게 검토하도록 독려하고 있다.

#### (3) 행정 검토 유의사항

① 부적격 최소화

적격성 검토는 사업 추진 불가 여부를 판단하는 것인 만큼 엄격하게 검토하되, 최대한 제안자에게 유리하게 판단하여 부적격 사업을 최소화하는 것이 바람직하다.

② 적격 심사 최종 결정권

검토 결과 부적격 사업으로 판정이 나더라도 그것을 행정이 임의적으로 제외해서는 안 된다. 가능하면 참여예산위원회에 제안 내용과 부적격 판단 사유를 설명하고, 최종 결정권은 시민에게 부여하는 것이 바람직하다. 다만, 법규 등 객관적 요소에 의해 예산 편성 및 집행이 절대 불가능하다고 판단될 경우 지방자치단체는 그 대상을 최소화하여 재결정 가능 대상에서 제외시킬 수 있을 것이다. 이때에도 관련 내용은 투명하게 공개해야 한다.

③ 타당성 검토 구체적 설명

타당성 검토는 소관 부서의 의견으로 참여예산위원회를 구속할 수 없는 참고 사항에 해당하지만, 실제로는 시민위원들에게 상당히 큰 영향을 미친다. 그러므로, 특히 부적정 또는 타당성 낮음과 같은 의견이 제시될 경우 관계 공무원은 최대한 구체적으로 그 사유를 설명하여 합리적 심사가 진행될 수 있도록 도움을 주어야 한다.

④ 행정 검토 투명한 공개

행정 검토 결과를 시민 모두에게 투명하게 공개하여 행정 검토의 책임성을 높여야 한다. 결과의 공개뿐 아니라 검토 과정에서도 담당자가 참여예산 사업의 취지 등을 이해하지 못해 부적절한 검토나 착오를 하지 않도록 참여예산제도 운영 담당이 중간 과정을 잘 점검해야 한다.

## 참여예산위원회 심사

### 1) 참여예산위원회 심사 과정

참여예산위원회 심사는 보통 서면 심사, 제안자 설명 청취, 현장 확인 등으로 구성된다. 순서대로 보면, 대체로 적격 심사 → 1차 선정(서면 심사) → 제안자 설명 청취 → 현장 확인 → 종합 심사(제안자 설명 및 현장 확인 등 종합 심사)의 차례로 진행된다. 참여예산제도를 적극적으로 시행하고 있는 지방자치단체에서는 심사의 충실성과 숙의 정도를 높이기 위해 처음 제안된 내용을 발전시키는 구체화 숙의 과정(deliberation process)을 추가하여 운영하기도 한다.

2017년도 성북구 심사기준표

# 주민참여예산사업 심사기준표

○ 사업명 : ____________________

○ 심사자 : __________

〈평가표〉

| 항목 | 평가지표 | 배점 | | | | | | | 점수 |
|---|---|---|---|---|---|---|---|---|---|
| | | | 1 | 2 | 3 | 4 | 5 | | |
| 필요성 | 이 사업은 주민 편의와 효과 등을 감안할 때 꼭 필요한 사업입니까? | 그렇지 않다 | | | | | | 그렇다 | |
| 시급성 | 이 사업은 내년에 바로 해야 하는 시급한 사업입니까? | 그렇지 않다 | | | | | | 그렇다 | |
| 공공성 | 이 사업은 공익 목적 달성이나 사회적 약자에 도움을 주는 사업입니까? | 그렇지 않다 | | | | | | 그렇다 | |
| 사업 범위 | 이 사업은 성북구 전체에 도움이 되는 사업입니까?(특정 지역 수혜 여부) | 그렇지 않다 | | | | | | 그렇다 | |
| 수혜 대상 | 이 사업은 다수 주민에게 혜택이 돌아가는 사업이라고 생각되십니까? | 그렇지 않다 | | | | | | 그렇다 | |
| 삶의 질 | 이 사업은 서울 시민 삶의 질을 높이는데 도움이 되는 사업입니까? | 그렇지 않다 | | | | | | 그렇다 | |
| 사업비 규모 | 이 사업의 경우 사업 목적을 달성하는데 드는 사업비가 적당한 규모입니까?(사업비 과다 여부) | 그렇지 않다 | | | | | | 그렇다 | |
| | 계 | | | | | | | | |

(1) 적격 심사 및 1차 선정

① 적격 심사

행정 검토 결과를 바탕으로 제안 사업의 적격성 여부를 심사하는 단계이다. 심사 결과 부적격으로 판정되면 해당 제안 사업은 이후 본 심사에 상정되지 않는다. 적격 심사는 다수 의견에만 좌우되어서는 안 되며, 당초 공고된 적격 기준에 따라 엄격하게 판단해야 한다.

② 1차 선정

제안 사업이 많은 경우에는 서면 심사로 1차 선정 사업을 결정하는 과정이 필요하다. 충실한 심사를 위해서는 제안자 설명 청취와 현장 확인 등 절차가 필요하다. 그런데 대상 사업이 너무 많을 경우 이러한 과정을 제대로 운영하는 것이 불가능하기 때문에 1차 선정 과정이 필요하다. 심사 방식은 평점 방식과 투표 방식으로 나눌 수 있다. 평점 방식은 위원마다 평점을 매겨 이를 합산한 결과 순위대로 선정하고, 투표 방식은 위원마다 사업별 투표를 하여 다득표 순으로 선정한다.

이전에는 개별 사업 제안별로 순위를 매겨 당락을 결정하는 데 주안점을 두었지만, 최근에는 유사한 사업 제안은 통합하고, 구성이 미흡한 사업 제안은 구체화하여 심사하는 등 최대한 시민 제안을 살리고 더 많이 수렴하는 데 초점을 맞추어 발전하고 있다.

(2) 제안자 설명 청취 및 현장 확인

① 제안자 설명 청취

시민 제안 사업을 충실히 심사하기 위한 가장 보편적인 방법은 제안자 설명 청취와 현장 확인이다. 이 방법을 사용하면 제안자의 설명을 통해 서면 제안서로는 충분히 파악하기 어려운 제안 배경과 기대효과 등에 대해 알 수 있다. 많은 경우 시민 제안자는 자신이 원하는 바, 구상한 바를 서면으로 잘 정리하는 데 애로를 겪고 있다. 제안자의 설명을 직접 들어보면서 서면으로 나타내지 못한 부분을 심사에 반영하는 노력이 필요하다. 제안자가 직접 설명하기

**【2017년도 성북구 참여예산위원회 심사 절차】**

● 절차

분과별 현장 확인 결과 보고 ➡ 사업 부서 검토 의견 관련 토론 ➡ 사업비 결정(조정) ➡

투표 대상 사업 결정 ➡ 투표 실시 ➡ 총회 상정 사업 결정

● 일정

- 현장 확인 및 상정 결정 안내를 위한 전체회의: '17. 8. 11(금)
- 분과별 현장 방문: '17. 8. 14(월) - 8. 18(금)
- 현장 방문 사업검토보고서 작성 제출: '17. 8. 23(수)
- 주민총회 상정 사업 결정을 위한 전체회의: '17. 8. 25(금)

어려운 경우 사진, 동영상 등 추가 자료를 제출 받아 심사에 참고할 수 있다.

② 현장 확인

서면 심사만으로는 설정을 정확히 파악하고 충실한 심사를 할 수 없다고 보기 때문에 상당수 지방자치단체들이 제안 사업의 심사 과정에 현장 확인 절차를 두고 있다. 특히, 시설 관련 사업의 경우 현장에 가보지 않으면 제안 내용의 진위 여부조차 정확히 알 수 없는 상황이 발생한다. 따라서 이러한 제안 사업에는 현장 확인이 필수 과정으로 적용되어야 한다.

서울시의 경우 현장 확인은 2-3명의 위원이 조를 짜서 지역을 분담해 진행한다. 현장 확인 시 안내는 해당 자치구 또는 동주민센터 공무원이 맡고, 가급적 제안자도 현장에 나와서 부연 설명을 하도록 권유하고 있다.

(3) 종합 심사

참여예산위원회의 심사 과정을 종합해서 사업을 선정하는 단계이다. 적극적 시행 단체들은 대체로 참여예산위원회가 결정권을 독점하지 않고, 주민 투표 등 모든 주민의 의사를 물어 결정하는 최종 절차를 두고 있다. 이 경우 참여예산위원회의 종합 심사는 주민 투표에 부칠 후보 사업을 선정하는 것을 의미한다.

(4) 분과별 실링(ceiling) 책정

최종 심사 결과 선정 사업을 결정하기 위해서는 사전에 분과별로 어느 정도의 사업을 선정할 수 있는지에 관한 한도(실링)가 정해져야 한다. 한도 설정 기준은 통상 시민 제안의 건수와 금액이 된다. 이때 시민 제안 사업은 대개 적격 사업으로 한정한다. 금액만으로 설정하는 경우도 있고, 건수와 금액을 함께 감안하는 경우도 있다. 예컨대, 2017년의 경우 성북구는 금액 기준, 서울시는 건수와 금액 두 기준(각 50%씩 반영)을 적용하였다.

**2017년도 성북구 분과별 실링 책정 기준**

분과별 상정 한도액: 최종 결정 금액의 1.5배(서울시 기준)

| 구분 | 도시 · 환경 | 복지 · 경제 | 교육 · 문화 | 건강 · 안전 |
|---|---|---|---|---|
| 적격 사업(20억) | 8억(40%) | 3억(15%) | 4억(20%) | 5억(25%) |
| 상정 실링(10.5억) | 4.2억 | 1.6억 | 2.1억 | 2.6억 |
| 결정 금액(7억) | 7억 | | | |

## 2) 시민 제안 숙의 심사 강화 방안 예시 - 서울시 시정협치형 사업

서울시는 참여예산 사업의 숙의성 강하와 예산 집행·평가 과정의 시민 참여 확대를 위해 2017년에 시정협치형 사업을 신설하였다. 시정협치형 사업의 경우 제안 사업의 검토 과정에 민·관 공동 숙의를 강화하여 제안자와 담당 부서가 토론과 협력을 거쳐 제안서를 수정할 수 있도록 했다. 민·관 공동 숙의 과정은 3단계로 이루어지며, 그 밖의 과정은 일반적 참여예산 사업 운영 절차와 대동소이하다.

해당 제안 사업이 최종 선정되어 예산 사업으로 편성되면, 이후 집행·평가 과정도 제안자와 담당 부서가 협의(사업별 민관협의체 구성 의무)하여 진행해

2018년도 서울시 시정협치형 사업 운영 절차

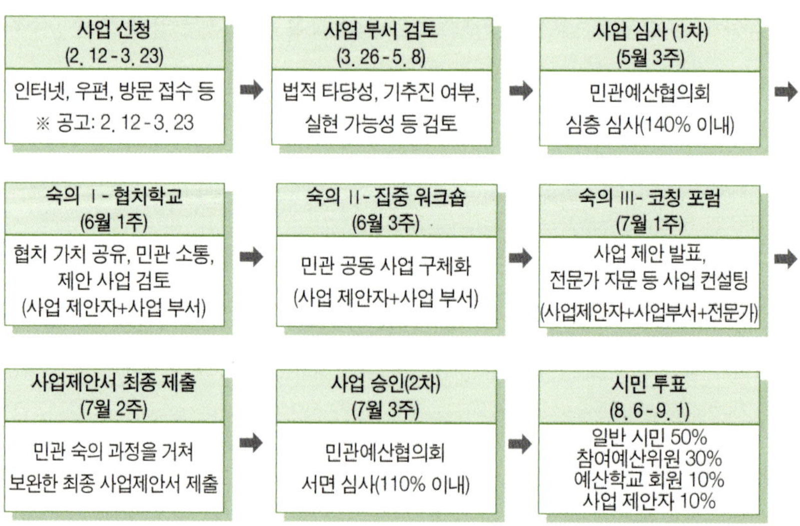

야 한다. 이것은 참여예산 사업의 기획부터 평가까지 전 과정을 민과 관이 긴밀히 협력하지 않으면 안 되는 새로운 참여예산 사업 유형이다.

## 주민총회 및 주민 투표

참여예산 주민총회는 주민 누구나 참여할 수 있는 개방형 의사 결정 체제이다. 참여예산을 적극적으로 시행하는 지방자치단체들은 일반적으로 참여예산 사업의 최종 결정 절차로서 주민총회를 시행하고 있다. 주민총회 방식이 활성화된 지역에서는 동별 총회도 개최되고 있다.

주민총회의 중심적인 의사 결정 방식은 주민 투표이다. 투표 방식은 초기에는 총회 현장 투표가 대부분이었으나, 최근에는 온라인 시스템을 기반으로 투표 방식을 확장하는 경향이 있다. 전자 투표가 일반화되면서 보다 많은 시민의 제한 없는 직접 참여가 가능하게 된 장점도 있지만, 대화와 소통 및 숙의성 약화 등의 단점을 지적하는 의견도 있다. 이에 따라 총회 현장의 주민 숙의를 강화하는 운영 사례가 새롭게 나타나고 있다.

### 1) 주민총회

(1) 주민총회 개요

주민총회는 참여예산제도가 비교적 활성화되어 있는 적극적 자치단체에서만 운영되는 참여예산 절차이다. 현실적으로, 주민총회의 개최 여부만으로도 적극적 시행 여부를 가늠할 수 있는 중요한 척도가 된다. 하지만 실질적인 주민총회를 운영하고 있는 것으로 인정을 받으려면 주민총회의 취지와 핵심적 요건이 충족되어야 한다.

① 핵심 요건: 전 주민의 의사 결정 참여

주민총회의 핵심 요건은 주민이면 누구나 제한 없이 의사 결정에 직접 참여할 수 있어야 한다는 점이다. 이러한 요건이 빠져 있다면 명칭은 '주민총회'라고 붙인다 해도 주민총회 절차를 운영하는 것으로 인정하기 어렵다.

참여예산제도의 시행 초기에 일부 지역에서는 의사결정권은 참여예산위원 등이 제한적으로 독점하고, 일반 주민은 관람자로 참석하거나 의사 결정과 무관한 인기투표 등만 가능한 형태의 주민총회를 운영하기도 했다. 지금은 의사결정권을 주민 모두에게 개방하는 주민 투표를 시행하여 주민총회에서 그 결과를 종합하는 방식이 전국적으로 보편화되어 있다.

② 주민총회 시행 단계

우리나라의 주민총회는 대체로 참여예산 사업에 대한 최종 결정 절차로서 운영되고 있다. 구체적으로, 읍 · 면 · 동 단위이건 지방자치단체 단위이건, 참여예산위원회 등이 중심이 되어 실시되는 사전 과정(즉, 시민 제안 사업 숙의 · 심사 절차 진행)을 마친 다음 사업 결정을 위한 최종 단계로서 주민총회를 개최한다.

하지만, 포르투알레그리시 등 외국 사례에서 보듯이 주민총회는 반드시 최종 과정으로 운영해야만 적절한 것은 아니다. 일정한 의사결정권을 보유하는 점에서는 같지만, 주민총회를 참여예산의 초기 단계에서 전체 주민의 수요와 의사(목소리)를 직접 확인 · 결정하는 과정으로 설계할 수도 있다. 만일 이러한 접근을 할 경우 동네별 · 부문별 주민총회를 먼저 개최하여 주민의 직접 의사 표시를 토대로 시민 제안 사업 1차 선정 또는 우선순위 결정, 사업 분야별 우선순위 또는 희망 사업 결정 등을 진행하고, 그 후 이를 토대로 구체화 · 숙의 과정을 운영할 수도 있다.

(2) 주민총회 운영 사례

① 은평구 참여예산 한마당 총회

서울 은평구는 전반적으로 참여예산제도를 모범적으로 운영하는 지역으

**【2017년도 은평구 주민총회 계획 개요】**

- 참여예산 주민총회 개최(정책 · 지역 사업)
  - 현구 정책 사업 주민총회와 동 지역총회로 구분 개최
    - 구 총회: 구 정책 사업 선정(주민총회와 청소년총회로 구분 개최)
    - 동 지역총회: 동 지역 사업 선정
  - 주요 내용: 사업 결정, 현장 투표, 사업 홍보, 각종 공연 등
    - 정책 제안 및 동 지역 사업 선정 결과 발표
    - 청소년 사업 은평형 란츠게마인데(제안 발표, 찬반 토론, 투표)
    - 제도 공유 및 공연 등 부대 프로그램 운영

**총회별 추진 방식(2017년)**

| 구분 | 구 정책 사업 | | 동 주민총회 |
|---|---|---|---|
| | 구 총회(일반사업) | 청소년총회(목적사업) | |
| 참석 대상 | 은평구 주민 | 청년 및 청소년 | 해당 동 주민 |
| 사업 범위 | 일반사업 | 목적사업 | 동 지역 사업 |
| 선정 방식 | 사전 투표+총회 투표 | 사전 투표+총회 투표 | 사전(30%) + 총회(70%)<br>(사전: 다중이용시설) |
| 사업비 | 800,000천 원 이내 | 20,000천 원 이내 | 동별 40,000천 원(예정) |
| 비고 | 사업 성격별 선정 제한 예정 | - | 동 수행: 제한 없음<br>구 수행: 2개 이내 |

로 손꼽히는데, 그중에서도 특히 주민총회 운영에 관해 가장 앞서가는 지역이다. 제도의 시행 초기부터 구 단위 총회뿐 아니라 동별 총회를 개최하여 일반 주민의 직접 참여에 의한 의사 결정을 해왔다. 그리고 이후에도 끊임없이 운영 방식의 변화를 시도하면서 발전을 거듭하고 있다. 2015년부터 청소년총회 운영에 적용하고 있는 '은평형 란츠게마인데' 방식이 대표적 사례이다.

### ② 서울시 참여예산 한마당 총회

광역자치단체의 주민총회 사례로 대표적인 것은 서울시의 '시민참여예산 한마당 총회'이다. 서울시 총회는 매년 8월 말경에 개최하며, 참여예산위원회

**【2017년도 서울시 참여예산 한마당 총회 개요】**

- 일시 및 장소: 2017. 9. 2(토) 09:00 - 18:00 서울시청 시민청 및 8층 다목적 홀 등
- 참석 대상: 3,000여 명
  - 참여예산위원, 예산학교 회원, 일반 시민, 시/자치구 공무원 등
- 행사 내용
  - 사업 홍보 부스, 거리 홍보 및 투표존, 참여예산 국내외 사례 전시, 퀴즈 섹션, 시민 토크 콘서트 등 운영
  - 우수 실행 사업 경진대회(모바일, 현장 투표), 우수 제안 사업 투표(엠보팅, 현장, 거리 투표) 결과에 따라 시상
- 2018년도 시민참여예산 사업 최종 선정 결과: 766건 592.5억 원
  - 시정참여형: 153건 351.4억 원
  - 시정협치형: 16건 56.5억 원
  - 지역참여형(18개 자치구): 152건 89.5억 원
  - 구단위 계획형(7개 자치구): 104건 70.5억 원
  - 동단위 계획형(25개 자치구 84개 동): 341건 24.6억 원

    ※ 지역 분야 사업 185억 원은 지역별 자율 결정 후 총회에서 최종 승인

가 결정한 총회 상정 시민 제안 사업 전시 및 설명을 중심으로 시민토론회, 이전 시행된 우수 참여예산 사업 성과 발표 및 시상, 각종 시민 참여 행사 및 문화 공연 등으로 운영된다. 2015년에 제한 없는 전자 투표가 실시되기 이전에는 사실상 투표권을 가진 참여예산위원 위주의 행사가 진행되었다. 그러나 지금은 서울시민이면 누구나 투표권을 가지는 총회 방식이 운영되고 있다. 현재 총회 이전에 2주 이상 전자 투표를 실시하고, 총회에서 결과를 발표함으로써 최종 의사 결정을 확정하고 있다.

### 2) 주민 투표

주민 투표는 우리나라 참여예산제도의 운영 과정에서 가장 급속히 확산되고 있는 주민 참여 방식이다. 이는 모든 주민의 의견을 직접적이고 명확히 반영할 수 있는 방법으로 민주성과 대표성 시비를 효과적으로 차단할 수 있는 큰 장점을 지닌다. 따라서 지방자치단체들이 주민 참여 활성화 문제를 두고 고민할 경우 우선적으로 제안되는 개선 방안이 주민 투표인 경우가 많다. 실제로 주민 투표를 통해 이전보다 훨씬 더 많은 주민이 참여예산에 대해 알게 되고, 직접 참여의 경험을 하게 되는 등 큰 효과가 나타나고 있다.

다만, 주민 투표 운영 경험이 쌓이고 여러모로 확산되면서 이 방식의 한계 내지 단점에 대한 비판도 나타나고 있다. 한마디로, 깊이 있는 고민과 토론 없이 '표 대결'로 의사 결정이 이루어지는 부작용이 발생한다는 것이다. 따라서 주민 투표 방식을 적용하되 참여자별 투표 적용 비율을 달리하거나 전문 여론조사 등을 병행하는 방식, 주민 투표와 주민 숙의 회의를 결합하는 방식 등 다양한 보완 방안을 강구할 필요가 있다.

(1) 주민 투표 개요

우리나라 참여예산제도에서 주민 투표는 주로 참여예산 사업의 최종 선정 절차로 실시되고 있다. 모든 주민 누구나 참여할 수 있도록 하는 것이 핵심 목적이기 때문에 통상 연령 등 일체의 제한 없이 투표를 허용하고 있다. 법적 선거와 달리 투표권자 여부에 대한 엄격한 확인 절차를 두지 않고 있으며, 중복 투표를 방지하기 위해 휴대전화 번호당 1표로 인증하는 시스템으로 운영하는 경우가 많다.

참여예산제도의 시행 초기에는 주민총회와 관내 가두 현장 투표가 주된 투표 방식이었으나, 현재는 온라인 투표 시스템이 주도하고 있다. 구체적으로, 휴대전화 및 PC로 투표하는 전자 투표 방식이 그것이다. 전자 투표 시스템은 이미 관련 기반을 구축한 지역이 많아서 별도의 시스템을 개발할 필요가 없다. 따라서 시행상 그리 크지 않다. 서울시의 경우 자치구도 서울시 '엠보팅' 전자 투표 시스템을 이용할 수가 있어서 그 활용도가 높다.

(2) 주민 투표 운영 사례 – 서울시 엠보팅

서울시는 2015년부터 자체 전자 투표 시스템 '엠보팅'(M-Voting)을 통해 참여예산 사업 최종 선정 시민 투표를 실시해 왔다. 엠보팅은 모바일 투표 중심 시스템이지만 PC로도 투표가 가능하며, 휴대전화 번호 인증 외에는 일체 투표자의 개인 정보를 수집하지 않는다. 휴대전화로 전송되는 인증 번호 확인 후 투표하면 같은 번호 중복 투표는 불가능하며, 이러한 번호 인증 시스템을 기

서울시 참여예산 주민 투표 운영 현황

| 구분 | 2012-2013 | 2014 | 2015 | 2016 | 2017 |
|---|---|---|---|---|---|
| 투표권자 및 적용 비율 | • 참여예산위원 | • 참여예산위원<br>• 시민참여단 (2,500명) | • 참여예산위원 45%<br>• 일반 시민 45%<br>• 선호도 조사 10% | • 참여예산위원 40%<br>• 일반 시민 40%<br>• 선호도 조사 20% | • 참여예산위원 40%<br>• 일반 시민 50%<br>• 예산학교 회원 10% |
| 투표 대상 | • 참여예산 사업 전체(500억 원) | • 참여예산 사업 전체(500억 원) | • 시 공통 사업 (375억 원) | • 시정참여형 사업(350억 원) | • 시정참여형 사업(350억 원)<br>• 시정협치형 사업(100억 원) |
| 운영 방식 | • 현장 투표<br>• 1인당 144건 투표(2013) | • 투표<br>• 1인당 168건 투표 | • 전자 투표<br>• 주제별(54개) 투표<br>• 주제별 탈락 방식<br>• 1인 5표 투표 | • 전자 투표<br>• 주제별(20개) 투표<br>• 주제 탈락 없이 사업비 차등<br>• 1인 5표 투표 | • 전자 투표<br>• 개별 사업별 투표<br>• 1인 25건 투표 (참여형 20, 협치형 5) |

반으로 투표자 그룹별 적용 비율 차등 등의 세부적 투표 운영 방식 설계도 가능하다.

서울시는 2014년 이전에는 투표권을 참여예산위원 등 제한적인 투표권자에게만 부여하고, 투표 방식은 개별 사업별 총회 현장 투표로만 진행했다. 2015년 전자 투표를 도입하면서 모든 시민에게 투표권을 개방하였는데, 참여예산위원과 일반 시민의 투표 적용 비율에는 차등을 두고 있다.

2016년까지는 투표 방식은 사업 주제별 투표로 하고, 투표 적용 비율은 참여예산위원과 일반 시민의 직접 투표 외 여론 조사 기관에 의한 표본 추출식 조사 결과를 반영하였다. 2017년부터는 주제별 투표에서 개별 사업별 투표로 환원하였으며, 여론 조사 방식은 없애고 투표자를 그룹별로 세분화하면서 참여예산제도에 대한 이해나 참여 경험이 높은 시민에게 우대권을 주는 방향으로 운영하고 있다. 서울시 참여예산 주민 투표 참여자 수는 시행 첫해인 2015년 10만 3천여 명에서 2017년 11만 7천여 명으로 계속 늘고 있는 추세이다.

### 3) 새로운 총회 방식 - 숙의 회의

전자 투표 방식이 확산되면서 참여예산의 주민 투표에 참가하는 시민의 수는 급격히 늘어났지만 숙의성 부족, 일부 동원성 투표 양상 등의 문제점이 새롭게 나타나고 있다. 이에 따라 최근 적극적 시행 지역 중심으로 숙의 토론적 요소를 보다 강화하는 주민총회 방식이 시도되고 있다. 대표적으로, 서울시 은평구와 성북구는 적극적으로 이러한 개선을 시도하여 이미 수년째 운영하고 있다.

(1) 은평구 주민총회

은평구는 일반 주민총회와 청소년총회를 별도로 개최하고 있다. 주민총회의 숙의성 강화를 위해 2017년 현재 일반 총회에서는 일반 주민 600명이 참여하는 원탁토론회 방식을 도입하여 이 토론 결과 50%와 주민 투표 50%를 합산해 참여예산 사업을 선정한다. 청소년 사업은 따로 청소년총회를 개최하여 '은평형 란츠게마인데' 방식으로 현장 제안 및 토론과 투표를 실시해 사업을 선정하고 있다.

**【2017년도 은평구 주민총회 개요】**

- 참여예산 사업 결정 절차

| 사업 공모 | ⇒ | 부서 검토 | ⇒ | 1차 선정 | ⇒ | 주민 투표 | ⇒ | 주민총회 |
|---|---|---|---|---|---|---|---|---|
| 사업 접수 | | 실행 가능성 검토 | | 150% 사업 선정 (참여예산위원회) | | 모바일, 인터넷, 현장 투표 | | 사업 최종 결정 |

- 사업선정: 주민투표(50%) + 주민총회(50%) 비율로 합산 다득표 순
- 주민총회: 600명으로 구성된 주민투표인단을 구성하여 투표 사업 사전 검토 후 총회에서 사업 효과와 타당성을 토론 후 선정
- 주민총회 절차

| 투표인단 모집 | ⇒ | 사업의 이해 | ⇒ | 원탁토론회 | ⇒ | 투표 | ⇒ | 최종 결정 |
|---|---|---|---|---|---|---|---|---|
| 은평구 주민 (사전신청) | | 제안 사업 검토 (제안, 취지 이해) | | 집단 토론 (사업 타당성 토론) | | 사업 투표 (토론 결과를 토대로 투표) | | 최종 사업 선정 (투표 결과를 토대로 선정) |

- 2017년 은평구 참여예산 주민총회(원탁토론회) 결과
  - 일시: 2017. 9. 16(토)
  - 장소: 은평다목적체육관(은평구 진관동 소재)
  - 참석자: 주민 제안 사업 투표인단 600명
- 2017년 은평구 참여예산 청소년총회 결과
  - 일시: 2017. 9. 16(토)
  - 장소: 은평문화예술회관 숲속극장
  - 참석자: 은평구 거주 중 · 고등학생 등 400여 명
  - 진행 방식: 은평형 란츠게마인데(제안 발표 ⇒ 찬반 토론 ⇒ 투표)
  - 결과: 주민이 제안한 27개 사업 8억여 원 선정

[란츠게마인데]
스위스의 일부 주에서 행하는 직접 민주제로서 참여한 사람은 누구나 의문점에 관해 논쟁을 할 수 있고 손을 들어 가부의 의견을 표시한다.

(2) 성북구 주민총회: 타운홀 미팅

성북구는 2015년부터 주민총회에 타운홀 미팅 방식을 적용하여 총회 현장에서의 주민 숙의 결과와 주민 투표를 합산하여 참여예산 사업을 최종 결정하

**【2016년도 성북구 주민총회 개요】**

- 추진 방향
  - 주민의 삶에 영향을 미치는 공적 의사 결정 과정에 주민들을 적극 참여하게 함으로써 마을 민주주의의 기반 조성
  - 주민참여예산 사업 결정 시 제안자의 발표를 직접 듣고, 그 사업에 대한 질의응답을 통해 제안 사업에 대한 주민의 올바른 이해를 통해 주민참여예산 사업 결정

[타운홀 미팅]
식민지 시대 미국 뉴잉글랜드 지역에서 행해졌던 타운 미팅(town meeting)으로 주민 전체가 한자리에 모여 토론을 한 후 투표를 통하여 예산안 · 공무원 선출 · 조례 제정 등 지역의 법과 정책, 행정 절차에 대한 결정을 내리곤 했다고 한다. 미국 참여 민주주의의 토대로 평가 받는 이 제도를 성북구에서는 주민참여예산 결정 과정에 도입하게 되었다.

- 2016 타운홀 미팅 개요
  - 일시 및 장소: 16. 10. 10(월) 15:00, 4층 성북아트홀
  - 참가자: 100명
    - 무작위 추출 50명(지역, 연령, 성별 안배)
    - 주민참여예산위원 30명, 동별 마을심사단 20명
  - 결정 사항: 구 단위 주민참여예산 결정
  - 선정 방법: 고득점 순으로 선정(타운홀 미팅 3표)

| 온라인 투표 (60%) | + | 타운홀 미팅 (40%) | = | 최종 합산 현장 즉시 공개 |
|---|---|---|---|---|

고 있다. 또한 동별 마을계획의 마을총회와 참여예산제도를 공식적으로 연계시켜 마을총회에 의한 동별 참여예산 사업 결정이 가능하도록 보장함으로써 주민총회 중심의 참여예산 활성화를 위한 좋은 사례를 만들어 내었다.

28

## 집행 모니터링

참여예산제도를 적극적으로 시행하는 지방자치단체에서는 참여예산 사업의 집행 및 평가 과정도 시민참여형으로 운영하고 있다. 참여예산위원들이 올해 집행 중인 참여예산 사업을 대상으로 서면 자료 검토, 현장 확인 등의 방법으로 모니터링하는 방식이다. 이는 시민 참여가 예산 편성에만 머무르지 않고 집행 및 평가 등 예산 운용 전 과정에서 이루어지기 위한 첫걸음에 해당한다고 볼 수 있다. 시민이 제안하고 결정한 사업의 집행 상황을 시민 스스로 확인하고 성과를 평가하는 과정이기 때문이다.

기대효과 면에서는 모니터링 결과가 이후 시민 제안 및 심사 과정에 본보기가 됨으로써 참여예산 사업의 질적 제고는 물론 예산 집행 실적 및 성과를 직접 확인하는 경험을 통해 시민의 책임 의식을 높이는 효과도 기대할 수 있다.

## 사업 집행 정보 공개

참여예산 사업 시민 모니터링을 할 수 있는 기본적인 조건은 사업별 세부 집행 정보의 공개이다. 주요 집행 정보로는 계획 단계의 사업설명서와 사업별 방침서, 집행 단계의 집행률 및 세부 집행 내역, 결산 · 평가 단계의 결과 보고, 결산서 등을 들 수 있다. 이러한 자료를 주민에게 제공하고, 이에 관한 설명을 하려면 사업 담당 부서의 협조가 필수적이다. 실질적인 모니터링이 가능한지 여부는 사업 부서의 협조를 의무화할 수 있는 제도 내지 계획의 수립 및 참여예산제 운영 담당의 적절한 조정 역할에 달려 있다.

### 1) 참여예산 사업 관리 카드(서대문구)

서울 서대문구의 경우 참여예산제 시행 초기부터 참여예산 사업 관리 카드를 작성하여 홈페이지에 공개하도록 의무화하여 여러 지역의 벤치마킹 대상이 되었다. 사업 관리 카드의 주요 정보는 사업 부서 및 담당자 정보, 사업 개요, 추진 계획, 집행 현황 및 집행 내역, 사업 효과 및 현장 사진, 제안자와 참여예산위원 면담 기록 등이다. 사업별로 예산서 몇 쪽에 수록되어 있는지도 안내하고 있다. 가장 특징적인 것은 사업별로 제안자 또는 참여예산위원 면담 설명을 의무화하고 그 결과를 사업 관리 카드에 기록하도록 한 것이다. 2017년 서대문구 참여예산 사업 관리 카드 수록 사업은 총 36건으로, 17건은 서대문구 자체 참여예산 사업이고 19건은 서울시 참여예산 사업 중 서대문구 집행 사업이다.

## 서대문구 참여예산 사업 관리 카드(예시)

### 2017-2. 굴레방소공원 음수대 설치

**사업개요** (부서: 푸른도서과, 담당자: 유진이, 연락처: 330-1965)

- ○ 사 업 명 : 굴레방소공원 음수대 설치
- ○ 위 치 : 굴레방소공원(북아현동 82일대)
- ○ 사업기간 : 2017. 1-6월
- ○ 사 업 비 : 7,000천 원(구비)
- ○ 사업내용 : 상수인입 및 음수대 설치
- ○ 제 안 자 : 김양희
- ○ 주민명예감독관 : 김양희

□ 사업필요성

○ 공원 내 음수대 부재에 따른 공원이용 불편민원이 다수 발생함에 따라 시설개선 필요

□ 사업추진계획

○ 2017. 1. 23 : 추진계획수립
○ 2017. 2 - 3 : 현장조사 및 실시설계용역
○ 2017. 4 - 6 : 공사추진 및 완료

□ 집행현황

(단위: 천 원)

| 내역 | 통계목 | 예산액 | 집행액 | 비고(완료예정일) |
|---|---|---|---|---|
| 실시설계용역 | 시설비 | 72,000 | 4,000 | 2017. 3. 13 |
| 시설공사 | | | 68,000(예정) | 2017. 6. 30 |

□ 사업비 세부 집행현황

(단위: 천 원)

| 열번 | 지출일자 | 적요 | 지출금액 |
|---|---|---|---|
| 1 | 실시설계용역 | 소공원 및 근린공원 정비공사 실시설계용역 | 4,000 |
| 2 | 시설공사 | 소공원 정비공사 | 63,830 |

□ 사업효과

○ 주민참여예산으로 계획된 공원 내 시설물 설치 사항을 적극 반영하여 공원이용 만족도 향상에 기여

**현장사진**

| 시행 전 | 시행 후 |
|---|---|

**주민제안자 면담록**

| 주민 제안자 이름 | 일시 | 방법 | 내용(간략하게) |
|---|---|---|---|
| 김양희 | 2017. 3. 6(월) (14:00) | 현장 방문 | 사업계획 안내 및 의견수렴 |
| | 2017. 5. 3(수) (10:00) | 현장 방문 | 음수대 설치작업 위치 안내 및 시공현장 확인 |

**주민참여예산위원 면담록**

| 주민참여예산위원 이름 | 일시 | 방법 | 내용(간략하게) |
|---|---|---|---|
| 주민참여예산위원회 위원들 | 2017. 12. 6(수) (10:00) | 현장 확인 | 현장 확인 및 설명 |

### 2) 참여예산 사업 집행 현황 공개 시스템(서울시)

서울시는 참여예산 홈페이지에서 사업별 집행 현황을 확인할 수 있도록 정보 공개 시스템을 구축해 놓고 있다. '접수 → 분과위 상정 → 총회 상정 → 최종 선정 → 예산 집행' 순으로 사업별 추진 현황을 한눈에 볼 수 있도록 공개하는 방식이다. 예산 집행 단계에 들어가면, 사업별 예산 편성 내역과 집행 현황 개요가 공개되어 있고, 집행계획서와 결과보고서 등 집행 현황 관련 주요 자료가 붙임 자료로 수록되어 있다. 개별 사업별로 검토 과정부터 편성, 집행 현황까지 한눈에 볼 수 있도록 구성된 것이 가장 큰 장점이다.

**서울시 참여예산 사업 추진 현황 공개 시스템(예시)**

**연도별 사업심사 진행상황**

HOME〉참여예산제〉연도별 사업심사 진행상황

장애인 가족지원 프로그램 『장애인 돌봄가족 힐링데이』

**사업심사 진행 상황**

접수 〉 분과위상정 〉 총회상정 〉 최종선정 〉 **예산집행**

**예산편성**

| 설정연도 | 2015 | | |
|---|---|---|---|
| 예산편성 사업비 | 장애인 가족지원 프로그램 『장애인 돌봄가족 힐링데이』 운영(주민참여) | | |
| 예산편성 사업비 | 28,000,000원 | 사업위치 | 영등포구 |
| 예산편성 계획서 | 장애인 가족지원 프로그램 『장애인 돌봄가족 힐링데이』 운영(주민참여). pdf | | |

**집행내용**

| 지출 금액 | 28,000,000원 | 사업추진단계 | 완료 |
|---|---|---|---|
| 사업추진 집행국 | 100% | 집행 기준일 | 2016-12-31 |
| 비고 | | | |
| 결과보고서 | 장애인 가족지원 프로그램 『장애인 돌봄가족 힐링데이』.pdf | | |

## 모니터링 운영 절차

참여예산 사업 모니터링은 주로 참여예산위원들이 서면 검토와 현장 확인 후 모니터링 보고서를 제출하는 방식으로 운영된다. 이때 위원들에게 미리 평가 기준을 제시하여 어떤 부분에 주안점을 두고 모니터링을 할지에 대한 방향을 제시한다. 대체로 가장 주안점을 두는 부분은 집행률 등 전반적으로 집행 현황을 점검하는 것과 아울러 제안 취지에 맞게 집행이 이루어지고 있는지를 평가하는 것이다.

모니터링 결과 지적 사항은 해당 사업 집행 부서에 통보되는데, 아직까지는 대부분 지역에서 결과 통보와 그에 대한 사업 부서의 답변 정도로 절차가 마무리되고 있어 시민 모니터링의 사후 조치가 미흡하다는 지적을 받고 있다.

### 1) 모니터링 운영 시기 등 세부 절차

참여예산 사업 모니터링 시 활용하는 주요 자료는 예산서 및 사업설명서, 사업별 집행 계획, 예산 집행률 등 집행 현황 보고 자료, 결산서 및 결과보고서 등이다. 이러한 서면 자료에 대한 검토와 아울러 현장 모니터링이 반드시 필요하다. 대체로 상반기와 하반기로 나눠 연 2회 서면 검토와 현장 확인을 병행하는 방식으로 운영한다. 상반기에는 실제 집행이 본격적으로 추진되지 않은 사업이 많아 주로 제안 취지대로 사업이 계획되고 있는지 여부 등을 위주로 모니터링하고, 실제 집행 과정에 대한 모니터링은 하반기에 주로 이루어진다.

서울시의 경우 2016년까지는 연 2회(상 · 하반기) 집행중인 사업에 대한 참

## 서울시 모니터링 보고서 양식(평가 지표)

【상반기 모니터링】

| | 모니터링 척도 | 적정 | 부적정 |
|---|---|---|---|
| 1 | 사업 계획은 당초 사업 제안 취지에 맞게 작성되었습니까?<br>(사업 위치, 사업 내용 등) | | |
| | 의견: | | |
| 2 | 사업이 계획대로 진행되었습니까?(사업 착수 여부, 공정률 등) | | |
| | 의견: | | |
| 3 | 절차 및 공정이 중복되거나, 사업비 산출 내역에 예산 낭비 요소는 없습니까?(과다 산정 등) | | |
| | 의견: | | |
| 4 | 사업 추진 과정에서 발생되는 민원을 원만하게 해결하기 위해 노력을 하였습니까? | | |
| | 의견: | | |
| 5 | 예산을 무단으로 전용 · 변경하여 집행한 사례는 없습니까? | | |
| | 의견: | | |
| 6 | 사업 추진 방법 등이 사업 목적을 달성하는 데 효과적입니까? | | |
| | 의견: | | |
| 7 | 사업비는 성평등 관점에서 집행되었습니까? | | |
| | 의견: | | |
| 8 | 〈종합 의견〉 | 우수 사업 여부 | |

【하반기 모니터링】

| | 모니터링 척도 | 적정 | 부적정 |
|---|---|---|---|
| 1 | 사업이 계획대로 진행(마무리)되었습니까? | | |
| | 의견: | | |
| 2 | 제안자의 사업 의도대로 진행되고 있습니까? | | |
| | 의견: | | |
| 3 | 주변의 민원이나 불편을 줄 가능성은 없습니까? | | |
| | 의견: | | |
| 4 | 다수의 시민들에게 도움이 되는 사업입니까? | | |
| | 의견: | | |
| 5 | 위원별 의견 | | |
| | 의견: | | |
| 6 | 소분과 종합 의견 | | |
| | 의견: | | |

**【2017년도 서울시 참여예산 사업 모니터링 활동 개요】**

- 상반기 모니터링(7월)
  - '16회계연도 참여예산 사업(510개 사업 49,641백만 원)
  - 결산 자료, 사업설명서 등을 활용하여 위원별 사업 모니터링 후 의견 입력
  - 모니터링 의견 해당 사업 부서 통보

참여예산 사업 모니터링 결과

- 전체 부적정 의견: 52건
- 실제 부적정 확인 의견: 5건
  - 사업 지연 및 변경, 집기류 무단 사용 등 문제점 확인, 시정 조치 내지 재발 방지 방안 답변

- 하반기 모니터링(11월)
  - '17회계연도 참여예산 사업 모니터링(356개 사업 40,989백만 원)

서면 모니터링(소분과별) ➡ 현장 확인 사업 선정(소분과별) ➡ 현장 확인(분과위원회) ➡ 결과 입력(소분과별) ➡ 모니터링 결과 조치

- 개선 사항: 개인별 모니터링에서 소분과별 모니터링으로 전환하여 소분과별 토론 및 논의 후 의견 작성 및 현장 확인 실시, 문제점 지적 외 우수 사례 의견 제출

여예산위원회 모니터링 활동을 운영해 왔다. 그런데 5월 전후에 실시되는 상반기 모니터링의 경우 집행 관련 자료가 미비한 경우가 많고 실제 집행률도 낮아 실효성이 떨어지는 문제점이 나타났다. 이에 따라 2017년부터 상반기 모니터링은 전년도 집행 사업에 대한 결산 기준 모니터링으로 변경하고, 하반기에 당해 연도 집행 사업에 대한 모니터링을 실시하고 있다. 상반기 모니터링은 6월 전후, 하반기 모니터링은 11월 전후에 진행한다.

### 2) 제안자 직접 모니터링(수원시 명예감독관제)

수원시의 명예감독관 제도는 참여예산 사업별 해당 사업 제안자를 명예감독관으로 지정하여 상시적으로 모니터링을 수행하도록 권한을 부여하는 방식이다. 명예감독관으로 지정된 사업 제안자는 사업 계획 수립부터 완료까지 전 과정에 공식적인 모니터링과 의견 개진 권한을 갖고 참여하게 된다. 다른

**【수원시 명예감독관제 개요】**

- 주민 명예감독관 지정 운영
  - 추진 시기: 사업 계획 수립 단계부터 완료 시까지
  - 대상 사업: 2018년 주민참여예산 사업(주민 생활과 밀접한 주요 사업)
  - 주관 부서: 소관 사업 담당 부서
  - 운영 목적: 제안자와 소통하는 사업 추진으로 제안 취지에 맞는 사업 집행 및 민원 대립이나 현장 여건에 따른 효과적인 사업 추진
  - 운영 방법
    - 제안자를 명예감독관으로 지정, 사업 추진 과정에 참여
      ⇒ 제안자가 부득이하게 참여를 원치 않을 경우 참여예산위원 적극 참여
    - 사업 계획 수립 단계에서 명예감독관으로 지정 · 운영
      (명예감독관 지정 및 사업 개요, 활동 안내 공문 발송: 사업 부서)
    - 사업 관리 카드에 명예감독관 지정 현황 관리

- 주민 명예감독관 역할
  - 사업 제안 내용 및 부서 검토 의견 사전 파악
  - 사업 계획 점검(사업 시기, 사업비, 수혜 대상자 등)
  - 사업 현장 주민 불편 사항(문제점, 역민원 등) 파악
  - 당초 계획에 맞게 사업 시행 여부 점검 등

지역에서는 대개 참여예산위원이 모니터링 주체가 되고 있다. 그런데 이 경우 시민의 눈으로 사업을 관찰 및 평가하는 취지에는 적합하지만, 제안자의 의도를 정확히 반영하지 못하는 경우도 있을 수 있기 때문에 제안자에게 공식적으로 참여 권한을 부여하여 이를 보완하고 있다.

## 29

# 전체 예산 참여

본래 참여예산제의 취지 및 기대효과는 시민 제안 사업의 예산 편성 반영에 머무르는 것은 아니다. 범위의 제한 없이 전체 예산을 참여 대상으로 하고, 과정 면에서도 편성뿐 아니라 집행 · 평가 과정에도 폭넓고 다양하게 시민이 직접 참여할 수 있도록 발전시켜 나가야 한다. 하지만 실제 우리나라 참여예산제는 주로 시민 제안 사업의 예산 반영에 한정해서 운영해 온 것이 사실이다. 예산 전반에 대한 시민 참여를 위해 구체적인 노력을 기울인 지방정부는 손에 꼽을 정도에 불과하고, 대부분 시민 제안 사업이 곧 참여예산의 전부인 양 제도를 운영해 왔다.

그럼에도 몇몇 선도적인 지역에서는 참여예산의 당초 취지를 구현하기 위해 전체 예산에 대한 시민 참여 제도 및 프로그램을 운영하였지만, 다른 지역으로 크게 확산되지는 못했다. 또한 중앙정부에서도 2014년 지방재정법을 개정하여 전체 예산안의 의회 제출 시 주민의견서 첨부를 의무화하는 전체 예산 참여 강화 방안을 시행했으나 실제 운영이 극히 형식적으로 이루어져 실효성을 거두지 못하였다.

하지만 앞으로는 더 이상 전체 예산에 대한 참여 활동을 배제하고 참여예산제를 운영하고 있다고 면피하기는 어려울 듯하다. 2018년 초 행정안전부가 제시한 '주민참여예산제 활성화 방안' 기조에 따르면, 전체 예산 참여 활동 강화를 중요한 방향으로 설정하고 있고, 이에 따른 구체적인 권고안을 제시하는 것은 물론, 참여예산제 운영 실태 평가 시에도 이 부분을 적극적으로 반영할 계획이다. 아울러 이에 관한 시민사회 및 민간 전문가의 비판 및 압력도 더욱 강해질 것으로 예상된다. 이제 우리나라에서도 참여예산제 운영에서 전체 예산 참여 활동은 선택이 아닌 필수 사항이 되어가고 있다.

### 예산안 주민의견서 작성(서울시)

전체 예산 참여 활동은 다양한 영역에서 다양한 방식으로 전개할 수 있지만, 현재 제도적으로 가장 확실하게 보장되어 있는 것은 '전체 예산안에 대한 주민의견서 작성'이다. 지방재정법 제39조 제2항에 따라 모든 지방자치단체는 예산안 의회 제출 시 주민의견서를 반드시 첨부해야 한다. 이 조항의 입법 취지는 마땅히 예산안 전반에 대한 주민의 직접 검토 기회를 미리 부여하고, 그 결과를 주민의견서로 정리하여 의회 예산 심의 시 반영할 수 있도록 예산안과 함께 의회에 제출하라는 것이다.

그러나 많은 지역에서 제목은 주민의견서이지만, 실제 내용은 예산안에 편성된 시민 제안 사업 개요 등에 불과한 자료를 제출하는 등 입법 취지에 어긋난 제도 운영이 이루어져 왔다. 그럼에도 불구하고 소수이나마 참여예산의 본래 취지에 부합하는 주민의견서를 만들기 위해 노력한 지방자치단체들이 있다. 이와 관련하여 서울시 사례를 중심으로 이러한 과정의 운영 방안을 소개한다.

### 1) 서울시 온예산위원회

서울시는 참여예산제 시행 초기부터 참여예산위원회 내 특별위원회 성격의 '온예산위원회'를 구성하여 예산안에 대한 주민 검토의견서를 작성해 왔다. '온예산'의 '온'은 '전체'를 뜻하는 순 우리말이다. 서울시 온예산위원회 활동은 제도 시행 초기에는 예산안 검토 시기에 한정된 부수적 특별 활동 개념으로 시작하여 현재는 참여예산위원회 내 상설 분과위원회로 발전되었고, 활동 영역도 크게 확대되었다.

구체적으로, 서울시 온예산위원회는 2016년까지 예산안 의회 제출 전 약 2개월간 주민의견서 작성 중심으로 활동하는 임시 특별위원회 성격으로 각 분과위원 중 신청자를 선정하여 총 50명 내외로 구성하였다. 2017년부터는 전체 예산 참여 활동을 강화하기 위해 상설 분과로 설치하여 예산안 검토 이외 시민참여 결산 참여, 예산 요구 단계 의견 제출, 예산 낭비 신고 시민심사위원 등의 연중 활동을 전개하고 있다.

### 2) 예산안 주민의견서 작성 운영 절차

예산안 주민의견서를 본래 취지대로 충실하게 작성하고자 해도 현실적으

**2018년도 서울시 참여예산위원회 분과 구성**

| 분과명 | 구성 | 기능 · 운영 |
|---|---|---|
| 민관예산 협의회 (10개 분야) | 총 200명 내외<br>• 10개 분야별 구성: 여성, 경제 · 일자리, 복지, 교통, 문화관광, 환경, 도시안전, 주택, 공원, 협치<br>• 분야별 20명 내외 | 기능: 시민 제안 사업 심의 · 조정<br>• 시정참여형 사업<br>- 실 · 본부 · 국에 두는 민관예산협의회의 심사에 회부<br>- 심사 진행 후 사업 우선순위 결정 및 총회 보고<br>• 지역참여형 사업<br>- 적격 · 부적격 심사( '18. 7월) |
| 온예산분과 (5개 분과) | 총 75명 내외<br>• 5개 분야별 분과 구성: 복지 · 여성, 문화 · 관광체육, 환경 · 공원, 도시안전 · 교통 주택, 경제일자리 · 행정<br>• 분과별 15명 내외 | 시 전체 예산 의견 개진 및 모니터링<br>• 온예산 참여: 참여 결산, 실 · 본부 · 국 예산 편성안 · 예산 조정안 · 시의회 제출 전체 예산안 의견 제시 등<br>• 사업 모니터링: 참여예산 사업 중 우수 및 문제 사례 중심 심층 모니터링<br>• 예산 낭비 감시: 예산 낭비 신고 활성화 및 현장 확인, 시민 성과금 심사 등<br>• 자치구 참여예산제 평가: 평가 방식 간소화하여 위원 평가는 정성 평가 중심 운영 |
| 홍보 · 교육분과 (1개 분과) | 총 25명 내외<br>• 제도 홍보 및 시민 교육 전문 독립 분과로 구성 | 참여예산제 홍보 및 시민 교육<br>• 참여예산 홍보 콘텐츠 제작, 자료 수집<br>• 각종 행사에 참여예산 사업 홍보<br>• 교육 모니터링 등 |

로는 많은 어려움이 따를 수밖에 없다. 우선 행정 내부의 이해와 협력 부족으로 충실한 자료 제공 등이 어려운 경우가 많다. 또한 주민들도 예산 검토의 경험 및 전문성이 부족하기 때문에 이 과정을 버거워할 가능성이 높다. 자칫하면 좋은 취지에도 불구하고 주민과 행정 양측에서 모두 환영 받지 못하는 애물단지가 되기 십상이다.

이를 극복하기 위해서는 기본적으로 이러한 시민 참여 과정이 전문적 의견을 만드는 데 주안점을 둔 것이 아님을 이해하는 자세 정립이 필요하다. 시민을 전문가로 만드는 것이 참여예산의 취지는 아니다. 시민의 진솔한 의견을 합리적으로 정리하여 효과적으로 반영될 수 있도록 만드는 것이 이 과정의 목표라는 점을 인식해야 한다.

(1) 온예산 코디네이터

이상에서 언급한 취지를 잘 살리기 위해서는 현실적으로 주민들의 예산 이해와 의견 정리를 돕는 전문적 지원 역량을 제공하는 것이 필수적이다. 서울시는 예산안 주민의견서 작성 과정에 분야별 민간 전문가를 '온예산 코디네이터'로 지원하여 참여예산위원들의 예산안 검토 및 의견서 작성 과정에 실무적 도움을 제공하도록 하고 있다.

온예산 코디네이터는 주로 분야별 연구자나 시민사회 단체 활동가로서 해당 분야의 서울시 예산에 대한 상당한 전문적 이해와 활동 경력을 보유한 민간 전문가들이다. 구체적으로 온예산 코디네이터는 약 2개월간의 주민의견서 작성 기간 동안 분야별 온예산위원들과 한 팀을 이루어 서울시 예산의 분야별 현황 설명, 주요 사업별 참고 의견 제시, 주민의견서 작성에 대한 실무적 지원 등의 역할을 수행한다.

(2) 예산안 사전 공개

서울시가 비교적 충실한 예산안 주민의견서를 작성할 수 있도록 하는 또 하나의 중요한 요인은 행정 내부의 협력을 제도화한 것이다. 서울시는 2015년부터 예산안 확정 전 행정 내부의 조정안을 참여예산위원회에 제공하여 이를 검토한 주민의견서를 작성할 수 있도록 하고 있다. 2014년까지는 예산안 확정 전 자료 제공이 이루어지지 않아 의회에 제출될 예산안 내용을 모르는 상태로 의견서를 작성하는 불합리한 상황이 나타났다. 하지만 이에 대해 행정 내부에서 문제점을 인정하고 사전 자료 제공의 협조 체계를 만들어 내었다.

현재 서울시의 예산안 주민의견서 작성 과정은 총 2개월이다. 이 기간 중 전반부 1개월은 당해 연도 예산에 대한 이해 및 분석 과정을 통해 분야별 주요 사업을 파악하는 등 학습 과정으로 운영하고, 후반부 1개월은 다음해 예산안 조정안을 제공 받아 본격적으로 주민의견서를 작성하는 과정으로 운영하는 안정적인 체계를 갖추고 있다.

## 예산안 민관협의 조정(은평구)

서울시 은평구는 예산안에 대한 의견 제시 기능을 넘어 전체 예산안의 우선순위 및 예산 규모 결정을 주민 참여로 진행하는 선도적 사례를 보여 주고 있다. 서울시 등 다른 지역에서도 예산 요구 단계부터 주민 의견을 수렴하는 등 예산 편성 과정 초기부터 주민 참여를 확대하기 위한 노력을 하고 있지만, 참여예산위원회에 예산 규모 조정 의견 제시 등 구체적인 권한을 부여하고 있는 점 등에서 은평구의 사례는 독보적이라 할 만하다.

### 1) 은평구 민관 협의 세부 절차

은평구의 예산안 민관 협의 절차는 크게 두 단계로 운영된다. 첫 번째 단

**【서울시 예산안 주민의견서 작성 절차(2017)】**

## Ⅰ 운영 개요

- 운영 기간: '17. 9월 - 10월
- 온예산위원회 구성: 총 5개 분과 74명(온예산위원 69명, 코디네이터 5명)
- 주요 내용
  - 2018년 시 예산안에 대한 시민의견서 작성
    ※ 2018년 시 예산안 실무 조정 자료 제공하여 의견서의 질 제고(2015년부터 시행)
  - 의견서 작성을 위한 설명회, 세미나, 워크숍 및 실무작성회의 등 운영(총 10회)
  - 온예산위원 활동 지원을 위한 전문가 자문단(코디네이터) 운영

## Ⅱ 세부 운영 내용

- 온예산위원회 운영
  - 일시: '17. 9. 21(목) - 10. 31(목) 총 10회
  - 장소: 서울시청 회의실(6층 기획상황실, 서소문 청사 13층 회의실 등)
  - 참석 대상 및 인원: 온예산위원, 온예산 코디네이터 등 총 74명
  - 주요 내용
    - 온예산 설명회[9. 21(목)]: 온예산 활동 계획 안내, 예산 분석 방법론 특강
    - 예산 분석 세미나[9. 26, 28]: 2017년 시 주요 사업에 대한 분석 의견 발표(코디네이터), 분과별 의견 공유 및 의견서 초안 작성
    - 온예산 워크숍[10. 23, 24]: '18년 예산 편성 자료 설명 및 토의, 초안 작성 등
    - 의견서 작성 실무회의[10. 23(월)-27(금)]: 분과별 의견서 작성 및 코디네이팅 진행
    - 시민의견서 작성[10. 31(화)]: 최종안 검토 및 작성 등
  - 최종 시민의견서 제출
    - 일시: '17. 11. 3(금)
    - 제출 절차: 시민의견서 확정(시민참여예산과) ⇒ 예산담당관 ⇒ 시의회(예산안 첨부)
    - 주요 내용: 2018년도 시 예산안에 대한 시민 검토 의견

계는 참여예산위원회의 분과별 예산안 검토 및 의견 제출 과정이다. 이 과정에서 참여예산위원회는 개별 사업별 예산액의 증·감액 등 구체적인 의견을 제출하고 있으며, 그러한 의견 내용이 투명하게 주민들에게 공개된다. 두 번째 단계는 민관예산협의회 운영이다. 구청장이 주재하고 참여예산위원회 대표 등이 함께하는 이 절차를 통해 참여예산위원회 등 주민과 행정 의견을 공식적으로 조정하여 예산안을 결정하고 있다.

### 2) 은평구 민관협의 운영 결과

2018년도 예산 편성에 대한 참여예산위원회의 예산 조정 및 개선 방안 의견 수렴 결과, 예산 규모 조정에 관해 총 8건 사업에서 증액 330만 원, 감액

**【은평구 예산안 민관협의 운영 현황(2017)】**

- 예산 편성 및 조정 참여예산 위원회 운영 개요
  - 일시: 2017. 10. 23 - 11. 3
  - 참석자: 참여예산위원회 위원, 예산 관련 부서, 분과위별 소관 부서
  - 주요 내용
  - 분과위원회별 소관 부서 주요(신규) 사업 등 설명 및 질의
  - 대상 사업에 대한 분과위원회별 2018년도 예산(안) 심의
  - 심의 결과: 408건 401,102백만 원에 대한 심의 진행(33개 의견 접수)
- 민관예산협의회 운영 결과
  - 일시: 2017. 11. 6 - 11. 7
  - 참석자: 구청장, 참여예산위원장, 주민 대표, 예산 관련 부서장 등
  - 주요 내용: 주민들이 제시한 예산 조정(안)에 대한 반영 여부 협의

## 2018년도 은평구 예산안 민관협의 의견 내용(예시)

1. 분과위원회별 사업 예산 조정 내역

(단위: 천 원)

| 연번 | 부서명 | 사업명 | 검토 내용 | | | 분과위 의견 및 요청 사항<br>증액 3건 / 감액 5건(이견 2건) | 비고 |
|---|---|---|---|---|---|---|---|
| | | | 예산액 | 조정액 | 증/감 | | |
| 계 | | | 424,390 | 392,490 | | 증 3,300천 원 / 감 35,200천 원 | |
| 1 | 문화<br>관광과 | 은평 역사문화<br>탐방교실 | 84,400 | 83,400 | △1,000 | • 운영 횟수 증가 대비 물품 운영비의 두 배 증액은 과다하다고 판단됨.<br>• 이에 기타 물품 운영비를 전년 수준으로 동결 요청 | |
| 2 | | 파발제 | 130,000 | 120,000 | △10,000 | • 교통 통제 용역은 처음 실시하므로 시범적 운영 후 성과 및 경험을 토대로 한 증원 재검토가 필요하다고 판단됨.<br>• 교통 통제 민간 위탁 예산의 50% 수준으로 조정 | 이견 |
| 3 | 여성<br>정책과 | 가족친화<br>환경 조성 | 4,710 | 5,710 | 1,000 | • 가족친화 환경 조성을 위한 홍보 차원에서의 사업 추진 필요<br>• 장려상 시상금 10명⇒20명 증액 | |

〈이하 생략〉

2. 분과위원회별 사업 개선 분과위 의견

(단위: 천 원)

| 연번 | 부서명 | 사업명 | 예산액 | 분과위 의견 및 요청 사항 | 비고 |
|---|---|---|---|---|---|
| 1 | 총무과 | 공직자 직무 능력 향상 교육 및 직원 역량 강화 훈련 운영 | 115,000 | • 직원 역량 강화 훈련을 위한 프로그램 운영 시 수혜 중복 또는 사업 중복 등이 발생되지 않는 운영이 필요함. | 자치행정분과 |
| 2 | 기획<br>예산과 | 효율적인 민간 위탁 사업 추진 | 73,580 | • 관리 부서의 예산 집행에 대한 철저한 관리 감독이 필요하며 현장 점검 필요 | |
| 3 | 자치<br>안전과 | 폭염 대책 비상 근무자 수당 | 7,616 | • 올해 설치된 그늘막으로 폭염 및 기습 폭우에 대한 효과가 매우 극대화됨.<br>• 이와 더불어 기존 설치된 무더위 쉼터의 적극적 홍보도 필요함. | |
| 4 | | 사랑의 김장나누기 | 24,800 | • 새마을지회, 새마을부녀회, 통장협의회 등에서 운영되는 김장나누기 행사를 통합하여 예산 절감 방법으로 활용되기를 바람. | |
| 〈자치행정분과 기타 의견〉 | | | | • U-city관제센터 견학 요청 | |

〈이하 생략〉

3,520만 원의 조정 의견이 나왔고, 기타 33건의 사업 개선 의견도 함께 제출하였다. 이처럼 은평구의 예산안 민관 협의는 단위사업별 예산 규모 조정까지 포함하여 매우 구체적인 의견 수렴으로 진행된다.

30

# 참여예산 교육

시민교육은 참여예산제도를 홍보하고 참여자를 발굴하며 이들의 역량을 더욱 발전시키는 데 필요한 가장 기본적이고 중요한 운영 과정이다. 교육의 내용에 따라 기본교육과 심화교육, 특화교육 등으로 나누고, 대상별로 시민 교육, 위원 교육, 공무원 교육 등으로 구분할 수 있다. 구체적인 교육의 목적, 내용, 대상에 따라 강사진 및 커리큘럼은 물론 개최 장소 및 시간대 등 적절한 교육 환경을 설계해야 한다. 이러한 세밀한 기획과 준비를 행정이 직접 수행하기 어려울 경우 민간 전문 기관에 위탁 운영할 수 있다. 교육생 수 등 양적 목표에 집착해서는 안 되며, 참여자의 인식 및 역량 강화에 중점을 두고 운영해야 한다. 교육의 심화 과정에서는 시민들이 예산과 재정에 대한 상당 수준의 지식과 역량을 함양할 수 있어야 한다.

## 기본교육(참여예산학교)

기본교육은 주로 일반 시민을 대상으로 제공되며, '(참여)예산학교' 등의 이름으로 운영한다. 일련의 커리큘럼을 갖춘 독립적 교육 프로그램으로 운영하는 것을 기본으로 하되, 대시민 홍보 및 설명회에 주안점을 두고 '찾아가는 예산학교' 등의 이름으로 1-2시간 내외의 간략한 강좌를 구성할 수도 있다.

### 1) 기본교육 커리큘럼

커리큘럼은 참여예산제도의 의의와 현황, 국내외 참여예산 모범 사례, 지방예산의 기본 개념 및 절차, 해당 지방자치단체의 재정 현황 및 주요 정책(사업), 시민 제안 사업 발굴 토론 또는 사업제안서 작성 실습 등으로 구성한다. 서울시의 경우 2일 프로그램(각 3시간씩 총 6시간 커리큘럼)을 한 단위 교육 일정으로 편성하고 있다.

### 2) 예산학교 운영 시 유의점

(1) 개방성: 모든 시민에게 개방

예산학교를 운영하는 과정에서 첫 번째로 유의해야 할 점은 참여의 개방성을 보장하는 것이다. 많은 시민에게 참여예산을 알리고 이해도를 높이기 위해서는 마땅히 원하는 시민 누구나 예산학교를 수강할 수 있도록 문호 개방이 이루어져야 한다. 현실적 제약으로 인해 일정한 정원 제한을 두더라도 희망하

**2017년도 서울시 예산학교 커리큘럼**

<table>
<tr><th>회차</th><th>교육명</th><th>세부 내용</th></tr>
<tr><td rowspan="3">1일차</td><td rowspan="3">지방예산 및 참여예산제도 알기</td><td>지방예산의 기본 이해<br>• 지방예산 관련 주요 개념과 편성 절차<br>• 지방예산 현황(서울시 및 자치구 현황 중심)<br>• 정책과 예산의 연계성, 주민 참여 중요성에 대한 이해</td></tr>
<tr><td>참여예산이란 무엇인가<br>• 주민참여예산제도의 의의와 역사<br>• 서울시 및 자치구 참여예산제도 운영 현황<br>• 국내 · 외 참여예산 사례와 시사점</td></tr>
<tr><td>서울시 시민참여예산제도 세부 이해<br>• 서울시 시민참여예산제도 개요<br>• 2017년 시민참여예산제도 운영 현황(사업 선정 결과 등)<br>• 시민참여예산위원회 구성 및 기능<br>• 시 참여예산과 자치구 참여예산제도의 연계성 이해</td></tr>
<tr><td rowspan="3">2일차</td><td rowspan="3">서울시 참여예산 제대로 알기</td><td>서울시의 다양한 주민 참여 방법<br>• 서울시 시정 방향과 서울 시민의 연결고리 안내: 마을공동체, 도시 재생, 지역 혁신, 에너지 재생 등<br>• 서울시정 속 참여예산의 역할 이해하기</td></tr>
<tr><td>참여예산 제안 사업 사례 학습<br>• 서울시 참여예산에 반영된 실제 사업제안서 소개<br>• 사례 진행 과정을 통한 참여예산제도 운영 과정의 세부 이해<br>• 사업 제안 및 심사 과정 유의사항 등 시민 참여 가이드</td></tr>
<tr><td>시민 제안 사업 함께 만들기 워크숍<br>• 참여자 각자 제안 사항 준비, 조별 토론<br>• 상호 토론을 통한 제안 내용 수정 보완(공동 제안 가능)<br>• 완성된 사업제안서 실제 접수(상시 접수 처리)</td></tr>
</table>

는 시민이면 누구나 수강 신청을 할 수 있도록 추첨 등의 방식을 통해 회당 교육 인원을 공정하게 선정해야 한다. 서울시의 경우 예산학교 수강은 시민 모두

에게 열린 선착순(지역 균형성을 고려한 자치구별 정원제 활용) 방식을 채택하고 있고, 예산학교 수료자 중에서 참여예산위원을 추첨하고 있다.

(2) 편리성: 개최 시기 및 시간대 등

두 번째로는 시민들이 편리하게 접근할 수 있는 환경을 조성하는 것이다. 이에 관한 기본적인 고려 사항은 운영 시간대와 시기(또는 횟수)를 적절히 안배하는 것이다. 특히, 직장인이나 학생들이 참석할 수 있도록 저녁 시간대와 주말 등에 다양한 프로그램을 운영하는 노력이 필요하다. 개최 시기도 연중 분산하여 시민들이 편리한 시기에 수강할 수 있도록 배려해야 한다. 서울시의 경우 보통 주간반(14 - 17시), 야간반(19 - 22시), 주말반(토요일 10 - 13시)을 개설하고 있고, 운영 시기는 분기별 개최를 기준으로 연중 분산 운영 방식을 취하고 있다.

(3) 충실성: 자료, 실습, 설문 등

또한 교육생의 만족도와 교육 내용의 질적 제고를 위해 부단히 노력해야 한다. 이를 위해서는 무엇보다도 충실한 자료와 객관적 정보를 제공할 수 있어야 한다. 간혹 아무런 문서 자료 없이 강사의 프레젠테이션만으로 교육을 진행하는 경우가 있는데, 이는 교육생의 이해도와 집중도를 크게 떨어뜨리는 요인이 된다. 그리고 가능하면 강사의 동의를 구해 프레젠테이션 자료를 홈페이지에 게시하여 교육생들이 사후 확인 및 참고를 할 수 있도록 해주는 것이 좋다.

교육의 과정과 내용 면에서는 토론과 실습형 프로그램을 적극 활용하는 것이 바람직하다. 일방적 강의형에 비해 교육생의 직접 참여와 상호 소통이 활발하게 이루어지는 토론 · 실습형 프로그램이 한 단계 높은 효과와 만족도를 유발한다는 것은 잘 알려진 사실이다.

끝으로, 교육생을 대상으로 하는 설문 조사가 꼭 필요한 점을 강조하고자 한다. 시민 교육이 짧은 시간 안에 가시적 성과를 보일 수 없다 보니 자칫 '완료했다'는 데에 만족하는 반복적 요식 행위로 흐를 우려가 없지 않다. 수요자인 교육생의 만족도와 개선 의견을 확인하는 절차를 마련하고, 그 결과를 적절히 반영 · 개선하는 노력이 반드시 필요하다.

## 위원 심화교육

참여예산위원에게는 기본교육 외에 참여예산제도에 대한 심층적 이해와 사업 심사 등 실제 활동에 필요한 실무교육을 제공해야 한다. 강조하고자 하는 것은 위원 교육을 기본교육과 마찬가지로 참여예산의 필수 프로그램으로 간

**2017년도 서울시 참여예산 교육 연간 운영 현황**

| 기간 | 교육명 | 교육 대상 | 참석자(연인원) | 횟수 |
|---|---|---|---|---|
| 합계 | | | 2,390 | 25 |
| '17. 3. 4-3. 30 | 기본교육 1기 | 서울시민 | 1,181 | 9 |
| '17. 4. 11 | 심화교육 | 연임 위원 | 59 | 2 |
| '17. 6. 1-6. 8 | | 민관예산협의회 | 112 | 2 |
| '17. 6. 15-6. 22 | | 자치구분과 | 110 | 2 |
| '17. 6. 26 | | 예산모니터링분과 | 36 | 1 |
| '17. 6. 29 | | 홍보분과 | 12 | 1 |
| '17. 9. 21 | | 온예산분과 | 27 | 1 |
| '17. 8. 12-8. 29 | 기본교육 2기 | 서울시민 | 412 | 3 |
| '17. 11. 14-12. 6 | 기본교육 3기(찾아가는 학교) | 서울시민 | 441 | 4 |

2017년도 서울시 위원 심화교육 커리큘럼

| 구분 | 교시 | 교육명 | 내용 |
|---|---|---|---|
| 연임 위원 | 1교시 | 2017 서울시 참여예산 운영 계획 | • 2017년 시 참여예산제도 운영 계획<br>• 시민참여예산위원 구성 및 역할<br>• 시정형/지역형 사업 안내 |
| | 2교시 | 시민 참여를 위한 민주 시민 교육 | • 상생을 위한 시민 참여의 주요 가치: 양성 평등, 준법 정신 등<br>• 참여예산위원의 윤리 |
| 민관 예산 협의회 위원 | 1교시 | 사업 선정 과정 및 심사 기준 | • 시민참여예산 운영 현황 안내<br>• 서면 심사/현장 심사 등 제안 사업 선정 과정 안내 |
| | 2교시 | 사업 평가 기법 실습 | • 참여예산 제안 사업 선정을 위한 우선순위 토론<br>• 참여예산 사업 사례<br>• 조별 발표 및 토론[8개조×5분 발표(총 40분)] |
| 자치구 분과 위원 | 1교시 | 사업 선정 과정 및 심사 기준 | • 시민참여예산 운영 현황 안내<br>• 제안 사업 선정 과정 안내<br>• 적격/비적격 사업 심사 기준 |
| | 2교시 | 사업 평가 기법 실습 | • 자치구 평가 지표 안내<br>• 자치구 등급 평가 실습(2015년도 자료 기준)<br>• 조별 발표 및 토론 |

주하고 접근해야 한다는 점이다.

서울시의 경우 전체 참여예산위원을 대상으로 하는 공통 심화교육과 분과별 실무교육을 실시하고 있다. 2017년의 경우 각 교육은 회당 2시간 기준으로 운영하였고, 공통 교육은 당해 연도 참여예산제도 운영 계획 세부 설명에 관한 내용, 그리고 분과별 교육은 분과별 활동 요령과 워크숍 등에 관한 내용이 중심을 이루었다.

## 특화교육

특화교육은 특정한 대상이나 기능을 타게팅하는 참여예산 교육을 말한다. 구체적으로, 청소년이나 장애인 등 특정 집단 대상 교육, 환경 · 복지 · 안전 등 특정 분야 관련 중점 교육, 강사 양성 교육과 같이 명확한 기능적 목표를 지니는 교육 등을 의미한다(일종의 전문 교육에 해당한다). 이러한 교육에는 일반교육과 다른 커리큘럼과 강사진 등 세밀한 기획이 필요하므로 특화 교육의 실시는 지방자치단체별 여건과 필요성 및 준비 정도에 따라 단계적으로 확대해 나가는 것이 합리적이다.

### 1) 부문 · 계층별 맞춤 교육 – 청소년 예산학교

우리나라의 참여예산 교육은 계층 및 분야별 특성에 맞는 특화된 교육 프로그램이 극히 부족한 실정이다. 앞으로 참여예산이 심화(성숙) 발전하기 위해

**2017년도 인천 남구 청소년 예산학교 커리큘럼**

| 일정 | 교육 내용 |
|---|---|
| 1일차<br>(4시간) | • 친해지기<br>• 주민참여예산제도 이해<br>• 모둠별 청소년 정책 제안 활동 1 |
| 2일차<br>(4시간) | • 남구 예산 알기<br>• 모둠별 청소년 정책 제안 활동 2 |
| 3일차<br>(2시간) | • 제안 사업 투표하기<br>• 수료식 및 설문 조사 |

2017년도 서울 은평구 주민 강사 양성 교육 커리큘럼

| 일정 | 주제 | 강좌 | 시간 |
|---|---|---|---|
| 1회차 | 주민 참여 교육 방법(1) | • 입학식<br>• 마음 열기 및 팀 빌딩 | 60분 |
| | | • 주제를 여는 방법 | 120분 |
| 2회차 | 주민 참여 교육 방법(2) | • 다양한 주민 참여 교육 방법:<br>내용 학습 기법, 지역 의제 발굴 기법, 토론 | 180분 |
| 3회차 | 참여예산 돌아보기 | • 워크숍: 주민참여예산제도의 평가와 개선 방안 | 180분 |
| 4회차 | 프로그램 개발 | • 워크숍: 찾아가는 주민참여학교 프로그램 개발 | 180분 |
| 5회차 | 강의 실천 역량 강화 | • 교육 시연회 | 150분 |
| | | • 수료식 | 30분 |

서는 여성, 청소년, 장애인, 고령자, 취약 계층 등 대상 집단별 프로그램을 비롯하여 환경, 교통, 도시 안전 등 정책 분야별 교육 프로그램을 적극적으로 개발해서 활용해야 한다. 현재 몇몇 지역에서 선도적으로 운영하고 있는 청소년 참여예산학교 프로그램은 참고할 만하다(이와 관련하여 이 책의 제4부 25. 부록에서 제시하고 있는 미국의 학교 참여예산제도에 대하여도 참고할 필요가 있다).

### 2) 전문교육 – 시민강사 양성 교육

참여예산에 대한 교육 수요가 늘어나면서 강사진 확충 문제가 시급한 과제로 대두되고 있다. 전국적으로 높은 수준의 참여예산 관련 전문성을 갖춘 개인(전문가, 시민사회 활동가, 공무원, 의원 등)과 단체는 조금 과장하자면 손에 꼽을 정도이다. 무엇보다도 양질의 참여예산 전문가(강사)를 확보하고 양성하는 일이 중요하다. 아울러 지역별 강사진 정보를 취합하여 전국적인 강사진 풀을 형

성하고 공유하는 조치가 필요하다. 지방자치단체들은 먼 곳의 유명 강사만 찾을 것이 아니라 우리 지역 주민의 눈높이와 정서에 맞는 시민 강사를 적극적으로 양성하는 데 노력을 기울여야 한다. 서울 서대문구 등 일부 지역에서는 선도적으로 강사 양성 교육을 운영해 시민 강사를 배출하기도 했는데, 아쉽게도 이들의 활동과 역량을 성장시킬 수 있는 다양한 교육 프로그램이 뒷받침되지 못하였다. 강사 양성 교육과 함께 양성된 강사들이 활발히 활동할 수 있는 기회와 프로그램(예컨대, '찾아가는 교육 프로그램' 등)을 제공해야 할 것이다.

### 3) 공무원 교육

공무원 교육은 참여예산제도의 원활한 운영을 위해 꼭 필요하다. 하지만 전국적으로 이에 대한 관심과 노력이 크게 부족한 것이 현실이다. 공무원 대상 참여예산 교육은 우리나라 참여예산제도의 당면 과제 중 하나이다. 몇몇 지방자치단체에서는 부서별 예산담당 및 전체 직원 일부를 대상으로 '참여예산제와 공무원 역할' 등의 주제로 교육(보통 1-2시간 강의 프로그램)을 실시하기도 했다. 다만, 전체 공무원에 대한 참여예산 교육을 별도로 실시하는 것은 그리 효과적인 방식은 아니다. 대상자가 너무 많아 교육의 집중도가 크게 떨어지는 등 비용 대비 효율과 효과가 떨어지기 때문이다. 그러므로 전체 공무원을 대상으로 하는 참여예산 교육은 직원에 대한 기본 소양 교육 프로그램에 반영해서 운영하는 것이 적절하다.

무엇보다도 시급한 것은 각 부서 예산 담당 등 참여예산제도의 운영과 직접 관계되는 공무원을 대상으로 하는 구체적이고 전문적인 실무 교육이다. 만일 이들이 참여예산제도에 대해 소극적 내지 부정적 인식을 갖고 있거나 참여예산 사업 등 실무 처리 기준을 제대로 이해하지 못할 경우, 원활한 제도 운영이 어려운 것은 물론 주민과 행정 간에 불필요한 갈등이 유발될 수 있다.

서울시의 경우 매년 참여예산제도 운영 계획 공표 직후 자치구 참여예산제 담당자 설명회를 여는 등 주요 운영 단계마다 시청 각 부서와 자치구 담당자에 대한 설명회를 개최하고, 실무 매뉴얼을 제공하고 있다. 또한 일부 기초자치단체에서는 비록 일회성이지만, 예산 담당을 포함한 전체 직원을 대상으로 참여예산의 의의와 공무원의 바람직한 자세 등에 대해 교육을 실시하고 있다.

### 공무원 인식 개선 방안: 억지 교육보다 인력과 자료를 주라

공무원의 인식을 실질적으로 개선하기 위해서는 마지못해 받는 교육보다 실제 업무 수행 과정에서 좋은 경험을 얻을 수 있도록 지원하는 편이 훨씬 효과적이고 근본적인 대책이 될 것이다. 실무 과정에 컨설팅형 도움을 줄 수 있는 전담 인력을 배치하고 충실한 자료와 정보를 제공하여 참여예산 관련 업무가 보다 원활히 수행될 수 있도록 도와야 한다. 이러한 접근이 이루어질 때 비로소 실제 일하는 과정에서 올바른 인식과 경험을 쌓을 수 있고, 이것이 동료에게 전파되면서 참여예산제도를 대하는 공무원의 태도가 점진적으로 바뀔 수 있다.

참여예산제도는 전 부서가 직접 실무적으로 연관될 수밖에 없는 제도이므로 이를 총괄할 담당 부서가 있어야 한다. 총괄 담당 부서는 기본적으로 각 부서에 자료를 제공하고 이해를 돕고 운영 과정 중에 실무적 도움을 줄 수 있다. 그리고 행정과 주민 간의 이해와 소통의 가교 역할도 담당한다. 이러한 체계적인 총괄 기능(전담 인력과 부서)이 없이 무작정 참여예산 업무를 공무원에게 맡길 경우 담당자는 업무를 겪고 난 이후 참여예산에 대해 부정적 인식을 가질 가능성이 크다. 경험을 바탕으로 한 부정적 인식은 나중에 이론적 교육 정도로 바뀔 수 있는 것이 아니다.

제 6 부

# 참여예산 우수 사례

31

# 개요

2012년에 참여예산제도가 본격적으로 시행되면서 지방자치단체의 규모와 지역의 환경 및 여건에 따라 차츰 제도가 뿌리를 내리고 조금씩 다양한 형태로 발전하고 있다. 특히, 이 과정에서 지역의 주민 수용성과 행정 수용성 등에 맞춰서 일부 지방자치단체를 중심으로 참여예산제도가 다양화 · 특성화되고 있는 것은 자연스럽고 고무적이다.

제6부에서는 전국의 지방자치단체들 가운데 그동안 자신의 프로그램과 노력과 창의 그리고 성과 측면에서 상대적으로 우수한 참여예산제도를 실시하고 있다고 생각되는 몇 개의 지방자치단체 사례를 종합적 또는 부분적으로 기술하고 있다. 물론 여기에서 기술되는 내용 외에도 여러 수범 사례들(특히, 참여예산의 과정과 절차, 방법과 수단, 기타 창의적 참여 민주주의 요소)이 전국의 지방자치단체들에 존재할 것이다. 다만, 이 책에서는 그동안 다년간 참여예산제도에 직접 · 간접적으로 관여해 온 시민사회 조직(시민단체 포함)을 비롯하여 지방자치단체(공무원, 의원 등 포함), 참여예산위원, 전문가 사회 사이에서 대체적으

로 높은 평가와 평판이 인정되는 소수의 지방자치단체를 참여예산의 우수 사례로 선정하였다(물론 필자들 나름대로 다각도에서 많은 고심을 하였지만, 필자들이 본의 아니게 범하는 주관성의 오류가 내재될 수도 있다). 그리고 이들 대부분은 선도적인 참여예산제도의 실시 단체로 인정되어 정부로부터 최고 수준의 수상을 한 바 있다. 한 가지 분명한 사실은 이들 지방자치단체는 전국의 평균적 지방자치단체에 비해 지방자치단체(특히, 자치단체장과 관계 공무원)와 시민사회 조직 그리고 일부 주민이 적극적으로 연계 협력을 하였고, 제도의 혁신을 위해 많은 노력과 창의적 활동을 이루었다.

참여예산제도는 하나의 독립적인 제도이지만, 지방자치단체들이 기존에 수행해 왔던 각종 주민참여제도와 결합하면서 시너지 효과와 함께 자신 고유의 색깔과 정체성(identity)을 나타내고 있다. 예를 들면, 서울시 은평구의 경우 포괄적인 주민 참여 행정을 표방한 이후 시행된 참여예산제도는 기본적으로 다양한 행정 영역의 참여와 결합하는 형태로 나타났다. 대표적으로, 동별 지역회의와 함께 온라인 투표 참여 모델이 전국에서 최초로 도입되었다. 이 과정에서 지방자치단체장의 리더십을 필두로 시민사회 조직과 주민들이 제도 발전에 원동력이 되었다. 경기도 수원시와 시흥시 또한 참여예산제도 도입 이후 끊임없이 제도 혁신을 도모한 지방자치단체로 평가되는데, 그 이면에는 시민사회 조직과 단체장의 의지 및 노력이 중요하게 작용하였다. 이는 참여예산제도의 조기 정착을 위해 전체 정책사업비의 10%에 해당하는 500억 원을 시민이 결정하도록 예산 조치를 한 서울시의 사례에서도 공통적으로 발견된다.

참여예산의 우수 사례는 다른 지방자치단체에 모범이 되는 노력과 창의성 요소를 분명히 내포한다. 하지만 그것을 모방한다고 해서 모든 지방자치단체의 참여예산제도가 성공 가도를 걷는다는 보장은 없다. 그것은 제도의 외형적 틀과 성과의 이면에 서로 다른 지역 환경(정치 · 사회 · 지리적 환경)과 행정과 시민의 (연계) 관계 그리고 다양한 숨은 요소들(예컨대, 숨은 희생, 노력, 봉사 등)이 존재하기 때문이다. 예를 들어, 서울시가 도입한 시정형 · 지역형 사업 유형 구분은 광역 지방자치단체의 일반적인 유형이지만, 서울시처럼 시정형 사업을 협치형 사업으로 분화하거나 지역형 사업을 계획 기반형으로 도입한 조치를 바로 다른 광역 지방자치단체에 적용할 수 있는 것은 아니다. 마찬가지로 은평구나 시흥시와 같은 도시형 기초 지방자치단체에서는 동을 기본 단위로 하는 지역회의를 통한 상향식 제도가 효과적으로 정착할 수 있지만, 행정 구역이 훨씬 넓은 군 단위 지방자치단체에는 바로 적용하기 힘들다.

제6부에서 제시하는 우수 사례는 참여예산의 거시적 측면과 일부 미시적 과정 및 방법 등에 있어서 국내에서 상대적으로 모범적이고 양호하다는 것이지, 세계적 벤치마킹(benchmarking)의 대상이거나 참여예산의 훌륭한 성과나 결과를 이루었다는 의미가 아니다. 다만, 여기에서 제시된 참여예산의 우수 사례는 전국의 다른 지방자치단체들이 자신의 참여예산 모습과 비교해서 참조할 만한 좋은 내용과 노력을 담고 있는 것은 분명하다. 이웃집이 어떻게 행복하게 살고 있는지에 대해 알고 배울 필요는 있지만, 그것이 우리 집에 그대로 적용될 수는 없다. 각 집의 여건과 특성 그리고 속사정 등이 다르기 때문이다. 이 책의 제2부에서 확인된 바와 같이 참여예산제도의 세계적 표준 모델은 없고, 각 지역이 제도의 취지와 정신을 살려 자기에게 가장 맞는 참여예산의 옷을 입는 것이 중요하다.

여기에서 소개하는 사례는 광역 지방자치단체 한 지역(서울시), 기초 지방자치단체 네 지역(경기도 수원시와 시흥시, 서울시 은평구와 성북구)의 전체 참여예산에 관한 주요 과정과 내용을 담고 있다. 다만, 군의 경우 참여예산의 전체 과정과 내용을 수범적으로 충실히 수행하고 있는 지역을 발견하기가 어려워 참여예산의 일부 단계와 과정 및 내용 면에서 상대적으로 잘하고 있는 몇 개의 군 사례를 제시하고 있다. 그뿐 아니라 군의 경우 인구가 밀집된 시나 자치구와 달리 농촌형 지방자치단체로서 지리적 환경과 지역적 특성 면에서 지역 간 격차가 심하고 복합적 요인을 안고 있어서 하나의 종합된 우수 사례를 도출하기가 어려웠다. 끝으로, 제6부에서 제시되는 우수 사례는 모방 대상이 아니라 선의의 경쟁과 동료 압박(yardstick competition, peer pressure)과 같은 비교 참조의 대상이 되어 궁극적으로 각 지방자치단체 스스로가 제도를 혁신할 수 있는 아이디어를 고민할 수 있기를 희망한다.

32

# 광역 지방자치단체 - 서울특별시

**【주요 특징】**

- 서울시 참여예산제도는 광역 지방자치단체 중에서 가장 큰 규모의 참여예산을 운영한 것으로 세계적으로 유래가 드물고, 사실상 2018년에 처음 시행되는 국민참여예산제도의 현실적 가능성을 선행적으로 보여 준 사례이다.
- 특히, 2012년 조례 제정 이후 매년 참여예산제도의 과정과 내용에 대한 논의를 하고 그것을 토대로 제도를 개선해 왔다.
  - 이때 제도의 변화에 맞춰 조례를 개정함으로써 잦은 제도 변화에 따른 불안정성 문제를 효과적으로 보완해 왔다.
- 300명에 달하는 참여예산위원들이 참여하는 모델을 통해 연간 100여 차례의 회의를 진행하고 현장 방문 등 사업 심사 등의 과정을 운영하며, 무엇보다도 이 과정에서 참여예산제도의 기본 가치를 보장하고자 노력하고 있다.
- 2017년부터 기존의 참여예산위원으로만 구성된 사업 심사 분과를 사업 부서의 공무원, 민간 전문가가 참여하는 민관예산협의회로 변경 운영함으로써 사업의 품질을 높이는 시도를 하고 있다.
- 그동안 서울시가 역점을 두고 추진했던 마을 공동체 사업과 협치 사업 등의 시정 성과를 참여예산제도로 흡수하고 이를 통해 제도의 질적 성숙을 기하였다.

- 참여예산제도를 지원하는 거버넌스로 지원협의회 구조를 도입하여 제도 운영 전 과정에서 민간이 주도할 수 있는 환경을 조성하는 한편 별도의 참여예산과를 신설하여 제도의 운영과 관련된 전문성을 제고하였다.
- 참여예산 운영 부서에 개방직 공무원을 채용하고, 이를 통해 민간의 전문성과 공무원 역량의 연계 시너지를 강화하는 한편 자칫 형식적으로 운영될 수 있는 참여예산제도의 활력을 강화하고 있다.
- 많은 시민의 참여를 위해 광역지방자치단체 최초로 온라인 시민 투표 방식을 도입하는 한편 참여예산학교를 상시적으로 운영하면서 교육 과정을 이수한 시민 모두를 예비 참여예산위원에 포함시켜 전반적인 제도 확산을 도모하였다.

## 개요 및 특징

### 1) 추진 개요

서울특별시는 2018년 현재 인구 9,857,426명의 거대 도시로서 예산(당초예산 총액 기준) 규모 31조 8,141억 원에 25개의 자치구를 포괄하는 광역자치단체이다. 서울시 참여예산제도의 추진 경과는 다음과 같다.

- 2012년 1월: 서울시-시민사회 단체 참여예산제 도입을 위한 TF 구성
- 2012년 5월: 서울특별시 주민참여예산제 운영 조례 제정 공포
- 2013년 5월: 조례 1차 개정

가. 시장의 총회 참석 의무 조항 삭제(안 제5조)

나. 주민참여예산의 범위를 예산과 기금으로 확대(안 제6조)

다. 시민 공모위원의 비율을 전체 위원의 3/5에서 4/5로 확대(안 제15조)

라. 사업 타당성이 높은 사업이 선정될 수 있도록 참여예산에 대한 심사 기준 마련(안 제18조의2)

마. 예산 교육을 위한 예산학교 강사 및 교재 원고료 등 지급 기준 규정(안 제25조)

● 2014년 4월 2차 개정

가. 시 · 구 공무원과 산하 출연 기관이나 투자 기관에 종사하는 자에 대해서는 참여예산 사업의 직접적인 이해당사자로 간주하고 참여예산위원회에서 배제(안 제2조 제2항 신설)

나. 총회 결정 과정에 일반 주민 의견 반영 근거 마련(안 제21조 ③, ④)

● 2016년 1월 3차 개정

가. 현재 위원 정수의 1/2 범위에서 1회에 한하여 연임할 수 있도록 규정하고 있는 위원의 임기와 관련하여 시민들의 참여 확대를 위해 1회 연임을 한 차례 중임으로 개정하고, 또한 위원의 위촉권자인 시장이 위원의 중임 여부를 결정하도록 관련 규정을 개정

● 2016년 4월 4차 개정

가. 지역회의에서 각 자치구의 주민 의견 사업을 수렴하고 우선순위를 정하여 주민참여예산위원회에 제출 기한을 7월 말까지로 변경(6월 말 → 7월 말)

나. 주민참여예산위원회 심의 · 결정 사항의 제출 기한을 8월 말까지로 변경(7월 말 → 8월 말)

다. 주민참여예산지원협의회 위원 임기를 2년으로 정한 규정을 신설

● 2017년 3월 5차 개정

가. 시 예산 편성에 관한 의견을 제출하거나 사업 공모에 참여할 수 있는 주체에 단체를 포함(안 제9조 제2항)

나. 위원회 위원 구성 방법 및 위원 정수 변경(안 제15조 제2항, 제4항 및 제6항)

주민참여예산위원회의 위원 선정 시 예산학교 교육 과정을 이수한 자 중에서 추첨하도록 하고, 시장 또는 시의회가 추천하는 자에 대하여도 예산학교 이수 의무를 신설하며, 위원 정수를 250명 이내에서 300명 이내로 확대

다. 주민참여예산위원의 전문성 강화를 위하여 위원의 임기를 중임 제한에서 연임 제한으로 개정(안 제16조 제2항).

라. 민관예산협의회 신설 및 기능 분과 운영(안 제19조의1 신설)

주민이나 단체가 제안한 사업의 심사 · 조정 등을 위하여 실 · 국 · 본부에 민관예산협의회를 신설하고, 시 재정 분야에 대한 주민 참여를 보장하기 위한 기능 분과 운영의 근거 규정 마련

마. 분과위원회 폐지(제20조)

민관예산협의회에서 동 기능을 수행함에 따라 폐지

바. 주민참여예산지원협의회의 위원 정수를 15명 이내에서 25명 이내로 확대(안 제25조 제2항)

사. 위원회 위원의 회의 참석 수당 일부 현실화를 위해 「서울특별시 공무원 여비 조례」에 준하여 지급하도록 개정(안 제28조 제3항)

● 2017년 7월 6차 개정

가. 조례명을 「서울특별시 주민참여예산제 운영 조례」에서 「서울특별시 시민참여예산제 운영 조례」로 변경

나. 기존 조례상 '주민'으로 규정된 문구를 '시민'으로 변경

다. 위원의 추천 방법 및 해촉 사유 변경(안 제15조 제4항 제2호 삭제, 제16조 제3항 제4호 신설)

자치구 추천위원을 폐지하고 위원 해촉 사유에 품위 손상을 추가

라. 참여예산 임원제도 개선(안 제17조)

위원장을 민관예산협의회 회장 및 분과위원장 중에서 매번 총회 때마다 호선하고 부위원장직을 폐지

마. 참여예산 사업 심사 기준의 강화(안 제18조의2 제5호 신설)

예산 편성 기준과 절차를 피할 목적으로 제안하는 사업을 심사 시 제외

● 2018년 4월 제7기 서울시참여예산위원 위촉

## 참여예산 추진 체계와 운영 현황

(1) 위원 현황: 300명(추첨 275명, 추천 25명)

(2) 운영 시기: 연중(4-8월, 11월 집중 운영)

(3) 의결: 재적 위원 과반수 출석 개의, 출석 위원 과반수 찬성 의결

(4) 주요 기능

- 예산 편성안에 대한 조정 의견 및 사업 개선안 제시
- 주민이 제안한 참여예산 사업 검토 및 심사
- 부서별 주요 사업 계획 수립 참여 및 의견 제시 등

(5) 운영 체계: 11개 민관예산협의회, 1개의 자치구분과, 4개의 기능 분과 (2017년 기준)

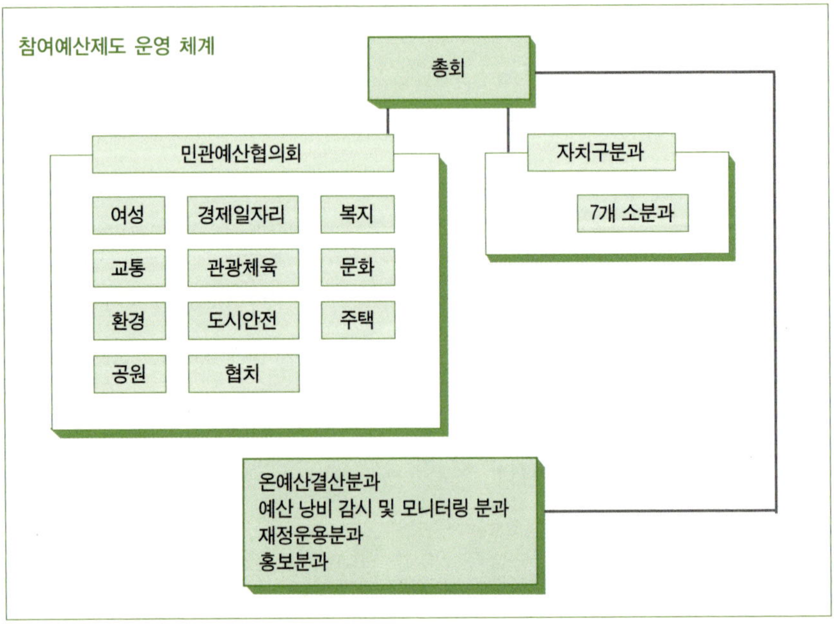

## 핵심 성과 및 특징

### 1) 사업 선정 결과(2017년 기준)

(1) 총 3,432개 사업이 신청되었고 이에 대해 시 자치구 사무 구분, 적격심사, 제안자 사업 설명, 현장 확인, 사업 구체화 및 통폐합 숙의 심사 등을 거쳐 9월 2일에 최종적으로 사업의 선정이 확정됨.

- 지역참여형: 자치구 지역회의에서 152개 사업 89억 5천만 원을 선정하여 총회 제출 선정
- 구단위계획형: 자치구 민관협치위원에서 104개 사업 70억 5천만 원을 선정하여 총회 제출 선정
- 동단위계획형: 구별 1-6개 동을 선정하여 동별 마을총회에서 3천만 원 범위 내 사업 총회 제출 선정(341개 사업, 24억 6천만 원)

  ※ 실 · 본부 · 국 예산 편성(안): 765건, 587억 5천만 원(선정 사업 중 1건 법령 및 시 조례 위반으로 미편성)

(2) 각 심사 과정에서 최초 제안 사업의 분류와 점검 · 심사 단계를 거치면서 사업 통폐합, 변경 등이 이루어졌음.

| 구분 | | 계 | 여성 | 경제 · 일자리 | 복지 | 교통 | 문화 | 환경 | 관광 체육 | 도시 안전 | 주택 | 공원 |
|---|---|---|---|---|---|---|---|---|---|---|---|---|
| 계 | 사업수 | 766 | 33 | 86 | 77 | 43 | 223 | 134 | 14 | 68 | 11 | 77 |
| | 사업비 | 592.5 | 53.2 | 65.3 | 41.8 | 53.8 | 55.6 | 94.5 | 47.3 | 56.6 | 25.2 | 99.1 |
| 시정참여형 | 사업수 | 153 | 12 | 15 | 8 | 19 | 5 | 14 | 6 | 13 | 7 | 54 |
| | 사업비 | 351.4 | 27 | 26.7 | 20.3 | 35.5 | 14.8 | 54.1 | 40 | 33.9 | 18.7 | 80.4 |
| 시정협치형 | 사업수 | 16 | 2 | 2 | 2 | - | 3 | 5 | 1 | - | 1 | - |
| | 사업비 | 56.5 | 13 | 6.3 | 3 | - | 2.1 | 25.7 | 3 | - | 3.5 | - |
| 지역참여형 | 사업수 | 152 | 8 | 8 | 25 | 13 | 24 | 16 | 4 | 31 | 1 | 22 |
| | 사업비 | 89.5 | 6.8 | 5.2 | 9 | 10.1 | 12.3 | 4.9 | 1.9 | 19.2 | 2 | 18.1 |
| 구단위계획형 | 사업수 | 104 | 10 | 38 | 15 | 9 | 19 | 5 | 1 | 4 | 2 | 1 |
| | 사업비 | 70.5 | 6.3 | 26.1 | 8 | 8.1 | 15 | 1.9 | 2.4 | 1.2 | 1 | 0.5 |
| 동단위계획형 | 사업수 | 341 | 1 | 23 | 27 | 2 | 172 | 94 | 2 | 20 | - | - |
| | 사업비 | 24.6 | 0.1 | 1 | 1.5 | 0.1 | 11.5 | 8 | 0.1 | 2.4 | - | - |

| 단계 | 결과 |
|---|---|
| 최초 신청 사업 | 3,432개 총 8,329억 원 |
| 시 자치구 사무 구분 | 자치구 이관 2,168개, 서울시 사업 1,264개<br>(시정참여형 1,168개 사업, 시정협치형 96개 사업) |
| 적/부적격 심사 | 부적격 714개, 적격 550개<br>(시정참여형 520개 사업 1,450억 원, 시정협치형 30개 사업 118억 원) |
| 민관예산협의회 심사 | 시정참여형, 시정협치형 238개 사업 526.9억 원<br>(사업비 실링 시정참여형 350억 원, 시정협치형 100억 원) |
| 총회 선정 | 766개 사업 592.5억 원<br>(시정참여형 153개 사업 351.4억 원, 시정협치형 16개 사업 56.5억 원, 지역참여형 152개 사업 89.5억 원, 구단위계획형 104개 사업 70.5억 원, 동단위계획형 341개 사업 24.6억 원) |
| 예산안 반영 | 선정 사업 중 1건 법령 및 시 조례 위반으로 미편성<br>(765건 587.5억 원) |
| 시의회 확정 | 747개 사업 541.8억 원 |

### 2) 운영 성과 및 특징

(1) 주민참여예산제도에서 시민참여예산제도로 제도 숙성 및 시민 참여 활성화(2017년)

- 참여예산과 협치 사업의 통합 추진 및 현장 홍보 강화로 시민 투표 116,943명 참여, 우수 사업 투표 8,958명 참여
- 시 전체 예산안 및 전년도 집행 결산 의견 제시, 참여예산 사업의 모니터링, 예산 낭비 감시 활동, 지역 사업 평가 및 사전 심사 등 참여 범위 확대

(2) 민과 관이 함께 참여하여 '숙의 공론화'를 진행함으로써 참여예산 사업의 품질 향상을 도모함.

- 11개 민관예산협의를 구성하여 참여예산위원과 함께 사업 부서 공무원, 민간 전문가가 함께 참여하는 공론 숙의 과정 도입
- 총 100여 차례 회의를 진행하여 생활밀착형 소규모 사업과 광역 사업이 높은 지지를 받음.

(3) 자치구 참여예산제도 발전을 유도하고 서울시 참여예산제도와 자치구 참여예산제도의 공동 발전을 도모함.

- 자치구 참여예산제 운영 실태 평가를 처음 실시하여 7개 자치구의 조례 개정을 유도
- 자치구 참여예산 지원 사업에 대한 적격 심사를 실시하여 사업의 품질 향상을 도모

## 2018년 주요 개선 방향

### 1) 사업의 심사 및 구체화 과정에서 시민 참여 확대

(1) 참여예산 사업 제안과 심사 단체 시민 참여 활성화

- 홈페이지에 제안 사업에 대한 시민 선호도가 높은 사업을 전면에 배치하고, 시민 의견을 선정 심사 시에 반영하며, 참여를 유도하기 위한 인센티브 장치를 마련함.
- 민관예산협의회 제안 사업 심사 과정에서 제안자 및 시 사업 부서의 참여를 확대하여 사업 효율성(사업 구체화, 통폐합 등)을 도모함.

(2) 참여 방식의 다양화를 위해 투표 기간을 연장하고 홍보를 강화함.

- 사업 선정 시민 투표 시 현장 투표 등 참여 방식을 다양화하고, 기존의 2주 투표 기간을 4주로 확대
- 위원회 활동이나 우수 사업 사례 현장 스케치 등을 활성화하기 위해 홍보분과와 지원협의회를 중심으로 시민 자율 홍보를 지원

### 2) 참여예산 사업의 품질 향상을 위한 민관 협의 강화

(1) 민관예산협의회 사업 심사를 강화하고 절차를 보완함.

- 사업 제안자에 대한 컨설팅단을 운영하고, 제안자와 사업 부서가 참여하는 민관예산협의회의 3-5개 소그룹 숙의 심사를 실시
- 시민 투표 전에 선정 대상 사업 중에 유사 · 표절 사업에 대한 이의

절차를 마련하여 사전 통제

(2) 서울시 전체에 해당하는 광역 사업을 발굴하고 시민 투표 대상 사업 수를 감축하여 시민 참여의 효율성을 높임.

- 사업의 수혜 범위가 1개 구로 제한적인 사업은 총회 상정 사업에서 배제
- 사업의 검토 과정에서 구체화 및 유사 사업 통폐합을 체계적으로 실시하여 서울시 광역 사업을 적극적으로 발굴하고자 노력

### 3) 자치구 참여예산제의 내실화 및 활성화를 유도

(1) 기존의 개별 사업 선정 방식에서 지역사회 혁신 계획에 기반한 통합적인 사업 제안을 확대 유도함.

- 전략적으로 지역사회 문제 해결을 하기 위해 계획기반형 사업 유형을 유도(2017년 7개 자치구에서 2018년에 15개 자치구로 확대)
- 이를 위해 기존 지역참여형 사업의 사업비에 지역 혁신 계획을 수립할 경우 5억 원의 예산을 추가함.

(2) 자치구 참여예산제도의 평가 지표를 개선하고, 자치구 총회 전 참여예산 지원 사업의 적격 심사를 진행함.

- 자치구 참여예산 평가 지표 중에서 정성 평가 부문을 신설하여 자치구별 다양성을 보장하고, 가점 항목과 감점 항목을 신설함.
- 자치구 총회를 통해서 사업을 확정하기 전에 적격 심사를 진행하여 사업의 품질을 향상시키되 자치구 참여예산위원회의 자율성은 보장함.

### 4) 전체 예산에 대한 심사와 정보 공개를 강화하고 참여 계층을 다양하게 구성

(1) 시 전체 예산에 대한 의견 제시 활동을 강화하기 위해 해당 기능별 분과인 온예산분과위원 선정을 독립 분과로 신설하고, 2019년도 예산 편성 전에 전체 예산에 관한 사항(의견)을 반영하는 시민 의견서를 우선 제출하도록 함.

(2) 온라인 환경을 개선하여 참여예산 사업의 심사, 편성, 실행, 집행 결과의 전 과정을 투명하게 확인할 수 있도록 정보 공개를 강화함.

(3) 청년, 여성, 장애인 단체 등과 연계하여 다양한 계층의 참여예산 동참을 유도하기 위해 참여예산 시민 네트워크 구성을 지원함.

## 2018년 참여예산 운영 계획 및 주요 내용

### 1) 2018년 참여예산 운영 계획

(1) 총괄: 참여예산 사업의 규모는 총 700억 원 이내

| | 시정형 450억 원 | + | 지역형 200억 원 | + | 동계획형 27억 원 |
|---|---|---|---|---|---|
| 참여 (502억) | 350억 원 | | 125억 원 (자치구별 4.5/5/5.5억 원) | | 27억 원 (동별 3천만 원) |
| 협치 (175억) | 100억 원 | | 75억 원 이내 (참여예산 사업을 區 단위 지역 혁신 계획 통합 시 5억 원 추가 지원) | | 25개 자치구 90개 동 |

- 사업은 크게 시정형, 지역형, 동계획형으로 구분하되, 시정형 사업을 일반참여형 사업과 시정협치형 사업으로 구분하여 총 4개의 유형으로 구성됨.
- 사업 유형에 따라 사업 심사를 담당하는 기구를 다원화하여 주요 단위별 자율성을 높임(시정 분야: 서울시 시민참여예산위원회, 지역참여형: 자치구 참여예산위원회, 구단위계획형: 자치구 민관협치회의, 동단위계획형: 동별 마을계획단, 동회의 등).

사업 구분(2018년 기준)

| 구분 | | 사업 내용 | 사업 심사 주체 |
|---|---|---|---|
| 시정 분야 | 시정참여형 | 2개 이상 자치구의 시민 편익 향상과 광역 도시 문제 해결 사업 | 서울시 시민참여예산위원회 |
| | 시정협치형 | 도시 문제 해결을 위해 사업 선정 · 집행 등 전 과정에 민관이 공동 참여하는 사업 | |
| 지역 분야 | 지역참여형 | 지역사회 주민 불편 해소를 위한 생활밀착형 사업 | 자치구 참여예산위원회 |
| | 구단위계획형 | 지역사회 문제를 해결하기 위한 區 지역사회 혁신계획 사업에 참여예산 사업을 통합 추진하고 인센티브 부여 | 자치구 민관협치회의 |
| | 동단위계획형 | 마을 단위 문제 해결을 위한 마을계획단 등 발굴 사업 | 동별 마을계획단, 동회의 등 |

### 2) 시정참여형 참여예산 사업 심사 절차

- 사업 규모: 350억 원
- 대상 사업: 시정 주요 분야 시 사무로 시비 투자 대상 사업

시정 주요 분야: 여성, 경제 · 일자리, 복지, 교통, 문화관광, 환경, 도시안전, 주택, 공원

## ● 추진 절차

① 참여예산 사업 공모 〈'18. 2. 12-3. 23〉

② 제안 사업 분류, 통폐합 및 적격 검토 〈'18. 3. 26-5. 8〉

③ 제안 사업 심사 및 시민 투표 대상 사업 선정 (민관예산협의회) 〈'18. 5. 9-7. 6〉

④ 시민 투표 대상 사업 공고 (총회 상정 사업 이의 · 조정) 〈'18. 7. 9-7. 20〉

⑤ 사업 홍보 및 시민 투표 〈'18. 8. 6-9. 1〉

⑥ 한마당 총회 (2019 참여예산 사업 선정) 〈'18. 9. 1〉

⑦ 예산안 편성 (실, 본부, 국) 〈'18. 9-10〉

⑧ 예산안 심의 확정 (서울시의회) 〈'18. 12〉

## ● 추진 흐름도*

**① 참여예산 사업 신청** 2018. 2. 12 - 3. 23

■ 신청 자격: 서울시민과 서울 소재 직장인 · 학생 · 단체
※서울시와 자치구의 공무원 및 산하 출연 기관이나 투자 기관에 종사하는 자는 제외

■ 신청 내용: 사업명, 사업 개요, 사업 기간, 위치, 예산 규모, 현장 사진, 기대 효과, 사업 설명 동영상, 기타 필요한 자료 등

* 서울특별시, 『2018년 시민참여예산제 운영계획』, 2018.

## ② 제안 사업 분류, 통폐합 및 적격 검토

2018. 3. 26 - 5. 8

■ 사업 분류: 시 사무(시정참여형 · 협치형), 자치구 사무(지역참여형)
- ○ 시정참여형 사업은 실 · 본부 · 국에 설치하는 「민관예산협의회」 심사에 회부
  - ※ 시정 분야: 조례 제18조의2 제1호 및 제2호
    - – 시 전체를 대상으로 하는 사업
    - – 사업의 기대 효과가 일반 시민에게 보편적으로 제공되는 사업
- ○ 시정협치형 사업은 서울혁신기획관에서 협치형 사업 심사 기준과 절차에 따라 시행하고, 지역참여형 사업은 해당 자치구로 이관

■ 통폐합 및 적격 검토
- ○ 시 사업 부서에서 유사 사업 통폐합 및 적격 검토 우선 시행 후 민관예산협의회 심사 회부

【 부적격 사업* 】
- ○ 지방자치법, 지방재정법, 그 밖의 예산 편성에 관하여 규정된 사항을 위반하는 사업
- ○ 이미 설치 운영 중인 시 또는 자치구 시설에 대한 운영비의 신규 또는 증액을 요구하는 사업
- ○ 단년도 사업이 아닌 계속사업
  - ※ 계속사업: 공사나 제조, 그 밖의 사업으로 그 완성에 수년을 요하는 사업
- ○ 기타 예산 편성 기준과 절차를 피할 목적으로 제안된 사업
  - ※ 학술용역 심의, 민간 위탁 동의 등 법정 사전 절차 미이행한 경우 제외 (단, 참여예산 사업 선정 후 시의회 예산안 제출 전까지 절차 이행한 경우는 가능)

* 서울시 시민참여예산제 운영 조례 기준이며, 세부 지침은 시민참여예산지원협의회 의견 수렴 후 추진

## ③ 민관예산협의회 사업 심사

2018. 5. 9 - 7. 6

■ 제안 사업 적격/부적격 심사
- ○ 시 사업 부서에서 적격 및 부적격으로 분류한 사업에 대한 적정 여부 심사

■ 제안자 사업 설명 청취

■ 제안 사업 1차 선정: 분야별 170% 사업 선정
- ○ 사업제안서, 시민 의견, 사업 부서 실무보고서 등을 참고하여 사업 타당성, 필요성, 효과성 등을 위원별 평가 후 결과를 합산하여 고득점 순으로 선정(붙임 3)
- ○ 총한도액은 사업 예산 350억 원 기준 170%인 596억 원으로, 분야별 적격 사업 수 및 사업비 비율로 배분

○ 분야별 적격 사업이 170% 미만일 경우 평가 생략

▣ 현장 확인
  ○ 1차 선정 사업 중 심사에 필요한 사업은 모두 현장 확인 실시
  ○ 현장 확인 보고서 작성(사진 포함) 후 민관예산협의회 심사 시 보고

▣ 사업 내용 숙의 및 심사
  ○ 민관예산협의회, 사업 부서 등이 참여하는 소그룹 숙의 실시
  ○ 제안자를 참여시켜 제안 취지를 훼손되지 않도록 하고, '제안자 설명', '현장 확인 보고서' 자료를 토대로 토론
  ○ 토론을 통한 사업 보완 · 발전(구체화, 유사 사업 통폐합 등) 후 위원별로 사업 타당성, 효과성, 수혜성 등에 관한 평가표에 따라 평가 실시(붙임 3)
    ※전체 위원의 합의에 의거 평가 제외 사업 선정 가능

▣ 사업 우선순위 결정(130%) 후 총회 상정
  ○ 분야별 위원의 평가 결과를 합산, 고득점 순으로 우선사업 결정 후 총회 상정
    – 총한도액은 사업 예산 350억 원의 130%인 456억 원
    – 수혜 범위가 1개 구로 제한적인 사업은 총회 상정 사업에서 배제
      • 서울시 직접 수행 사업(예: 한강, 서울숲 등)이나 시범 사업은 가능
        ※ 지방자치법 시 사무 규정: 행정 처리 결과가 2개 이상의 자치구에 미치는 광역적 사무
        참여예산제 조례 규정: 시 전체를 대상으로 하는 사업, 사업의 기대 효과가 일반 시민에게 보편적으로 제공되는 사업을 우선 추진
  ○ 총회 상정 사업 수를 감안하여 시민참여예산지원협의회 의견 수렴 후 결정
    ※ 자치구별 시민참여예산위원이 해당 지역 시의원에게 총회 상정 사업 설명

### ④ 총회 상정 사업에 대한 이의 제기 및 조정

'18. 7. 9 - 7. 20

▣ 부적정 사업에 대한 이의 제기
  ○ 이의 · 조정 제기 사업은 시민참여예산담당관 검토 후 지원협의회에서 최종 결정
    ※ (2017년 운영 사례) 시민 투표 기간 중 특정 민간단체명, 사업 내용 차용 사업 철회 1건, 사업 선정 후 타 기관 소관 시설 관련 사업 예산 미편성 1건

**⑤ 시민참여예산 사업 선정(총회)** '18. 9. 1(토)

▣ 선정 방법: 전자 투표와 현장 투표 합산
- ㅇ (전자 투표) 분야별 '민관예산협의회'가 결정한 총회 상정 사업에 대하여 참여예산위원, 예산학교 회원, 제안자 및 일반 시민 전자 투표를 실시
- ㅇ (현장 투표) 거리 · 현장에서 총회 상정 사업에 대하여 일반 시민 투표
  - ※ 최종 사업 선정 방식 및 투표에 관한 사항은 시민참여예산지원협의회 의견 수렴 결정

▣ 투표 대상: 참여예산위원, 예산학교 회원, 제안자, 일반 시민
- 참여예산위원은 분과위원회 출석률 50% 이하('18. 7. 31 기준)일 경우 일반 시민 투표 반영 비율과 동일

▣ 투표기간 : 2018. 8. 6 - 9. 1

| 구분 | 총회(참여예산위원) | 예산학교 회원 | 제안자 | 시민 투표 |
|---|---|---|---|---|
| 반영 비율 | 30% | 10% | 10% | 50% |
| 투표 방법 | 총회 현장 PC 투표 | 모바일 또는 재택 PC | | |
| 투표권 | 분야별 투표 대상 사업 수를 감안, 투표 사업 수 결정 | | | |

▣ 총회 개최: 2018. 9. 1(토), 서울광장/다목적홀(추후 변경 가능)
- ㅇ 시민참여참여예산 사업 최종 선정

**⑥ 참여예산 사업 예산안 반영** '18. 9. 3 - 10. 31

▣ 편성 방법

시정 · 지역참여형, 시정협치형: 실 · 본부 · 국 예산안에 편성

구단위 · 동단위 계획형: 서울혁신기획관 예산안에 편성

⇒ 예산서 사업명 표기: ㅇㅇㅇㅇㅇㅇㅇㅇ(시민 참여)

※ 사업 부서에서 시의회 상임위에 선정된 참여예산 사업 사전 설명

**⑦ 예산안 시의회 제출** '18. 11(※시의회 심의 의결 후 최종 편성 사업 확정)

■ 2017년 7월 24일(월)에 진행한 복지 분야 민관예산협의회의 사업 심사 모습

### 3) 사업 컨설팅단 운영

(1) 구성: 각 분야 민간 실무 전문가와 주민 참여 활동가(50명)

(2) 역할: 제안 사업에 대한 품질 개선 지원

- 참여예산 사업 제안자에 대한 상담 · 지원: 제안 내용 구체화 및 수정 · 보완
- 제안자와 소관 부서 간 소통 지원: 제안 취지 이해 및 사업 구체화
- 평가 · 환류: 컨설팅 우수 사례 발표 및 컨설팅단 활동 평가

(3) 추진 일정

| 컨설팅단 구성 및 교육 | ➡ | 대상 사업 선정 | ➡ | 컨설팅 실시 | ➡ | 수정 제안서 제출 | ➡ | 결과 보고 제출 |
|---|---|---|---|---|---|---|---|---|
| 市 (시민참여예산담당관) | | 市 (시민참여예산담당관) | | 컨설턴트+제안자 (소관 부서 의견 조회) | | 시민(제안자) | | 컨설턴트 |

### 4) 시민참여예산제도 운영 기구 구성

(1) 시민참여예산위원회

- 연중 상설 운영되는 예산학교를 수료한 시민은 자동적으로 참여예산위원 풀(pool)로서 추천 대상
- 전체 예산 편성 과정에 참여하는 온예산분과, 제도 홍보와 시민 참여 활동을 하는 홍보분과 등 기능 분과를 우선 신청 받아 추첨하고 참여예산사업을 심사하는 민관예산협의회 위원들을 추첨함.
- 위원회 구성
  - 위원회 위원 수: 300명 이내
    - 위원장(1명)은 분과장 호선으로 선출
    - 위원장은 총회 회의 시마다 선출
  - 위원 임기: 1년(1회 연임 가능)
- 위원회에 두는 분과위원회
  - 민관예산협의회: 주요 시정 분야에 10개 내외 설치
  - 기능 분과: 온예산분과 5개 내외, 홍보교육분과 1개

(2) 시민참여예산지원협의회

- 구성: 31명(예산 관련 전문가, 시민단체, 참여예산위원, 협치위원, 시의원, 공무원)
- 임원: 회장 1, 부회장 1(임기 1년, 1회에 한해 연임)
- 임기: 2년(1회에 한해 연임)
- 기능
  - 시민참여예산 운영 계획 수립, 시민참여예산제도 운영에 따른 지원

위원회 분과 현황, 2018년 기준

| 분과명 | 구성 | 기능 · 운영 |
|---|---|---|
| 민관예산협의회<br>(10개 분야) | 총 200명 내외<br>• 10개 분야별 구성: 여성, 경제 · 일자리, 복지, 교통, 문화관광, 환경, 도시안전, 주택, 공원, 협치<br>• 분야별 27명 내외 | ○ 기능: 시민 제안 사업 심의 · 조정<br>- 시정참여형 사업<br>• 실 · 본부 · 국에 두는 민관예산협의회의 심사에 회부<br>• 심사 진행 후 사업 우선순위 결정 및 총회 보고<br>- 지역참여형 사업<br>• 적격 · 부적격 심사( '18. 7월)<br>○ 운영<br>- 사업 심사 · 선정: '18. 5 - 7월<br>- 지역참여형 적격 심사: '18. 7월<br>- 총회 상정 사업 공고: '18. 7월 |
| 온예산분과<br>(5개 분과) | 총 75명 내외<br>• 5개 분야별 분과 구성: 복지 · 여성, 문화 · 관광체육, 환경 · 공원, 도시안전 · 교통 주택, 경제일자리 · 행정<br>• 분과별 15명 내외 | ○ 시 전체 예산 의견 개진 및 모니터링<br>- 온예산 참여: 참여 결산, 실 · 본부 · 국 예산 편성안 · 예산 조정안 · 시의회 제출 전체 예산안 의견 제시 등<br>- 사업 모니터링: 참여예산 사업 중 우수 및 문제 사례 중심 심층 모니터링<br>- 예산 낭비 감시: 예산 낭비 신고 활성화 및 현장 확인, 시민성과금 심사 등<br>- 자치구 참여예산제 평가: 평가 방식 간소화하여 위원 평가는 정성 평가 중심 운영<br>○ 운영<br>- 시 전체 예산 의견서 작성 및 결산 과정 참여: '18. 3 - 10월<br>- 사업 모니터링: '18. 5월, 10월<br>- 예산 낭비 감시: '18. 3월 - '19. 2월<br>- 자치구 참여예산제 평가: '18. 6월 |
| 홍보 · 교육분과<br>(1개 분과) | 총 25명 내외<br>• 제도 홍보 및 시민교육 전문 독립 분과로 구성 | - 참여예산 홍보 콘텐츠 제작, 자료 수집<br>각종 행사에 참여예산 사업 홍보<br>교육 모니터링 등 |

– 시민참여예산제도 관련 국내외 참여예산제도 연구
– 시민참여예산제도 운영에 관한 의견 제시 및 자문
– 예산학교 운영 및 조례에 대한 의견 제시
– 참여예산제 홍보, 예산 관련 토론회 · 공청회 · 워크숍 개최 등에 대한 활동
– 시의회와의 원활한 협조 방안 모색(시의원 주축 포럼 주기적 실시 등)

- 참여예산제도 개선 및 운영 과정에서의 운영 계획 해석 및 확정, 제도 운영 과정에 대한 지원 등 실질적인 기능 수행
- 실질적인 권한과 역할을 보유하는 기구로 매년 제도 개선 방안에 대한 포럼 및 토론회를 개최하고, 다른 지방자치단체의 참여예산 상황 등에 대하여 점검 · 연구함(서울시 참여예산제도에 대한 부분적 싱크 탱크(think tank) 역할 수행).

### 5) 지역회의로 간주하는 자치구 참여예산 지원 사업

(1) 시민참여예산위원회

- 사업 규모: 252억 원(참여형 125, 구단위계획형 100, 동단위계획형 27)
- 추진 방법: 3개의 세부 유형으로 구분하고 지역참여형/구단위계획형 사업은 둘 중 하나를 자치구가 선택하여 추진

| 구분 | 대상 자치구 | 추진 방법 | 주관 부서 |
|---|---|---|---|
| 지역참여형 | 10개(예정) | 구 참여예산위원회에서 사업 심사 · 선정 | 기획조정실 |
| 구단위계획형 | 15개(예정) | 구 협치회의에서 사업 심사 · 선정 | 서울혁신기획관 |
| 동단위계획형 | 25개 | 동회의 등에서 사업 심사 · 선정 | 서울혁신기획관 |

지역형 참여예산사업의 추진 체계도

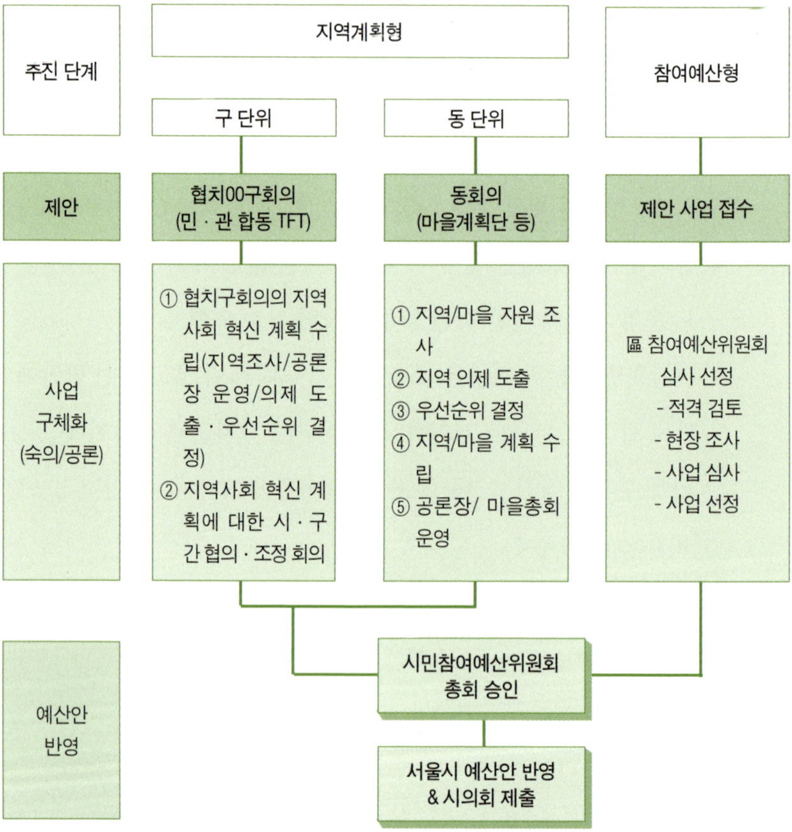

# 33

# 기초 지방자치단체

## 서울특별시 은평구

【주요 특징】

- 은평구는 초기부터 참여예산제도의 효과적 추진을 위해 참여구정추진단을 설치 운영하였고, 현재는 협치문화국 소속 민관협치과 내 참여구청팀에서 팀장 포함 5명의 인력이 참여예산 관련 업무를 전담하고 있다.
- 은평구는 단지 참여예산 조례를 제정한 것이 아니고, 서울시 최초로 정책 기획 및 참여예산 그리고 구정 평가의 전 과정을 포괄하는 '은평구 주민참여 기본 조례'를 제정하였다.
- 이후 은평구 주민참여위원회 운영 조례를 제정하였고, 체계적인 참여예산 교육을 실시하였으며, 대규모의 참여예산 주민총회를 개최한 바 있다.
- 지난 7년간 구청 광장에서 현장 투표 방식의 총회를 통해 다득표 순으로 사업을 선정해 왔었지만, 사업에 대한 이해 없이 사업명만 보고 투표해 포퓰리즘 성격의 사업 선정 비율이 높다는 비판을 적극적으로 수용하고 그에 대한 개선 방안을 모색하였다.
  - 대표적으로, 원탁토론회 방식을 주민총회에 도입하였다(2014년의 경우 주민의 약 10%인 44,496명(인터넷 · 모바일 43,210명, 현장 1,295명)이 참여했으나 과열 경쟁 문제가 제기되었음).

- 은평구는 참여예산 사업의 추진(사업 제안 접수, 사업 선정 등)은 물론 구정 주요 업무 계획 추진 시 참여예산위원회 소관 분과위원에 사업 계획안을 회부하여 협의하는 것을 의무화하였다. 그리고 집행 예산을 구민의 입장에서 삭감하도록 조치하여 예산 절감 효과를 도모하는 한편 예산의 편성 및 집행 과정에 가능한 주민 의견을 광범위하게 반영하도록 노력하였다.
  - 이와 같은 조치는 조례에 근거가 없음에도 구청장의 지시로 추진된 것으로 다른 지방자치단체에서 참조할 필요가 있다(강력한 자치단체장의 의지).
- 2012년 9월에는 주민 참여를 활성화시킬 목적에서 전국 최초로 모바일 투표제도를 도입하였는데, 이는 그 후 다른 지방자치단체의 수범 사례가 되었다.
- 관급공사 시행 시 주민의 공사 감독 참여를 의무화하였다.
- 주민참여예산백서 발간과 청소년들의 의견 반영을 위해 '은평형 란츠게마인데 청소년 총회'를 개최하였다.

## 개요 및 특징

서울특별시 은평구는 2018년 현재 인구 486,231명의 기초 자치단체로서 예산 6,767억 원에 16개 동을 관할하고 있다. 은평구 참여예산제도의 추진 경과는 다음과 같다.

- 2010년 8월: 주민참여준비위원회 구성 및 운영
- 2010년 9월-현재: 참여예산학교 운영
- 2010년 12월: 은평구 주민 참여 기본 조례 제정(서울시 최초)
- 2011년 8월: 은평구 주민참여위원회 운영 조례 제정
- 2011년 9월: 제1기 주민참여위원회 위원 위촉
- 2011년 11월: 전국 최초 참여예산 주민총회 개최

- 2012년 3월: 구정 주요 업무 계획 시 참여예산위원회 협의 의무화
- 2012년 9월: 전국 최초 참여예산 모바일 투표 도입
- 2013년 1월: 관급공사 시행 시 주민 참여 의무화 실시
- 2013년 7월: 주민참여예산백서 발간
- 2015년 10월: 은평형 란츠게마인데 청소년총회 개최

## 참여예산 추진 체계 및 운영 현황

(1) 위원 현황: 156명(연임 82명, 신규 74명)

(2) 운영 시기: 상시 운영(10-11월 집중 운영)

(3) 의결: 재적 위원 과반수 출석 개의, 출석 위원 과반수 찬성 의결

(4) 주요 기능

- 예산 편성안에 대한 조정 의견 및 사업 개선안 제시
- 주민이 제안한 참여예산 사업 검토 및 심사
- 부서별 중요한 사업 계획 수립 참여 및 의견 제시 등

(5) 분과위원회 구성 및 운영: 10개 분과

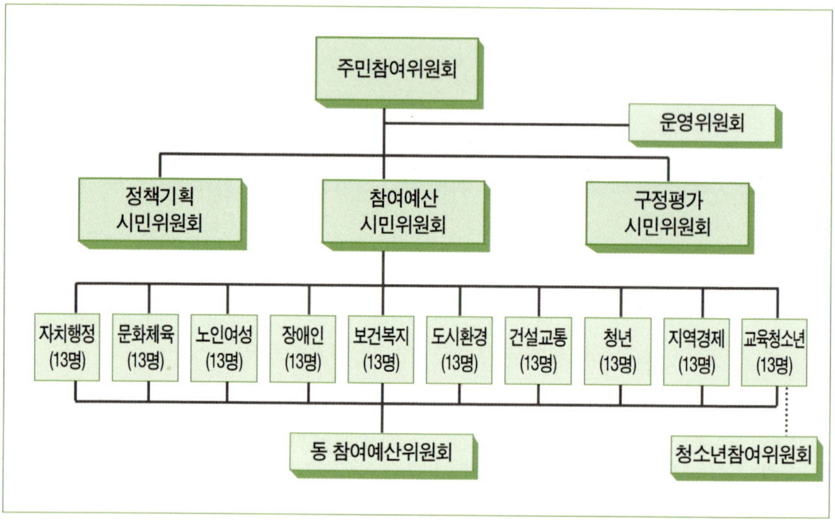


(6) 주요 운영 계획

- 다양한 분야와 계층(성별, 연령대)의 위원 위촉 추진
- 분과위원회 상시 운영 체계를 구축하여 구정 주요 사업의 의견 제시 및 참여예산 사업 추진 과정에 적극적으로 참여 지원
- 주요 사업 계획의 구청장 결재(방침) 전 소관 분과위의 의견 수렴 및 결과 반영

  ※ 수렴된 의견은 최대한 반영하고자 노력하나 결정 기능은 없음.
- 구 · 동 주민참여위원들의 소통을 위한 온라인 소통방(밴드) 운영

● 참여예산위원의 활동 역량 강화를 위한 (가칭)참여예산 포럼 운영

## 핵심 성과 및 특징

### 1) 사업 선정 결과

은평구는 2012년부터 2017년까지 총 191건의 참여예산 제안 사업에 총 67억 8,200만 원의 참여예산 사업을 실시하였다.

서울시 은평구 참여예산 운영 실적

| 구분 | 선정 건수 | 금액(천 원) | 총회 참여 인원 |
|---|---|---|---|
| 2012년 | 19건 | 818,860 | 총회 참가자 500명 |
| 2013년 | 17건 | 1,088,800 | 모바일 도입 23,000명 |
| 2014년 | 23건 | 1,076,400 | 44,496명(인터넷 · 모바일 43,210명, 현장 1,295명) |
| 2015년 | 22건 | 989,800 | |
| 2016년 | 51건 | 1,201,107 | |
| 2017년 | 59건 | 1,608,010 | 600명 주민 투표인단 |
| 합계 | 191건 | 6,782,977 | |

### 2) 운영 성과 및 특징

(1) 토론과 숙의를 위한 참여예산 주민총회를 원탁 토론 방식으로 운영

● 집단 토론 참여자는 투표 대상 사업을 사전 검토하고 원탁 토론을 통해 사업의 이해도 제고와 투표의 공정성 제고를 도모

(2) 기본과 원칙이 지켜지는 투명하고 공정한 주민참여예산 사업 선정

- 은평구 주민 모두에게 적용될 수 있는 다양한 분야의 사업 접수
- 온·오프라인 사전투표 및 600명 원탁 토론 후 현장 투표 절차 운영
- 다양한 계층의 주민 참여를 위한 투표인단 ARS 모집
- 은평형 란츠게마인데 청소년 참여예산 총회(400명 참여)

(3) 주민참여지원단 운영 추진 및 체계적 프로세스 마련

- 주민 소통 촉진자 양성으로 지원단 구성
- 사업제안서 작성, 주민 참여 확대를 위한 공론장 마련 등 제도 운영 전반에 걸쳐 주민참여지원단의 촉진자 역할 확대

## 2018년 주요 개선 방향

### 1) 동별 · 주제별 토론식 공론장 운영

(1) 위원 현황: 동별 50명 이내

- 지역 의제 발굴을 원활히 지원하기 위한 공론장 운영(16개 동)
- 청소년, 청년, 여성 등 대상 주제별 공론장 운영
- 찾아가는 참여예산학교와 병행하여 운영(동별 2. 26 - 3. 13 예정)

(2) 운영 시기: 상시 운영(지역 주민 누구나 참석 가능)

(3) 의결: 동 참여예산위원 과반수 이상 참석 개의, 출석 위원 과반수 찬성 의결(지역 주민 참여 가능)

(4) 주요 기능

- 지역 의제 설정 및 지역 문제 해결을 위한 다양한 의견 수렴
- 지역 의제 추진을 위한 예산 관련 사항 논의 및 제안
- 주민 제안 사업 발굴 및 관급공사에 대한 의견 제시 등

(5) 운영 계획

- 폭넓은 주민 의견 수렴을 위해 다양한 계층의 대표성을 갖는 주민들 중심으로 위원 위촉(1-3월 중 수립)

  ※ 직능단체 회원은 1/2 미만으로 하고 장애인, 청년 등 일반 주민의 참여를 확대
- 동별 자체 운영 계획을 수립하여 지역 여건을 고려한 주민 참여 확대 및 지역회의 활성화 방안 모색
- 지역 문제 해결 및 지역공동체 활성화를 위한 주민 제안 사업 상시 발굴
- 제안자 감리제 도입 및 주민참여감독관제(관급공사) 활성화를 통해 지역 주민의 적극적 참여 유도
- 동 참여예산위원회의 원활한 운영을 위한 예산 지원

  – 예산 집행 시 동 참여예산위원회 회의 안건에 올려 승인 후 집행

**【운영 필요성】**

- 주민의 다양한 요구와 지역의 문제를 반영한 지역 의제 도출 필요
- 공론장 운영을 통해 의견 수렴 및 의제 발굴, 숙의를 거쳐 제안 사업 발굴

### 2) 참여예산 중간 지원 조직 등과 연계 강화

(1) 주민 제안 사업 사업설명서 작성, 동별 · 주제별 공론장 운영 등
(2) 총회 원탁토론회의 원활한 진행을 위한 분임별 토론 진행 지원 등
(3) 주민, 거버넌스, 중간 지원 조직 등과 융합하여 사업 발굴 및 참여 대상 확대

### 3) 제안자 감리제 도입 및 관급공사 주민감독관제 활성화

(1) 제안자가 제안 사업에 대해 직접 감리를 하여 사업 완성도 증대
(2) 구에서 발주하는 모든 사업 시행에 있어서의 주민 참여 개선

### 4) 주민 투표 참여 방법 개선으로 주민 참여 기회 확대

(1) 주민이 쉽게 접근할 수 있는 구정 소식지를 활용하여 주민 투표 시행
(2) 기존 주민 투표 방식 개선으로 주민 투표의 공정성 획득
(3) 주민 참여 기회를 골고루 제공하고 의사 결정 결과의 대표성을 높임.

**【주민 투표 개선안】**

- 모바일 + 인터넷 + 현장 투표 ➡ 모바일 + 인터넷 + 구정 소식지

### 5) 주민참여예산 사업 모니터링 강화

(1) 모니터링단 운영

(2) 모니터링단 구성

- 제안자, 구정 평가 및 분과별 참여예산위원, 지역위원장 등으로 구성
- 16개 동을 4개 권역으로 분류(구정평가위원을 권역별 간사로 선임)

(3) 분과위원회 상시 모니터링 실시

- 분과별 상시 모니터링 사업을 1-2개 지정하여 점검
- 모니터링 결과 및 시정 사항은 분과별 회의를 통해 사업 부서에 전달

(4) 모니터링 방법

- 제안 내용 및 세부 추진 계획과 일치하게 사업이 추진되었는지 여부 점검
- 참여예산 사업 중 현장 확인이 필요한 사업 위주로 현장 방문

- 주민의 입장에서 사업 내용에 대한 예산 집행의 적정성 및 관리 상태 확인 등

(5) 모니터링 결과 조치

- 모니터링 보고서를 검토하여 부서에 시정 조치 요구
- 해당 부서는 조치 결과를 민관협치과 및 해당 동 지역회의에 통보
- 참여예산 홈페이지를 활용 개선(시정) 사항 공유
- 참여예산 평가 보고 회의 시 피드백을 위한 평가 자료로 제공

### 6) 본예산 편성에 대한 주민 의견 수렴 기능 활성화

(1) 추진 근거: 은평구 주민참여위원회 및 주민참여예산제 운영 조례

> [조례 제33조] ① 구청장은 예산 편성에 대한 주민들의 의견 수렴을 위해 설명회, 공청회, 토론회, 주민총회 등을 개최할 수 있다.

(2) 운영 방안

- 2019년 예산(안)에 대한 분과별 사업 설명 청취 후 의견 제시
- 예산 편성(안)에 대한 최종 심의 · 조정을 위해 민관예산협의회 운영
- 운영 프로세스

(3) 운영 내용

- 소관 부서 예산 편성 방향 및 주요 사업 설명을 분과별로 진행

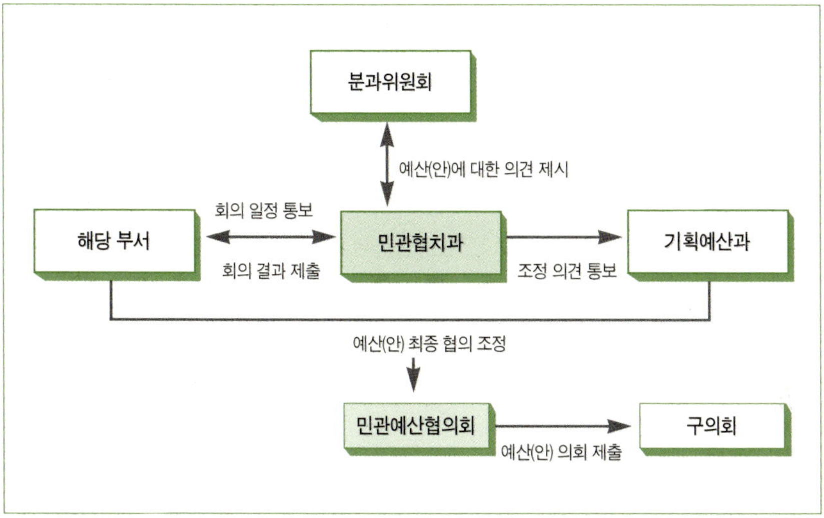


- 분과위원회에서 제시한 의견은 2019년도 예산(안)에 반영 노력
  ※ 구의회의 예산 심의권을 침해하지 않는 범위 내에서 수행

(4) 행정 사항

- 2019년 전체 예산(안)에 대한 주민의견서 작성 제출
- 참여예산위원에 대한 예산 편성 관련 교육을 통한 주민의견서의 질적 수준 제고

## 2018년 참여예산 운영 계획 및 주요 내용

### 1) 2018년 참여예산 운영 계획

(1) 총괄: 참여예산 사업 선정: 16억 원 규모 예정

- 구 전체를 범위로 하는 정책 사업과 동 지역 사업으로 이원화 운영
- 시행 부서와 제안자의 공동 협력 체계 구축 협약식 체결로 사업의 추진 방법과 세부 내용 등의 협의 자리 마련
- 사업 추진 후 주민들의 만족도 및 사후 관리 상태 등 모니터링 실시

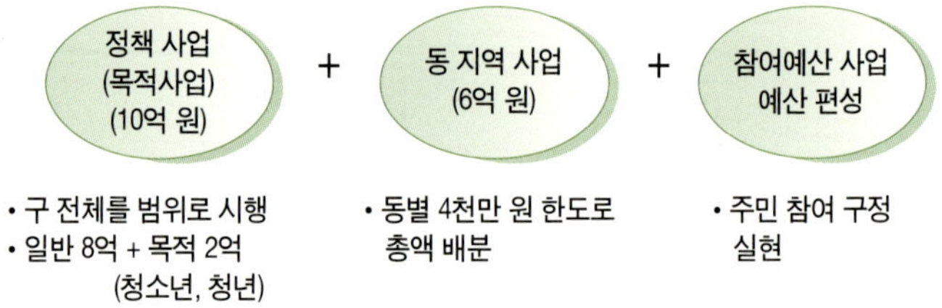


※ 실제 예산 반영 규모는 구 재정 여건을 고려하여 증감 가능

(2) 2019년 예산(안)에 대한 의견 제시

- 예산 편성 과정에서 분과별 사업 설명 청취 후 의견 수렴
- 예산 편성(안)에 대한 최종 심의 및 조정을 위해 민관예산협의회를 구성 운영

### 2) 구 참여예산 사업 공모 절차

(1) 신청 기간: 정기 접수(2 - 5월), 수시 접수(정기 접수 외의 접수분)

(2) 신청 방법: 참여예산 홈페이지 또는 구 민관협치과로 접수

(3) 사업 구분 및 규모: 총 10억 원 이내

| 구분 | 일반사업 | 목적사업 |
|---|---|---|
| 사업 범위 | 지역 특성을 살리고 구 단위 통일성 사업<br>2개 이상 동에 영향을 미치는 사업 | 청년 및 청소년 관련 사업 등<br>※ 청소년 사업은 총회 별도 진행 |
| 규모 | 8억 원 이내 | 2억 원 이내 |
| 선정 제한 | 행사성 사업의 총액 및 사업별 한도액을 제한 | 행사성 사업 비율 제한 |

(4) 추진 흐름도

|  |  |  |
|---|---|---|
| 집중(상시) 공모 | 사업 접수<br>(민관협치과) | 2-5월 정기 접수 |
| 아카데미 운영 | 사업 구체화<br>(제안자) | 4-5월 |
| 부서 의견 검토 | 실행 가능성 검토<br>(추진 부서, 분과위원) | 6-7월 |
| 사업 구체화 | 부서 의견 반영,<br>사업 구체화, 이견 조정<br>(제안자, 분과위원) | 7-8월 |
| 1차 선정 | 150% 사업 선정<br>(참여예산위원회) | 8월 중 |
| 주민 투표 | 모바일, 인터넷,<br>현장 투표 | 9월 초 |
| 최종 결정 | 주민총회<br>(참여예산위원회) | 9월 중 |
| 사업 시행 | 추진 부서, 제안 주민 | 다음 연도 2월 |

### 3) 동 지역 사업 공모 절차

(1) 신청 기간: 정기 접수(2-5월), 수시 접수(정기 접수 외의 접수분)

(2) 신청 방법: 동 주민센터로 신청

(3) 사업 규모: 각 동별 40,000천 원 예정(사업 수 제한 완화)

**【사업 제출 시 유의사항】**

- 동 직접 수행(사업 수 제한 없음), 구 부서 수행(2개 사업 이내)
- 동 지역 사업의 제안 사업 중 행사성(프로그램) 사업은 동 직접 수행 원칙
  ※ 동 직접 수행 사업은 차후 평가에 가점 부여

(4) 추진 흐름도

| 제안 공모 및 발굴 | 1차 선정 | 아카데미 운영 | 부서 의견 검토 | 최종 결정 |
|---|---|---|---|---|
| 사업 접수 (동 주민센터) ▶ | 7건 이상 사업 선정 (동 참여예산위원회) ▶ | 사업 구체화 (제안자) ▶ | 실행 가능성 검토 (추진 부서) ▶ | 동 주민총회 (현장+주민총회) |
| 2-5월 정기 접수 | 5월 | 6-7월 | 7-8월 | 9월 |

(5) 동별 · 주제별 토론식 공론장 운영

- 필요성
  - 지역 내 문제를 해결하기 위한 사업 및 의제 발굴 필요

- 다양한 의견 수렴 및 숙의를 통해 신규 사업 발굴

● 내용

- 동별로 공론장 운영하여 다양한 주민 의견 수렴 및 토론
- 청소년, 청년, 여성 등 분야별 공론장 운영하여 과제 및 의견 수렴
- 서울시 참여예산 및 은평구 정책 사업 발굴을 위한 주민 의견 수렴

(6) 제안 사업의 사전 타당성 검토 및 구체화

● 제안 사업 접수 및 상담 창구 운영(정책 · 지역 사업)

- 주민 제안 사업 신청 안내(신청 방법, 기간, 신청 서식, 접수 방법 등)
- 사업별 제안서 작성 방법 및 컨설팅단 구성 운영

● 제안 사업 아카데미 운영(정책 · 지역 사업)

- 제안자와 주민참여지원단 등이 참여하여 제안된 정책 공유 및 토론
- 제안서 작성 관련 컨설팅 등을 통해 구체화된 사업 신청서 작성

● 1차 부서 검토를 통한 사업 실행 가능성 검토(정책 · 지역 사업)

- 법령, 조례, 타당성, 실현 가능성, 기 추진 사업과 중복성 등 검토
- 사업의 필요성, 공공성, 사업비 규모의 적정성 종합적 검토
- 참여예산 사업으로의 적합성 및 특정 단체(개인) 지원 여부 확인
  ※ 부서 검토 내용에 대하여 분과위원과 사전 협의 추진

● 제안자 – 분과위원 제안 사업 숙성 토론회 개최(정책 사업)

- 부서 검토 내용 및 분과위원 의견을 반영하여 제안 사업 숙성
- 제안자, 주민참여지원단, 분과위원이 사업에 대한 의견을 자유롭게 제시하여 사업 세부 실행 계획 작성

● 참여예산위원회 심사 및 주민 투표 대상 결정

- 심사위원: 15명 내외
- 심의 주요 내용
  - 전체 참여예산의 규모 및 분야별 배분 등 고려
  - 사업의 필요성, 공익성, 수혜도, 시급성, 효과성 등 검토
  - 특정 단체(개인)만의 지원을 전제로 요구한 계속 사업 여부
  - 부서에서 이미 수행하고 있는 사업(중복 사업)은 제외
  - 부서 검토 부적정 사업 및 전년도 동일 사업 제외
  - 행사성 사업 전년도 예산 범위 상회하지 않도록 심사 시 반영
  - 사업 현장 확인 여부 결정 등
- 사업 선정: 사업비 기준 150% 범위 내에서 사업 선정

**【현장 확인】**

- 서면 심사에서 현장 확인이 필요하다고 판단된 사업은 분과위원회가 현장방문위원을 구성하여 직접 현장 확인
- 제안자는 현장에서 제안 의도, 사업 필요성 등을 현장방문위원에게 설명

### 4) 주민 투표 및 참여예산 주민총회

(1) 주민 투표 및 참여예산 주민총회 개최

- 구 정책 사업 선정을 위한 주민투표 실시(정책 사업)
  - 투표 대상: 주민참여위원회 심사에서 선정된 정책 사업
  - 투표 방법
    - 온라인 투표: 구 참여예산 홈페이지, 모바일에서 본인 인증 투표

• 오프라인 투표: 구정 소식지 활용 투표

● 참여예산 주민총회 개최(정책 · 지역 사업)

– 구 정책 사업 주민총회와 동 지역총회로 구분 개최

• 구 총회: 구 정책 사업 선정(주민총회와 청소년총회로 구분 개최)

• 동 지역총회: 동 지역 사업 선정

– 주요 내용: 사업 결정, 현장 투표, 사업 홍보, 각종 공연 등

• 정책 제안 및 동 지역 사업 선정 결과 발표

• 청소년 사업 은평형 란츠게마인데(제안 발표, 찬반 토론, 투표)

• 제도 공유 및 공연 등 부대 프로그램 운영

**총회별 추진 방식**

| 구분 | 구 정책 사업 | | 동 주민총회 |
|---|---|---|---|
| | 구 총회(일반사업) | 청소년총회(목적사업) | |
| 참석 대상 | 은평구 주민 | 청년 및 청소년 | 해당 동 주민 |
| 사업 범위 | 일반사업 | 목적사업 | 동 지역 사업 |
| 선정 방식 | 사전 투표+총회 투표 | 사전 투표+총회 투표 | 사전(30%) + 총회(70%)<br>(사전: 다중이용시설) |
| 사업비 | 800,000천 원 이내 | 20,000천 원 이내 | 동별 40,000천 원(예정) |
| 비고 | 사업 성격별 선정 제한 예정 | – | 동 수행: 제한 없음<br>구 수행: 2개 이내 |

(2) 참여예산 사업 최종 선정

● 많은 주민의 참여와 관심도가 높은 사업이 선정될 수 있도록 지원

● 지역에 다양한 사업이 분야별로 골고루 시행될 수 있는 방안 강구

● 투표의 담합 및 부정을 방지하기 위한 대책 마련

- 구 정책 사업 중 일반 사업의 선정 방식 변경 검토
  - 사전 투표자 및 총회 현장 투표에 많은 주민들의 참석 방안 마련
    ※ 필요 시 ARS 무작위 추출로 참여예산 주민총회 참석자 모집
  - 많은 주민 의견 반영할 수 있도록 구정 소식지를 활용한 주민 투표 개선안 검토
  - 행사성(프로그램) 및 지방 보조 사업의 총액 및 사업별 금액 한도 제한
- 동 지역 사업의 경우 동 주민총회 등 주민 참여 활성화 제고
- 최종 선정 사업은 가용 예산 내에서 소관 부서 예산 요구(안)에 반영

## 서울특별시 성북구

【주요 특징】

- '동네 자치를 통해 진화하는 마을 민주주의'를 표방하고 있는 성북구는 지난 2012년 사업이 시작된 이래 추첨제 민주주의를 전국 최초로 도입하였고, 숙의 민주주의 실현을 위한 타운홀 미팅 방식을 선도적으로 도입하였다.
- 참여예산 교육을 일반 구민과 참여예산위원, 공무원을 대상으로 체계적이고 지속적으로 실시하여 자치 역량을 강화하였다.
- 성북구는, 특히 추첨제 민주주의, 숙의 민주주의, 동네 자치 활성화 등을 최초로 참여예산에 적용하였으며, 전국 최초 주민참여예산백서 발간, 전국 최초 학생참여예산 및 어르신 참여예산 도입(2014년), 2015년 마을총회, 타운홀 미팅형 주민총회, 전국 최초 추첨제 민주주의를 적용하는 등 참여예산의 창의적 프로그램 개발에 많은 노력을 기울였다.

### 개요 및 특징

#### 1) 추진 개요

성북구는 2018년 현재 인구 442,827명의 기초자치단체로 예산 총액 6,342억원, 20개 행정동으로 구성되고 있다. 성북구의 참여예산제도 추진 경과는 다음과 같다.

(1) 2011년 7월 주민참여예산제 운영 조례 제정

- 제도 시행 홍보를 위한 주민설명회 개최(13회, 약 1,500명 교육)

- 지역 주민 역량 강화 교육 후 교육 이수자 중에서 공개 추첨을 통해 40명 선정
- 위원 전문성 강화를 위한 1박 2일 워크숍 및 심화교육 실시

(2) 2012년 전국 최초 주민참여예산백서(길라잡이) 발간

- 주민 강사 양성 과정 운영

(3) 2013년 사업 발굴을 위한 동 지역회의 운영

- 주민총회 투표 실시

(4) 2014년 주민총회(현장 투표, 인터넷, 모바일 투표 병행)

- 학생참여예산, 어르신참여예산제 도입

(5) 2015년 동 단위 권한 강화(구 단위, 동 단위 사업 선정 절차 분리)

- 마을자치팀 신설과 함께 동 주민센터의 역할과 권한을 강화하여 동에서 제안 사업 발굴과 사업 결정까지 가능하도록 절차 개선(동 단위 2천만 원)
- 구 단위 사업과 동 단위 사업의 결정 절차(과정) 분리
- 마을 계획 시범 동의 경우 마을 계획과 주민참여예산제 통합 운영(길음1, 월곡2)
- 제안 설명과 찬 · 반 토론 과정을 강화한 동 마을심사단 회의 진행
- 동 단위 사업은 3명, 구 단위 사업은 10명 이상의 주민 연서 의무화
- 총회 시 타운홀 미팅 방식 적용(무작위 추출 50명, 예산위원 30명, 동 마을심사단 20명)

(6) 2016년 전체 동 마을 계획과 주민참여예산제도 통합 운영

- 주민참여예산위원 무작위 추첨
- 구, 동 총회 시 타운홀 미팅 방식 적용

## 참여예산 추진 체계 및 운영 현황

(1) 위원 현황: 60명(동별 20명 지역회의 위원 약 400명 별도)

(2) 운영 시기: 상시 운영

(3) 의결: 재적 위원 과반수 출석 개의, 출석 위원 과반수 찬성 의결

(4) 주요 기능

- 예산 편성에 대한 주민 의견 수렴
- 주민참여 예산제 평가 및 개선 방안 마련
- 예산 편성과 관련하여 구청장이 부의하는 사항 등

(5) 분과위원회 구성 및 운영: 4개 분과

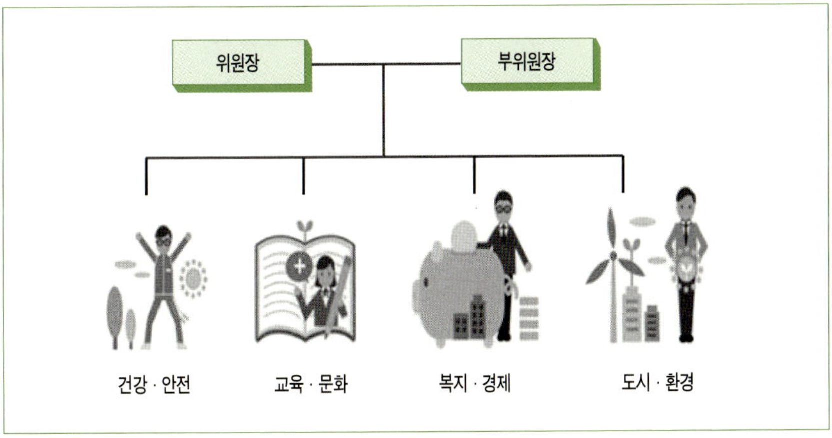


(6) 주요 운영 계획

- 마을 민주주의 구체적 구현: 마을의 일을 주민 스스로 결정하고 해결해 가는 민주적 질서 체계와 의사 결정 구조 구축

- 성북구 인구의 3% 이상이 예산 편성 과정에 참여하여 중요한 정책 결정을 보다 많은 주민이 직접 결정하도록 함.

● 능동적 행위 주체: 마을 주민을 의사 결정 단계의 능동적 행위 주체로 하여 마을 주민 주권을 작동할 수 있는 시스템 마련
  - 마을 주민들이 '마을 의제'에 대해 연구 · 토론 등을 통해 주민참여예산안을 마련하여 마을 문제를 스스로 해결하는 선순환적 시스템을 구축

● 작은 모임들의 활성화: 생활상의 필요한 사업을 동네를 가장 잘 아는 주민이 직접 제안하고 실행할 수 있는 동네회의 개최 강화
  - 동 단위 참여예산제도의 실질적인 주민 참여 체계 구축

● 주민 참여 분야 전반에 추첨제 민주주의 방식 적용: 주민참여예산위원 위촉 시 '무작위 추출' 방식을 도입하는 등 주민 참여 전반에 '추첨제 민주주의 방식' 도입 확대
  - 참여예산제도 전반에 '추첨제'를 도입하여 실질적 민주주의 체계 구축

## 핵심 성과 및 특징

### 1) 사업 선정 결과

2013년부터 2017년까지 성북구는 총 315건의 참여예산 사업에 총 47억 1,462만 원의 예산을 반영하였다. 최근에는 연간 약 12억 원 규모의 예산을 참

여예산 사업에 배정하고 있는데, 구청의 재정 여건과 구청장의 재량 지출 규모를 고려할 때 결코 적은 금액으로 볼 수는 없다.

성북구 참여예산 운영 실적

| 구분 | 선정 건수 | 금액(천 원) | 총회 참여 인원 | 14세 인구 비율 |
|---|---|---|---|---|
| 2013년 | 36건 | 718,900 | | |
| 2014년 | 30건 | 810,250 | | |
| 2015년 | 64건 | 855,670 | 13,776명 | 3.4% |
| 2016년 | 90건 | 1,145,200 | 13,117명 | 3.17% |
| 2017년 | 95건 | 1,184,600 | 12,800명 | 3.19% |
| 합계 | 315건 | 4,714,620 | | |

### 2) 운영 성과 및 특징

(1) 동 단위 주민참여예산제 활성화로 지역회의 운영 모범 사례 제시

- 대부분의 지방자치단체들이 형식적으로 지역회의를 운영하고 있는데 비해 성북구의 지역회의는 상당한 내실을 구비하고 있음.
- 성북구는 마을의 다양한 모임들인 자발적 결사체가 자유롭게 마을의 필요한 사업을 논의하고 심사해서 결정하면 그 권한을 존중하여 일정 부분(동별 3천만 원 내) 인정해 주는 동 단위 주민참여예산제도를 운영함.
- 마을 주민이 마을 의제에 대해 스스로 해결이 가능한 실질적 마을 민주주의 기반을 조성하는 데 기여함.

  - 2017 회계 연도 동 단위 주민참여예산 편성: 76건, 554,200천 원

- 주민참여예산제 평가에 대한 지표를 마련하여 '18년부터 동별 차등배정제 시행

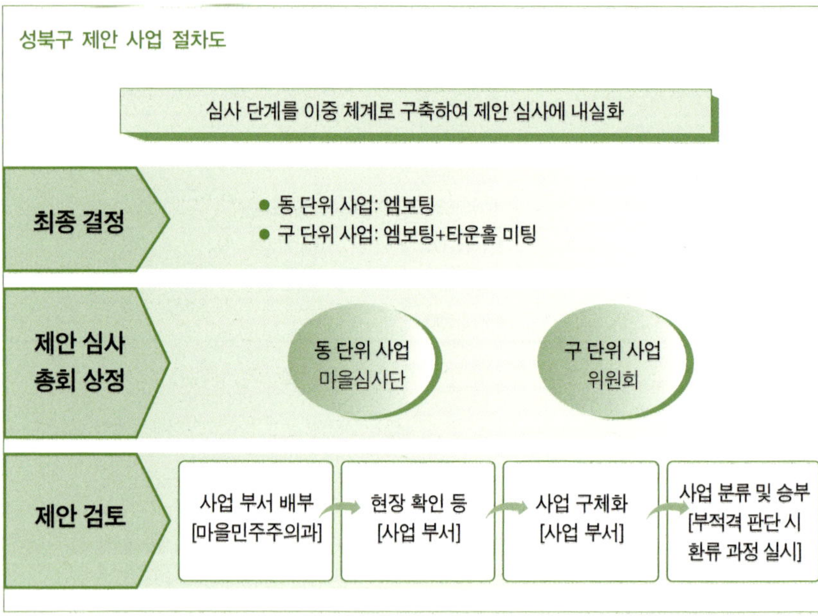


(2) 대표성과 민주성 증진을 위한 추첨제 민주주의 방식 도입

- 전국 최초로 조례에 주민참여예산위원 선정 시 공개 모집 외에 무작위 추출 방식(2015. 7) 도입
  - '무작위 추출 방식'에 의한 주민참여예산위원 선발

(3) 주민총회에 타운홀 미팅 방식 도입하여 숙의 민주주의 기반 확대

- 13,117명 투표 참여, 만 13세 이상 인구의 3.17% 참여
- 동원형이 아닌 실질적 참여와 투표를 도모함. 단순한 선호 표출에

그치지 않고, 제안자 발표와 다양한 참여자 간 심사 숙의 과정을 도입하여 민주주의를 구현

- 첨단 ICT 기술의 도입을 통해 보다 많은 주민이 더 쉽게 참여하여 "내가 참여하면 내가 사는 마을이 바뀐다"는 참여의 효용과 실감을 체험하도록 도모함.
  - 2016 주민총회(타운홀 미팅)에서 무작위 추출 50명, 예산위원 30명, 동 마을심사단 20명이 한자리에 모여 구 단위 사업 결정을 위한 토론 및 전자 투표 실행

(4) 다른 주민참여제도(마을 계획 등)와 연계성 강화

- 동별 참여예산회의는 마을계획단 등 다른 주민 참여 기구와 연계 통합 운영
- 성북구 마을심사단(동별 20명 이상)은 동별 참여예산회의와 마을 계획을 통합하여 '마을심사단' 제도를 적용하여 동 단위에서 부여된 금액 범위 내에서 자율적 결정

## 성북구 주요 주민 커뮤니티 조직 현황

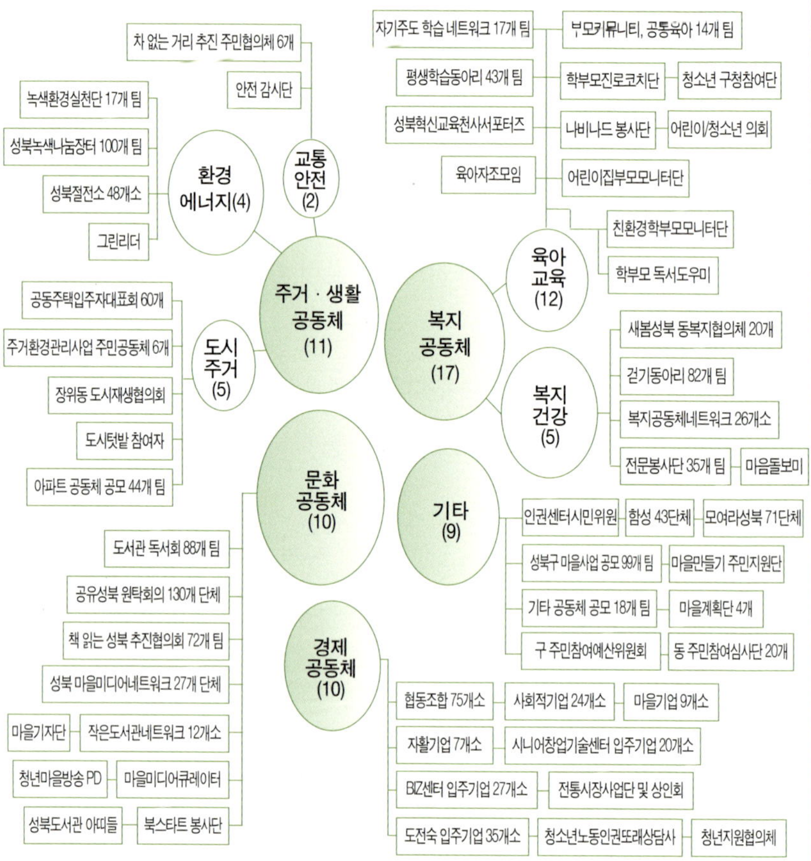

성북구 주민참여예산 운영 절차

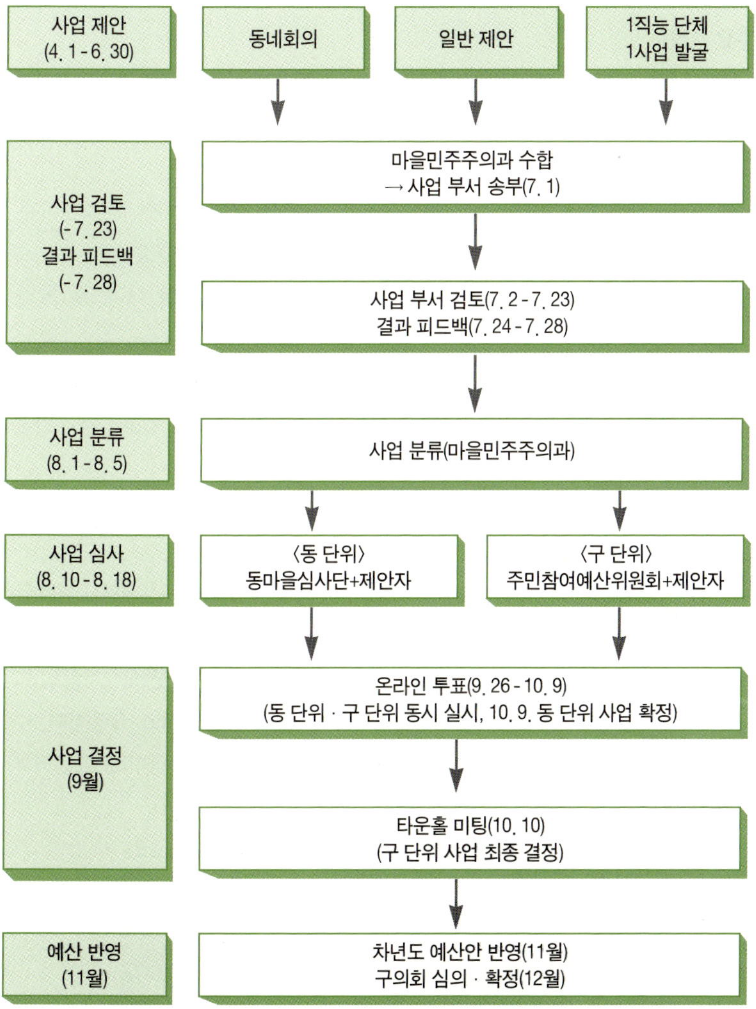

## 경기도 수원시

**【주요 특징】**

- 참여예산을 전담하는 부서로 시청 예산재정과 내 재정분석팀(팀장 포함 2인)이 설치되어 있고, 그와 직접 연계하여 4개 행정 구청 단위로 담당 1인씩 배정되어 있다(총 6명의 공무원 조직이 참여예산 업무를 추진하고 있음).
- 시 참여예산위원회(60명)의 구성 및 운영과 관련하여 조례에 의해 시의회 의원 2인이 추천되어 활동 중에 있는데, 이들을 통한 시의회(의원)의 관심과 지원이 활발하다.
- 사업 제안의 질적 수준을 제고하고자 매년 2월부터 9월까지 위원회별 「테마스쿨」을 운영하고 있다.
  - 위원회별로 참여예산 사업의 과제 발굴 및 사업 제안을 효과적으로 수행하기 위해 아이디어 수집을 위한 취약 지역 현장 답사, 분야별 기관 방문 및 토론, 컨설팅 결과 반영 등을 적극적으로 추진하고 있다(수정 제안서의 제출 지원 포함).
- 참여예산위원과 일반 시민의 재정 역량을 강화하기 위해 수원시민자치대학에 참여예산(기초, 전문가)을 위한 상설 교육의 장을 개설하고 있다.
- 전국 최초로 수원시 거주 청소년을 대상으로 하는 청소년위원회를 구성하였고, 약 2일간의 참여예산 교육과 별도의 상상 워크숍을 개최하고 있다.
  - 청소년 예산 제안 의견 수렴 활동, 청소년 관련 정책 제안, 청소년 사업 모니터링 및 의견 제시와 함께 청소년 제안 사업의 실효성 검토 및 우선순위 등을 심의 · 조정한다.
- 수원시 관내에 대학이 많은 지역 환경을 고려하여 대학생위원회를 시범적으로 운영하였다.
- 주민 명예감독관제 및 참여예산 사업 현장 모니터링 운영을 내실화하고 있다.

## 개요 및 특징

### 1) 추진 개요

수원시는 2018년 현재 인구 1,240,699명의 대도시로 예산 규모 28,492억 원의 4개 구를 관장하고 있다(전국에서 가장 많은 43개의 행정동을 보유하는 기초자치단체임). 수원시 참여예산제도의 추진 경과는 다음과 같다.

(1) 2010. 12. 27: 조례상에 주민참여예산 제도화 시행 근거 마련

- 2011. 4: 주민참여예산제 연구회 구성
- 2011. 7: 제1기 주민참여예산위원회 및 지역회의 본격 출범

(2) 2011. 4. 7-19: 주민참여예산제도 설명회 개최(4회)

(3) 2011. 7. 19: 민선5기 제1기 주민참여예산위원회 출범

- 주민참여예산위원회, 지역회의, 주민참여예산제연구회 구성
- 수원시 홈페이지에 '주민참여 예산방' 구축

(4) 2012. 6. 11: 전국 최초 조례상 청소년위원회 설치 · 운영 근거 마련

- 청소년들에게 예산 편성권, 시민권 부여
- 홈페이지 내 청소년 예산 제안방 신설
- 민 · 관 대표회의 신설: 주민 예산 제안 최종 협의 조정

(5) 2013. 6. 14: 심사의 공정성 확보를 위한 심사회피제 도입

- 위원회 기능 수행 행 · 재정 지원 규정 마련
- 우선순위 인터넷 투표제 실시

(6) 2016 .1. 29: 다양한 시도와 제도 개선을 통한 주민참여예산제 심화

- 대학생위원회 시범 운영
- 참여예산 추진 상황 사후 관리 강화 및 참여예산 사업 정보 공개 확대

## 참여예산 추진 체계 및 운영 현황

### 1) 수원시 참여 기구 및 역할

| 구분 | 기능 및 역할 |
|---|---|
| 주민참여예산<br>위원회 | • 예산 편성 과정에서 주민들의 의견 수렴, 홍보와 교육 활동<br>• 지역회의 등에서 제출한 시 관련 사업 우선순위 심의 · 조정<br>• 구 관련 제출 사업의 승인 · 재심의 요구, 최종 참여예산 확정 제출<br>• 주요 투자 사업의 합리적인 추진 방향에 대한 의견 제시<br>※ 분과위원회<br>– 4개 분과(일반행정, 문화복지, 건설개발, 도시환경)<br>– 시 관련 사업 실효성 검토(후순위, 배제 사업 선정)<br>– 지역회의 문제점 사업 검토 위원회 보고 |
| 구 지역회의 | • 구 관련 사업의 실효성 검토 및 우선순위 심의 · 조정<br>• 시 관련 사업 현장 실사 결과 위원회 제출<br>• 예산 편성 과정에서 주민들의 의견 수렴 등 |
| 주민참여예산<br>청소년위원회 | • 예산 편성 과정에서 청소년 의견 수렴<br>• 청소년 제안 사업 실효성 검토 및 우선순위 심의 · 조정 |
| 주민참여예산제<br>연구회 | • 조례 개정 연구 및 제도의 역기능 해소 방안 강구<br>• 시의회와의 원활한 협조 방안 모색<br>• 주민참여예산제 평가 및 개선 방안 건의 |
| 민 · 관 대표회의 | 참여예산제의 효율적 운영과 최종 예산 편성 협의 · 조정 |

### 2) 위원회 구성

- 위원 현황: 총 203명(시 참여위원 61명, 구별 지역회의 위원 142명)

(1) 시 주민참여예산위원회

- 위원 현황: 61명
- 의결: 재적위원 과반수 출석 개의, 출석위원 과반수 찬성 의결
- 분과위원회 구성 및 운영: 4개 분과
- 주요 기능
  - 분야별 홍보 캠페인 전개 및 현장 활동
  - 분과위원회 회의 소집 및 안건 심사 후 시 위원회 제출
  - 시 관련 사업 실효성 검토 배제 사업 선정

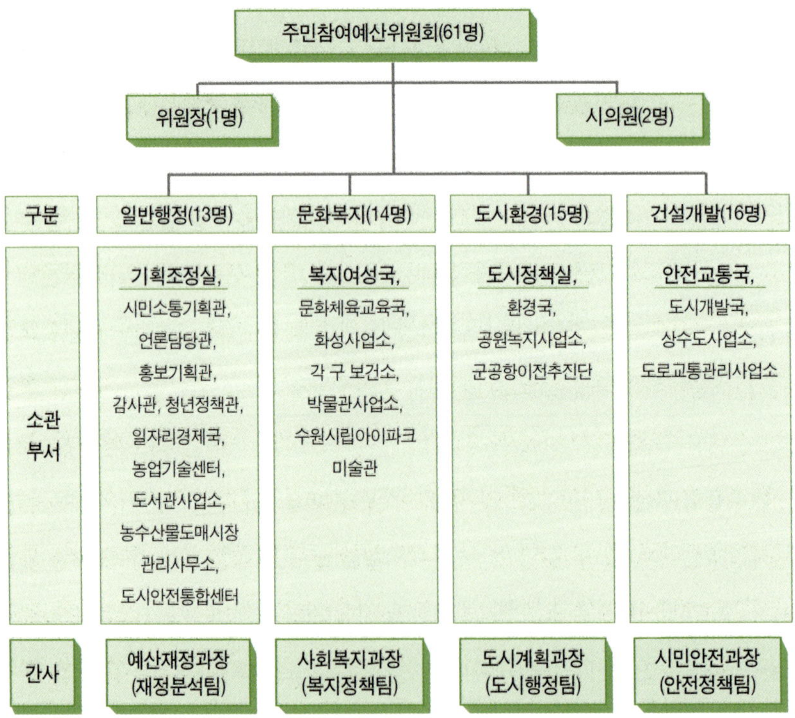


(2018. 1. 17 현재)

– 지역회의 제출 사업 중 문제점 사업 검토 의견 시 위원회 보고

(2) 구 주민참여예산 지역회의

- 위원 현황: 142명(임기 2년)
- 의결: 재적위원 과반수 출석 개의, 출석위원 과반수 찬성 의결
- 주요 기능
  - 예산 편성 과정에서 주민의 의견 수렴
  - 구 관련 사업 우선순위 심의 · 조정
  - 시 관련 사업의 현장 실사 결과 위원회 제출
  - 회의록 공개: 회의 종료 후 10일 이내에 회의 결과 수원시 홈페이지 공개

4개 행정구별 구성 현황

(2018. 1. 17 현재)

| 계 | 장안구 | 권선구 | 팔달구 | 영통구 | 비고 |
|---|---|---|---|---|---|
| 142명 | 40명 | 37명 | 36명 | 29명 | |

## 핵심 성과 및 특징

### 1) 사업 선정 결과

2011년부터 2018년까지 수원시는 1,255개 사업에 833.6억 원의 예산을 시민이 주도하는 참여예산 사업에 할당하였다.

**수원시 참여예산 반영 실적**

(단위: 백만 원)

| 연도별 | 제안 건수 | 우선순위 선정 | 예산 반영 | | | | 비고 |
|---|---|---|---|---|---|---|---|
| | | | 계 | 시 사업 | 구 사업 | 청소년 | |
| 2011년 (2012 예산) | 197건 | 65건 | 47 | 25 | 22 | - | |
| | | | 12,460 | 10,073 | 2,387 | 0 | |
| 2012년 (2013 예산) | 349건 | 134건 | 109 | 47 | 57 | 5 | |
| | | | 27,978 | 22,282 | 4,187 | 1,509 | |
| 2013년 (2014 예산) | 734건 | 171건 | 161 | 60 | 88 | 13 | |
| | | | 11,514 | 6,570 | 4,122 | 822 | |
| 2014년 (2015 예산) | 925건 | 212건 | 162 | 41 | 117 | 4 | |
| | | | 5,118 | 1,516 | 3,313 | 289 | |
| 2015년 (2016 예산) | 809건 | 210건 | 206 | 81 | 122 | 3 | |
| | | | 6,609 | 2,446 | 3,759 | 404 | |
| 2016년 (16-17 예산) | 808건 | 264건 | 228 | 62 | 155 | 11 | '17년 130건 |
| | | | 6,667 | 1,364 | 4,867 | 436 | 5,325백만 원 |
| 2017년 (17-18 예산) | 952건 | 224건 | 222 | 95 | 121 | 6 | |
| | | | 7,192 | 5,232 | 1,923 | 37 | |

주: 2018년 주민참여예산 반영 현황: 120건 5,822,760천 원.

### 2) 2017년 운영 성과 및 특징

(1) 주민제안 사업 신청 건수 및 참여예산 규모 증가 등 시민 관심도 제고

- 제안 접수: 2016년 808건 ⇒ 2017년 952건
- 예산 반영: 2016년 228건, 6,666백만 원 ⇒ 2017년 222건, 7,192백만 원
- 2018년 주민참여예산: 5,823백만 원(2017년 5,325백만 원)

※ 시 일반회계(20,256억 원)의 0.29% 반영

(2) 다양한 소통 창구와 정보 공유의 장 마련으로 시민 참여 기회 제공

- 사회적 취약 계층 등 다양한 주민 계층을 대상으로 찾아가는 예산 제안 설명회와 주민 토론회 개최, 제도권 밖 청소년을 대상으로 하는 제안 설명회 개최

(3) 우리 동네 주민참여예산 3일간의 유람 시범 동 운영

- 정자2동, 평동, 매교동, 매탄4동
- 운영 방법
  - 3일간의 유람 운영계획서 제출(동 실정에 맞게 운영 일정 1-3일 조정)
  - 구 지역회의와 동 협력 주관 적극 추진
  - 시와 구 지역회의 위원들이 함께 참여하여 지역의 특성을 이해하고 우수 사례를 공유하는 자리를 마련
  - 개인 사업 제안이 아닌 지역 특성에 맞는 주민 공동 예산 사업 접수

**우리 동네 3일간 유람 운영 프로그램**

| 일정 | 구분 | 내용 |
|---|---|---|
| 첫째날 | 우리 동네 알기<br>(동 주관) | 동 유래 및 지역 현황, 지역 현안 사업 알기<br>우리 동네 주민참여예산 추진 사례 공유 |
| | 설명회<br>(지역회의) | 예산 제안 설명회 개최<br>• 주민참여예산제 홍보 및 동영상 상영<br>• 주민참여예산제도 소개 및 사례 설명<br>• 참여예산 제안 방법 및 예산제안서 접수 안내 |
| 둘째날 | 동네<br>한 바퀴 | 우리 동네 생활 현장 및 취약 지역 탐방<br>• 탐방하며 우리 지역에 필요한 사업 발굴 |
| 셋째날 | 총회 | 다수 주민의 공동 예산 제안 사업 발굴 및 토론 |

(4) 자발적 참여, 지속적 학습 및 토론을 통한 역량 강화와 제도 활성화

- 테마 스쿨 운영, 합동 워크숍, 찾아가는 예산 제안 설명회, 결산 대회, 참여예산 평가 원탁토론회 등 위원회의 자주적 참여 활동

(5) 위원 및 일반 시민 재정 역량 강화를 위한 참여예산 상설 교육 운영

- 수원시민자치대학 참여예산(기초, 전문가) 상설 교육 운영
  - 교육 수료자 중 제4기 위원회 위원 위촉: 35명

(6) 참여예산 사업에 대한 사후 관리 강화로 행정의 신뢰성 확보

- 주민참여예산 장기 검토 사업 추진 관리(2014-2016년): 74건
- 반영 검토 및 추진 33건, 중장기 검토 사업: 7건, 추진 불가 34건
  - 올바른 사업 추진을 위한 분기별 사업 집행 점검
  - 주민 명예감독관제 및 참여예산 사업 현장 모니터링 운영 내실화

## 2018년 주요 개선 방향

### 1) 동별 지역회의 활성화와 자율적 역량 강화

수원시는 주민참여예산제도를 "'수원형 거버넌스'의 주축이자 재정 민주주의 실천의 기틀"로 규정하고, "더욱 성장하고 발전하는 '진정한 주민참여예산제도"를 만들기 위해 시민 참여 권한과 각 위원회의 자율성을 확대하는 방향으로 개선 방안을 지속적으로 모색하고 있다.

(1) 양적 성장과 질적 수준 향상을 도모하는 다양한 참여 기회 확대

- 주민 직접 참여 확대를 위한 동(洞) 단위 의견 수렴 구조 마련

- 다양한 계층 참여를 위한 참여예산제 설명회 및 주민 토론회 운영
- 시민의 관심 및 이해 증진을 위한 참여예산 교육 상설화 및 강화

(2) 시 자체 예산에 대한 위원회의 모니터링 및 의견 제시: 예산특별위원회를 구성하여  참여예산 사업 제안에 머물지 않고, 전체 예산 편성에 대해 의견을 제시할 수 있도록 추진할 예정

(3) 2018년도 주민참여예산제는 시민의 참여가 확대될 수 있도록 개방적인 형태로 운영할 예정이고, 예산위원회 운영에 관한 사항을 세세하게 조례로 규정하기보다 위원회가 자율적으로 결정하도록 정책 방향을 수정

(4) 실효성 있는 사업 추진을 위한 제안 사업 검토 및 위원회 심사 강화

- 효율적인 제도 운영을 위한 참여예산제 추진 체계 개선
- 제안 사업에 대한 사업 부서의 면밀한 검토 추진

(5) 주민참여예산백서 추진위원회 구성 및 운영

- 백서 발간을 위해 자율적 연락 체계 및 자료 취합, 회의록 작성
- 소관 위원회별 활동 사항 정리, 사진 촬영 등 자료 수집 및 기록
- 위원회별 운영 평가 및 위원 인터뷰, 활동 소감문 등 자료 취합
- 백서 제작 방향 설정 및 자료 정리, 편집, 발간 등 자율적 운영

(6) 주민 명예감독관 지정 운영 강화

● 추진 시기: 사업 계획 수립 단계부터 완료 시까지

● 대상 사업: 2018년 주민참여예산 사업(주민 생활과 밀접한 주요 사업)

● 주관 부서: 소관 사업 담당 부서

● 운영 목적: 제안자와 소통하는 사업 추진으로 제안 취지에 맞는 사업 집행 및 민원 대립이나 현장 여건에 따른 효과적인 사업 추진

● 운영 방법

- 제안자를 명예감독관으로 지정, 사업 추진 과정에 참여

⇒ 제안자가 부득이하게 참여를 원치 않을 경우 참여예산위원의 적극 참여

- 사업 계획 수립 단계에서 명예감독관으로 지정 · 운영

(명예감독관 지정 및 사업 개요, 활동 안내 공문 발송: 사업 부서)

- 사업 관리 카드에 명예감독관 지정 현황 관리

**【주민 명예감독관 역할】**

- 사업 제안 내용 및 부서 검토 의견 사전 파악
- 사업 계획 점검(사업 시기, 사업비, 수혜 대상자 등)
- 사업 현장 주민 불편 사항(문제점, 역민원 등) 파악
- 당초 계획에 맞게 사업 시행 여부 점검 등

### 2018년 주민참여예산제 주요 일정

| 구분 | 주요 내용 | 비고 |
|---|---|---|
| 1월 | 제4기 주민참여예산위원회 위촉식(59명): 1. 17(수)<br>운영 계획 수립을 위한 주민참여예산 시 · 구 임원회의 개최<br>2018년 주민참여예산 운영 계획 수립 및 공고 | |
| 2월 | 위원 역량 강화 시 · 구 순회교육(5회): 2. 2(금) - 2. 8(목)<br>주민참여예산위원회 합동 워크숍 개최: 2. 27(화) - 2. 28(수)<br>위원회별 「테마스쿨」 운영: 2 - 9월<br>주민참여예산제 백서 제작 발간: 2 - 6월 | |
| 3월 | 2018년 주민참여예산 청소년위원회 위원 모집(40명 이내)<br>찾아가는 예산 제안 설명회 및 우리 동네 3일간의 유람: 3 - 4월<br>주민참여예산 사업 홍보 및 캠페인 전개: 3 - 5월<br>참여예산위원 역량 강화 상설 교육(심화 과정): 3 - 6월 | |
| 4월 | 참여예산 주요 사업 상반기 현장 모니터링 실시: 4 - 5월<br>청소년 예산학교 및 청소년위원회 상상 워크숍 | |
| 5월 | 청소년 예산 제안 설명회 및 의견 수렴 활동<br>주민참여예산 사업 제안 접수(집중 기간): 5. 31한<br>주민참여예산 제안 사업 적격성 사전 검토: 5 - 6월<br>2019년 예산 편성을 위한 주민 설문 조사: 5 - 7월 | |
| 6 - 7월 | 주민참여예산 제안 사업 부서 검토: 6. 30한<br>구 지역회의 현장 확인 및 심의: 6 - 7월<br>시 분과위원회 현장 확인 및 심의: 6 - 7월<br>청소년위원회 운영(청소년 제안 사업 심의): 6 - 7월 | |
| 8월 | 청소년위원회 예산 제안 발표회: 8월 초<br>시 위원회 심의(우선순위 사업 최종 확정) | |
| 9월 | 시 주요 사업 및 신규 사업 대상 예산 의견서 제출: 9 - 10월<br>주민참여예산 우선순위 사업 부서별 예산 요구 등록<br>참여예산위원 역량 강화 상설 교육(기초 과정): 9 - 12월 | |
| 10월 | 참여예산 주요 사업 하반기 현장 모니터링 실시: 10월 | |
| 12월 | 주민참여예산제 활동 성과 보고회 개최<br>2019년도 주민참여예산 편성(안) 의회 심의<br>2019년도 주민참여예산 반영 결과 공개: 12월 말 | |

## 수원시 주민참여예산 제안 사업 심의 운영 체계

### 1) 운영 체계

| 제안 사업 접수 | 적격성 사전심사 | 제안 사업 부서 검토 | 반영 대상 사업 지역 의견 수렴 | 위원회 심의 · 조정 | 최종 심의 |
|---|---|---|---|---|---|
| • 인터넷<br>• 제안서<br>• 제안 설명회 | • 접수 부서<br>• 위원회 | • 법령, 조례 확인<br>• 타당성, 실효성<br>• 현장 확인 등 | • 지역 시의원 및 지역 주민 의견 | • 구 지역회의<br>• 분과위원회<br>• 청소년위원회<br>(제안 사업 심의 및 현장 실사) | • 시 위원회 |
| 2018. 5. 31한 | 5 - 6월 | | | 6 - 7월 | 8월 |

### 2) 참여예산 사업 적격성 사전 심사

(1) 운영 목적: 참여예산제 취지에 맞는 사업 선정과 효율적인 제도 운영을 위해 사전 심의 절차 진행

(2) 운영 방법: 접수 기관 사전 검토(시 · 구별 진행) 후 위원회 적격성 사전 심사를 통해 제안 취지에 부합하지 않는 사업 제외

⇒ 위원회 사전 심사 결과 부적격 사업은 부서 검토 및 심사 대상에서 제외

(3) 부적격 사업 사전심사위원회 구성 · 운영(한시적 운영)

- 운영 시기: 5 - 6월
- 구성: 11명

【부적격 사업】

- 중기지방재정계획 반영 및 투자 심사 대상 사업(20억 원 이상 투자 사업, 1억 원 이상 행사성 사업)
- 시 자체 계획에 의해 순차적으로 추진되는 사업(CCTV 설치 사업 등)
- 위탁 · 보조 사업, 국 · 도비 보조 사업
- 특정 개인이나 단체의 이익을 위한 사업
- 인건비, 행정 운영 경비, 법적 경비 등
- 예산을 수반하지 않는 일반 민원 성격의 사업
- 타기관(경찰서, 교육청 등) 소관 사업

- 시 위원장 · 부위원장 · 총무, 분과위원장, 분과위원회별 추천 1인

  ※ 구 지역회의는 구별 자체 운영 계획에 의해 사전 심사 추진

(4) 제안 사업 부서 검토: 사업 소관 부서 및 예산 부서

- 법령, 조례, 사업 타당성, 실효성 등 제안 사업에 대한 부서 검토
- 제안자의 취지 및 제안 사업 구체화, 현장 확인 등 제안 내용 확인
- 사업량 및 사업비 산출
  - 건설 사업(도로, 교통, 녹지 등)의 경우 위치도 및 현장 사진 첨부
- 제안 사업 부서 검토서 작성 확인(시 · 구 참여예산 및 예산 담당)
  - 검토 의견 및 사업비 산출 적절성(세부 산출 내역 등 기준 단가) 확인

(5) 반영 대상 사업 지역(시의원, 주민) 의견 수렴: 사업 대상지 행정동

- 대상 사업
  - 주민 생활과 밀접한 주요 사업(건설, 도로, 교통, 녹지 등)
  - 이해관계 대립 및 폭넓은 지역주민 의견 수렴 필요 사업

- 운영 방법: 사업 대상지 소관 행정동에 검토서 송부 의견 수렴
- 주요 내용
  - 제안 사업에 대한 지역주민 및 시의원 의견 수렴 제출(해당 동)
  - 개인이 아닌 지역 대다수 주민의 공통 의견 기재
  - 위원회 심의 시 의견 청취 결과를 바탕으로 우선순위 사업 심의 · 조정

## 경기도 시흥시

**【주요 특징】**

- 시흥시는 2011년 주민참여예산제도가 의무화된 시점보다 약 1년 늦게 제도를 실시하였지만 참여예산학교 운영, 위원회 운영(분과위원회 포함) 등 참여예산의 운영 방식 면에서 다른 지방자치단체와 차별성 있는 시흥형 참여예산 모델을 구축하고자 노력하고 있다.
- 매년 주민참여예산 운영 규모(예산, 대상 사업)를 지속적으로 확대해 왔고, 그 과정에서 사업 제안 및 편성 사업 수도 함께 증가하였다.
- 특히, 동 지역회의의 역할과 권한을 지속적으로 확장시키면서 참여예산의 단위지역과 시 간의 연계 강화를 도모한 점이 돋보였다.
  - 2015년, 2016년에는 지역 단위의 참여예산 기반을 구축하기 위해 동별로 2억 원씩의 예산을 배정하여 동 지역회의의 위상과 자치 분권의 기틀을 강화하였다.
- 일반적으로 주민참여예산위원회의 분과를 주제별로 구성하는 데 비해 시흥시는 기능별로 분과를 구성하여 명확한 역할을 제시함으로써 참여예산제도의 안정적 정착을 이루었다(기획홍보분과, 지역예산분과, 정책예산분과(교육문화 · 도시환경 · 주민복지)로 구성).
- 2016년부터 청년 제안 사업이 새로이 추가되었고, 단년도 사업의 한계를 극복하고자 참여예산 대상에 다년도 사업도 선정이 가능하도록 조치하였다.

### 개요 및 특징

시흥시는 2018년 현재 인구 427,169명의 기초자치단체로서 예산 총액 18,907억 원, 17개 행정동으로 구성되어 있다. 시흥시 참여예산제도의 추진 경과는 다음과 같다.

(1) 2012년 8월 시흥시 주민참여예산제 운영 조례 전부 개정

- 예산학교, 사회적 약자, 회의 등 규정 추가

(2) 2013년 참여예산위원회 구성 인원 확대(전문 분야 추천과 공모) 및 분과위 구성

(3) 2014년 조례 개정

- 시장의 책무 추가, 성평등 사항 추가
- 지역회의 재구성 및 청소년위원회와 참여예산연구회 구성
- 모니터링, 지역회의 월 1회 개최
- 찾아가는 예산학교(동 지역별 개최)

(4) 2015년 분과위 재조정(지역예산분과, 정책예산분과, 기획홍보분과)

(5) 2015년 참여예산 규모(50억 원) 증액 및 동별 2억 원(전국 최대) 자율 결정 실링 배분

- 동별로 2억 규모 자율 편성(34억 원)
- 주민 제안 사업(6억 원)
- 시 단위 정책 제안 사업(8억 원)
- 청소년 제안 사업(2억 원)

(6) 2016년 청소년위원회 이외에 청년 제안 사업 추가 및 다년도 제안 사업도 선정 가능

## 참여예산 추진 체계 및 운영 현황

(1) 위원 현황: 시참여예산위원 50명(동별 각 15명 지역위원, 총 220명 별도)

시흥시 주민참여예산 제도 변화(2012-2016년)

| 구분 | 2012년 | 2013년 | 2014년 | 2015년 | 2016년 |
|---|---|---|---|---|---|
| 제도 | 조례 개정 | | 조례 개정 | | |
| 위원 구성 | 참여예산위원회, 지역회의 위원회 구성 | 참여예산위원회 구성 인원 확대(전문 분야별 추천+공모) | 지역회의 재구성(2개 신설 동) 청소년위원회 연구회 | 분과위원 재조정/40명 지역예산분과(17), 정책예산분과(8), 기획홍보분과(8) | 추가 위촉 / 50명 지역예산분과 17 정책예산분과 14 기획홍보분과 12 |
| 예산 규모 | 25억 주민 자율 사업(1)/주민 제안 사업(24) | 30억 지역 및 동 단위 사업(20)/시 전체 정책 사업(10) | 35억 동 단위 지역 사업(25)/시 단위 정책 사업-시 전체(9)/청소년(1) | 50억 동 단위 지역 사업-동실링(34), 주민제안(6)/시 단위 정책사업-주민 제안(8), 청소년(2) | 50억 동 단위 지역 사업(34)/시 단위 정책 사업-공모 주제(12), 청소년(2), 청년(2) |
| 운영 | 주민 자율 사업 | 분과 구성 | 동별 0순위 사업 지역회의 평가 | 동실링제 시작 | 공동체 사업 구분 다년도 사업 신청 정량평가 추가 |
| 교육 | 참여예산학교 | +참여예산위원 워크숍 | +찾아가는 예산학교(동 지역회의별) | +지역회의리더양성워크숍(지역회의 운영 메뉴얼) | +지역회의리더워크숍/시간강사 양성 |

(2) 운영 시기: 상시 운영

(3) 의결: 재적위원 과반수 출석 개의, 출석위원 과반수 찬성 의결

(4) 주요 기능

- 주민 의견 수렴을 위한 설명회, 공청회, 토론회 등의 개최
- 지역회의 등에서 제출한 주민 참여 예산안 심의 · 조정
- 주민참여예산제도의 홍보와 교육 활동
- 예산 편성과 관련하여 시장이 회의에 회부하는 사항

● 위원회 운영과 관련하여 위원장이 회의에 부치는 사항

(5) 분과위원회 구성 및 운영: 5개 분과

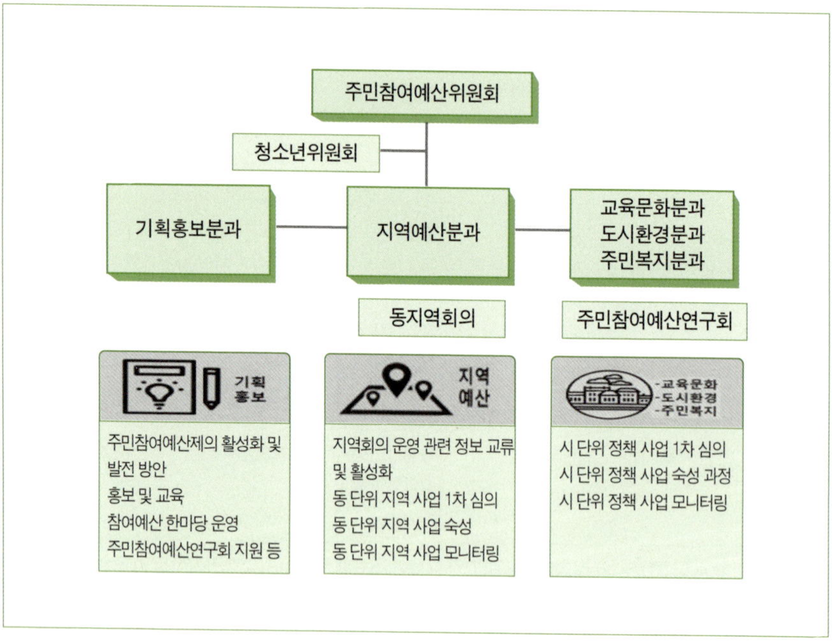


## 핵심 성과 및 특징

### 1) 2017년 사업 선정 결과

(1) 2012년 47건이던 제안 사업 건수가 2017년 584건으로 10배 이상 증가하였고, 참여예산으로 최종 선정된 사업은 2013년의 최종 선정 32건(22억 6천만 원)에서 2017년의 122건(43억 9천만 원)으로 크게 증가하였다.

시흥시 주민참여예산 사업 수 및 예산

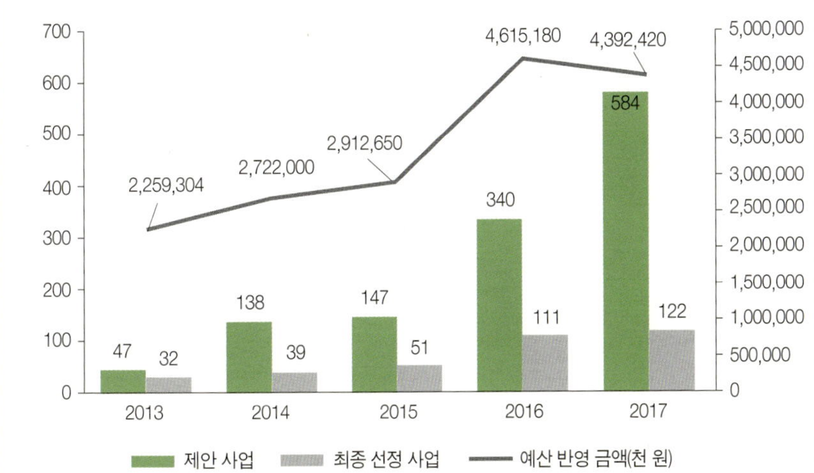


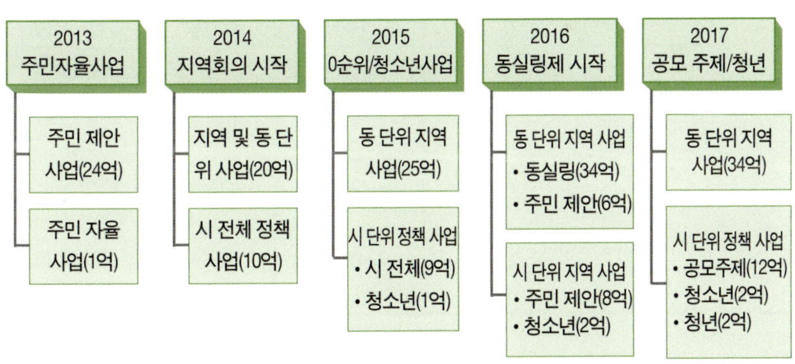


(2) 2015-2016년도 동별로 주민참여예산 전반의 과정을 운영할 수 있는 기반을 제공하기 위해 동별로 2억 원씩 배정하는 파격을 보였고, 사업 집행권을 동으로 이관하는 등 지역회의의 위상은 점점 강화되었다.

**주민참여예산 제도 변화(2012 - 2016년)**

| 구분 | 2012년 | 2013년 | 2014년 | 2015년 | 2016년 |
|---|---|---|---|---|---|
| 지정 예산 | 없음 | 20억 | 25억 | 34억+6억 | 34억 |
| 위원 구성 | 지역예산분과(12명) | | 14명 | 17명 | 17명 |
| | 161명 / 15개 동 | | 192명(신임 93, 연임 99) 신설 동(2) | 동별 15명 이내 (최소 10명 이상) | |
| 운영 방식 | | 위원 공개 모집 | 월1회 회의 정례화 기능 명확화 | 지역회의 메뉴얼 운영 계획 주민총회 | |
| 특징 | 오픈 제안 | | 0순위 사업 지역회의 운영 평가 | 동실링제 | 사업 집행 동 이관 |

## 2017년 주요 개선 방향

(1) 지방자치와 분권을 통한 참여 민주주의를 실현하고, 열린 참여와 주민에게 더 많은 권한을 주는 참여예산제도를 만들기 위해 동 지역회의를

활성화하고 체계적이고 지속적인 교육을 추진함.

(2) 동 지역회의 자체 운영 계획 수립

- 지역회의 자체 운영 계획 수립을 통해 안정적인 지역회의 운영 도모
- 자체 운영 계획 시 위원회 제출: 2017. 4월
- 자체 운영 계획 내용
  - 공모 공고, 제안 사업 접수, 예비 심사(제안, 민원 등 점검), 제안 사업 관련
  - 부서 검토, 사전심사(현장 확인 등), 본심사(공청회, 설명회, 주민 투표 등 지역 주민 의견 수렴 과정 필수) 방안 등

(3) 동 지역회의와 마을공동체(동 유관단체 등) 연계 모색

- 동 지역회의를 마을공동체(동 유관단체(주민자치위원회 등))와 연계 실시
- 마을 단위 종합 계획 수립
- 동 지역회의와 동 유관단체(주민자치위원회 등) 공감대 형성을 위한 간담회 실시
- 전문가, 동 지역회의 위원, 주민자치회(위원회) 위원 등 열린 포럼 개최

(4) 참여예산위원 활동 역량 강화를 위한 교육

- 주민참여예산 기본 교육
- 지역회의 리더 양성 워크숍
- 참여예산 시민강사 양성 교육
- 찾아가는 예산학교 운영
- 주민참여예산위원회 위원 워크숍 등 실시

시흥시 주민참여 예산학교

34

# 군 기초 자치단체

**【주요 특징】**

- 군 단위 참여예산제도는 대부분 기존 예산 편성 과정에서의 의견, 여론 조사에서 크게 벗어나지 못하고 있고, 참여예산위원회도 연간 한두 차례 회의를 통해 형식적으로 사업을 결정하는 권한을 행사하는 수준에서 실시되고 있다.
- 참여예산제도가 특히, 군 단위에서 제대로 자리를 잡지 못하는 이유는 다음과 같다.
  - 구조적으로 재정의 상태와 역량이 취약하다. 예를 들어, 전체 예산 규모 중 자율적으로 편성할 수 있는 정책사업비의 비중이 절대적으로 작다(군은 평균적으로 20% 내외의 재정자립도를 보이고 있다).
  - 전반적으로 인구가 과소한 반면 행정의 구역과 수비 범위가 넓은 상황에서 직접 대면 활동(모임 등)을 주로 하는 참여예산 과정이 효율적으로 시행되기 어렵다.
  - 특히, 높은 수준의 고령화로 인해 행정에 대한 참여의 의지나 인식이 낮은 점을 지적할 수 있다.
- 이와 같은 환경적 특성을 고려할 때, 군 단위의 참여예산제도에 대하여는 앞서 선정한 도시형 참여예산제도와 직접적으로 비교하여 우수 사례를 발굴하고 소개하는 것은 적절하지 않은 측면이 있다.
- 이 책에서는 위와 같은 환경적 특성과 제도적 한계를 인식하면서 다음과 같은 측면에 초점을 두고 군 단위 참여예산제도의 우수 사례를 제시하고 있다. 그것은 각종 제약 조건

에도 불구하고 다양한 제도적 모색을 통해 참여예산의 취지와 기능을 내실화하기 위한 거시 · 미시적 시도와 노력(주민 참여의 과정 및 방법과 관련된 사항) 부문이다. 구체적으로 다음의 사례도 이에 맞춰 조사하고 제시하였다.

- 완주군은 어린이와 청년 등 다양한 연령대의 주민이 참여하는 구조를 갖추었고, 읍 · 면 중심의 참여 구조를 활성화시킨 사례이다.
- 옥천군은 군지역에서 드물게 전체 예산에 대한 의견서를 제출하는 곳이며 읍 · 면 단위 중심의 지역위원회를 활성화시키고 있다.
- 거창군은 12개의 읍 · 면 주민센터의 민원실을 활용하여 참여예산 사업 공모와 의견 수렴을 활성화시키고 있다.

## 전라북도 완주군

### 1) 추진 개요

완주군의 가장 중요한 특징은 다양한 주민 참여의 방법을 모색하고 시도했다는 점이다. 현재 완주군은 2018년 3월 말 기준 인구 95,296명, 예산 총액은 6,019억 원인 3개 읍 10개 면의 기초 자치단체이며 참여예산제도의 추진 경과는 다음과 같다.

(1) 2009년 5월 주민참여예산제 운영 조례 제정

(2) 2010년 주민참여예산제 운영

- 현안 사업 의견 수렴 위한 주민 설문 조사 및 토론회 실시

(3) 2014년 주민자율편성예산제로 개선 운영

■ 각 분과 운영 부서의 추천을 받은 초 · 중 · 고생, 청년, 지역 기반 현장 활동가 등 다양한 연령대가 참여하는 위원회를 구성하여 생생한 목소리를 경청하고 의견을 수렴하여 군민과 공감하고 소통하는 장 마련

- 읍면별 총액한도제 운영 및 읍 · 면 토론회 실시

(4) 2017년 5월 주민참여예산제 운영 조례 전부 개정

- 주민참여예산제 운영 조례 시행규칙에 있는 위원회 구성, 기능 등 위원회 운영 사항을 완주군 주민참여예산제 운영 조례로 격상 신설
- 군 정책 사업, 읍 · 면 단위 지역 사업 선정 이원화로 군위원회, 읍면 위원회 역할 및 사업 선정 절차 명확화 위한 근거 마련

(5) 2017년 5월 주민참여예산 군위원회 위원 위촉

- 군위원회: 3개 분과 20명(군정책(9명), 청년(5명), 아동청소년(6명))
- 읍면위원회: 13개 읍 · 면 125명

(6) 2017년 6월 2018년 주민참여예산 사업 공모

- 공모 분야를 소규모 지역 개발 사업에서 군정 핵심 정책 사업까지 확대
  - 군 정책 분야: 일자리, 문화예술관광, 사회복지 분야 등

- 청년 분야: 청년 권익 증진, 교류, 소통, 활동 등
- 아동청소년 분야: 아동청소년 교육 사업

(7) 2017년 6월 권역별 주민참여예산학교 운영 예산설명회, 위원 교육 등

(8) 2017년 8월 주민참여예산 읍 · 면 토론회 개최

(9) 2017년 9월 주민참여예산 군 정책 사업 발표회 개최

## 2) 주민 참여 체계의 특징

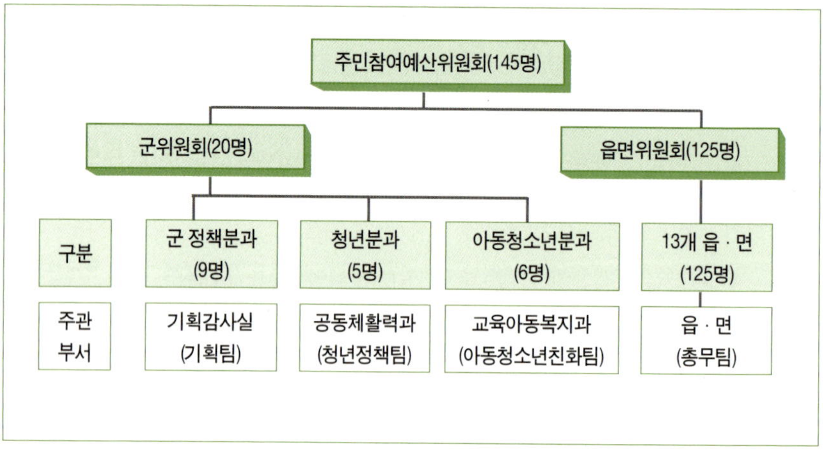


(1) 다양한 연령대가 참여하는 군 주민참여예산위원회

군민이 주인공으로 군민 중심 군정 운영 확대를 위해 2017년 5월 완주군 주민참여예산제 운영 조례를 개정하여 군 정책분과, 청년분과, 아동청소년분과로 3개 분과를 운영하는 군 주민참여예산위원회를 구성

- 일시: 2017. 5. 26

● 내용: 완주군 주민참여예산 위촉(3개 분과: 군 정책, 청년, 아동청소년)

(2) 아이들의 목소리를 들어주는 '어린이 의회' 운영

어린이들의 의견을 경청하고 의견을 말할 수 있는 기회를 제공함으로써 어린이들이 생활하는 모든 영역의 의사 결정 과정에 체계적으로 참여하는 것을 촉진하고, 지역사회에 대한 관심과 권리의 주체로 성장할 수 있는 환경을 조성함. 또한 아동청소년 분야 주민 참여 사업 제안, 발굴 등을 통해 민주주의 자치 역량 강화 도모

● 운영: 2016. 4월 -

● 대상: 초등학생 5-6(어린이 의회), 중고등학생(청소년 의회)

▮ 어린이 · 청소년 의회 운영 계획

▮ 어린이 의회 발대식

(3) 청년정책네트워크단 운영

청년 관련 다양한 정책 제안, 의견 수렴, 창의적인 젊은 인재의 도전과 실험 정신을 군정에 반영하기 위해 완주군 청년 기본 조례를 제정하고 45명 5개 분과(일자리 · 창업, 문화 · 교육, 농업농촌, 주거 · 복지, 참여 · 소통)를 2017년 4월부터 운영하고 있으며 네트워크 단원 중 군 주민참여예산위원회 청년분과 위원으

■ 청년네트워크단 출범식

■ 청년 정책 워크숍

로 5명 활동

- 출범식: 2017. 5. 19
- 주민참여예산 워크숍: 2017. 6. 16

| 구분 | 기간 |
| --- | --- |
| • 2019년 주민참여예산 사업 공고 | 2018. 3. 15 |
| • 2019년 예산 편성 주민참여예산 제안 접수<br>(군 정책 · 청년 · 아동청소년, 읍면위원회<br>– 방문, 우편, 홈페이지<br>• 주민참여예산학교 운영<br>(군 정책 · 청년 · 아동청소년 분과 워크숍 I ) | 2018. 3. 15<br>- 5. 31 |
| • 사업탄탄 워크숍<br>(군 정책 · 청년 · 아동청소년 분과 워크숍 II)<br>* 사업 제안자 분과 워크숍 참석<br>• 군 분과위원회 1차 심의 | 2018. 6. 1<br>- 7. 31 |
| • 읍면 주민참여위원회 1차 심의 | 2018. 6. 14<br>- 6. 22 |
| • 요구 사업 현지 점검 및 타당성 조사<br>(담당 사업 부서) | 2018. 7. 1<br>- 7. 13 |
| • 읍면 토론회 개최<br>군 · 읍면 주민참여위원회 개최(2차) | 2018. 8. 1<br>- 8. 31 |
| • 주민참여예산 발표 대회(군 단위 정책 사업) | 2018. 9월 |
| • 2019년 주민참여예산 확정(군위원회) | 2018. 10월 |

## 충청북도 옥천군

### 1) 추진 개요

옥천군의 경우에는 군 기초정부 참여예산제 중에서 전체 예산에 대한 의견서 제출을 하는 곳이며 읍 · 면 단위의 지역위원회를 설치하고 있는 부분이 특징적이다. 옥천군의 2018년 3월 인구는 51,737명이고 1개의 읍과 8개의 면으로 구성되어 있으며 2018년 당초예산 기준 4,015억 원 규모의 재정을 운용하고 있다. 2017년 기준 운영 계획은 다음과 같다.

- 참여예산 주민위원회 구성: 2017. 4. 1(남 25, 여 20)
- 2017년 주민참여예산 운영 계획 수립: 2017. 7
- 2017년 주민참여예산 지역회의 운영: 2017. 8. 31한(예정)
- 2017년 주민참여예산학교 운영: 2017. 8월 중
- 2017년 참여예산주민위원회 운영: 2017. 9월 중
- 2018년 당초예산 편성: 2017. 9 예정

### 2) 참여예산 진행 체계

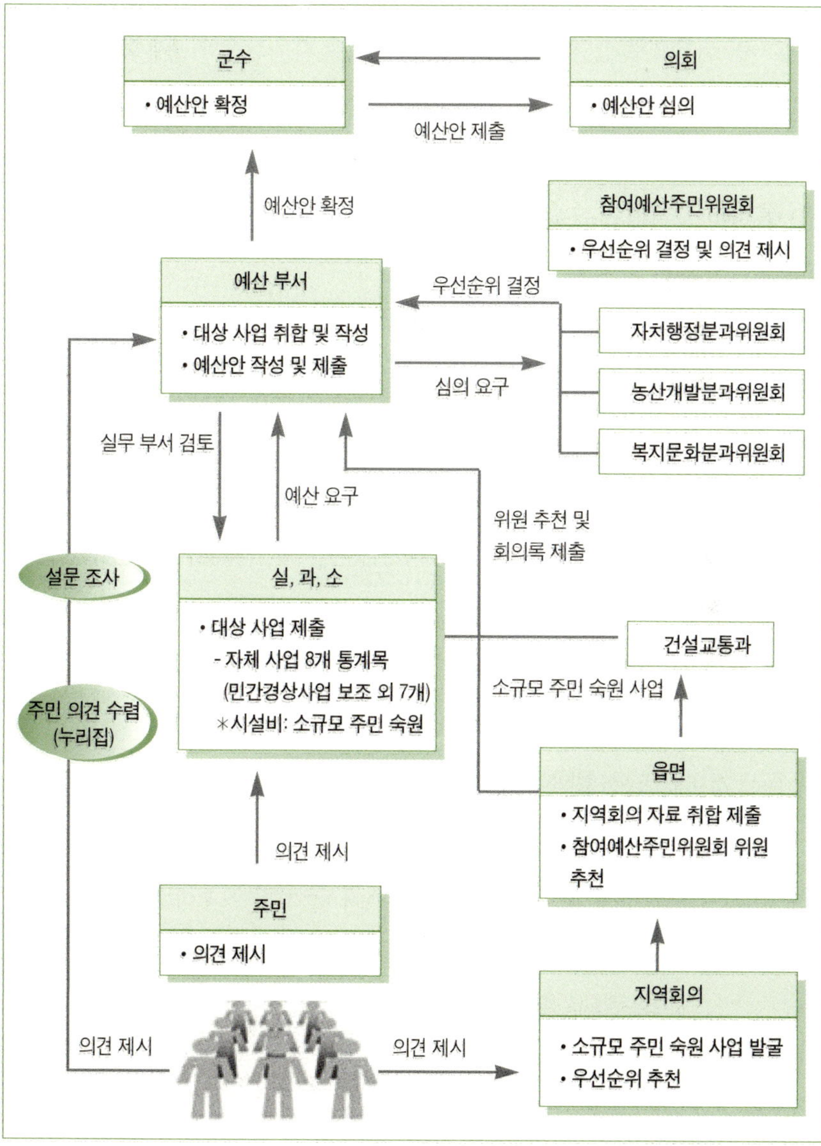
군수
• 예산안 확정
의회
• 예산안 심의
예산안 제출
예산안 확정
참여예산주민위원회
• 우선순위 결정 및 의견 제시
예산 부서
• 대상 사업 취합 및 작성
• 예산안 작성 및 제출
우선순위 결정
심의 요구
자치행정분과위원회
농산개발분과위원회
복지문화분과위원회
실무 부서 검토
예산 요구
위원 추천 및
회의록 제출
설문 조사
실, 과, 소
• 대상 사업 제출
- 자체 사업 8개 통계목
(민간경상사업 보조 외 7개)
*시설비: 소규모 주민 숙원
건설교통과
소규모 주민 숙원 사업
주민 의견 수렴
(누리집)
읍면
• 지역회의 자료 취합 제출
• 참여예산주민위원회 위원
추천
의견 제시
주민
• 의견 제시
지역회의
• 소규모 주민 숙원 사업 발굴
• 우선순위 추천
의견 제시
의견 제시

(1) 읍 · 면 단위 지역위원회 구성

전체 위원은 45명이고(2017년 기준) 참여예산 주민위원 중 25명(56%)의 위원을 읍 · 면 추천으로 선발, 위촉하여 일부 지역에 치우침 없이 9개 읍 · 면의 인구 비율로 안배하였고, 옥천군 고령 인구 비율이 25.3%인 점을 감안하여 13명(29%)의 60대 이상 고령 위원을 참여예산 주민위원으로 위촉 운영하였다. 그 외에도 읍면동 차원에서 별도의 지역위원회 위원을 위촉하여 전체 191명의 위원이 추천되어 구성되었다.

옥천군 위원회 구성 현황(2017)

| 기구명 | 인원(명) | 공모(명(%)) | 추천(명) | 당연직(명) |
|---|---|---|---|---|
| 참여예산주민위원회 | 45 | 20(44) | 25 | - |
| 분과위원회 | 45 | 20(44) | 25 | - |
| 참여예산지역위원회 | 191 | - | 191 | - |
| 계 | 236 | 20 | 216 | - |

(2) 전체 예산 편성안에 대한 의견 제시

통상 개별 공모 사업의 목록으로 대체하는 '예산 편성 과정에 있어 주민 의견 반영'의 부분을 별도로 작성하여 지방의회에 제출하고 있는 점 역시 주목할 만하다. 또한 해당 의견서 작성을 위해 별도의 군민 여론 조사를 실시하고 이를 통해 군민이 바라는 사업 우선순위를 확인하고 있다.

2017년 의견서 일부

건강하고 풍요로운 옥천

2018년도 세입세출예산안 첨부서류

**참여예산주민위원회 의견서**

옥 천 군
(기획감사실)

참여예산주민위원회 의견서
[자치행정분과]

1. 예산편성 방향에 대한 의견

○ 자치행정분과 내 상업들에 대한 전반적인 예산편성은 전년도와 비슷하게 편성되어 있으며, 사업 내용 또한 변화 없는 구성으로 사업의 추진 당위성 및 취지에 부합된다고 판단하기 어려움.
○ 사업 계획이나 사업 내용이 전반적으로 참신성을 갖는 변화는 없고, 운영비 증액에만 편중되어 있음. 사업비 신청시 단가 등에 대한 현실성 및 적정성이 미흡함. 개선이 필요함.

2. 분야별 세부 의견

가. 자치행정분야

○ 각 사회단체에서 추진하는 반복사업에 대하여 필요성, 실효성 등에 대한 재검토가 필요하며, 선택과 집중을 통해 유사·반복 사업에 대한 통합 및 성과가 높은 사업에 대해서는 추가적인 지원이 필요함
○ 과년도 사업 추진 성과에 대한 검토를 통해 지역 주민들로부터 호응을 받지 못한 사업에 대해서는 계속 추진에 대한 재검토가 필요함.

## 경상남도 거창군

### 1) 추진 개요

거창군의 참여예산제에서 차별점은 농촌형 기초정부의 특징에 맞춘 의견 수렴 절차를 다양화하는 면이다. 특히, 지역의 12개 읍 · 면 주민센터의 민원실을 활용하여 참여예산 사업의 공모와 의견 수렴을 한 것은 주목할 만하다. 거창군의 2018년 3월 기준 인구는 62,849명이고 1개의 읍과 11개의 면으로 구성된 기초정부로 2018년 당초예산 기준 5,015억 원의 재정 규모를 가지고 있다. 연간 참여예산제의 운영 절차는 다음과 같다.

참여예산제 운영 절차(2017년 기준)

| 월별 | 추진 실적 |
| --- | --- |
| 1월 | 주민참여예산제 연간 운영 계획 수립 |
| 2월 | 주민참여예산제 연간 운영 계획 통보 |
| 5-6월 | 주민참여예산학교 운영 |
| 7-8월 | 주민 의견 수렴(설문 조사 및 사업 공모 등)<br>주민참여예산위원회 구성 계획 및 구성(위원 모집은 2년마다 실시) |
| 9월 | 주민 의견 수렴 결과 담당 부서 검토 |
| 11월 | 주민참여예산위원회 위원 위촉(임기: 2017. 11. 13-2019. 11. 12)<br>주민참여예산위원회 심의(21건 / 6,457백만 원)<br>주민참여예산 편성(안) 군의회 제출 |
| 12월 | 군의회 심의 · 의결 후 주민 의견 수렴 결과 공개 |

### 2) 다양한 참여 방법의 모색

거창군은 전형적인 농촌형으로 농업 인구가 전체 인구의 38% 이상을 차지하고 있고, 65세 이상 인구는 전체의 25%를 차지하고 있다. 이러한 인구 구조의 특성상 주민참여예산제도의 효율적 운영을 위하여 읍 · 면 민원실에 직접 주민 의견을 수렴할 수 있는 창구를 운영하고 있으며, 군의원 및 주민자치위원회 등을 통해 지역별 시급성이 있는 사업을 파악 우선순위를 선정하여 예산 범위 내에서 반영하고 있다.

■ 2017년 참여예산학교 개최 모습

【읍 · 면 참여예산 안내방 운영】

- 운영 기간: 2016. 7 - 8월
- 장 소: 읍 · 면 민원실 12개소
- 내용
  - 홍보물 제작 · 배부 1,000매(읍 · 면 민원실 비치)
  - 예산 편성 과정에 주민이 참여할 수 있는 방법 안내 및 홍보
  - 예산 편성 관련 주민 의견 청취 및 관련 부서 통보

## 참고문헌


곽채기, “주민참여예산제도의 기본모형과 운영시스템 설계방안,” 『한국지방재정논집』, 제10권 제1호, 2005.

기획재정부, 『국민참여예산제 운영계획 수립방안』, 2018.

______, 『국민참여예산제 운영지침』, 2018.

______, “올해부터 국민참여예산제도 본격 시행,” 보도자료, 2018.

______, “기획재정부, 국민참여예산 첫 단추를 꿰다,” 보도자료, 2018.

김상철, “서울시 참여예산 2년차, ‘견고함’보단 ‘탄력성’이 중요하다,” 서울시 참여예산제 2년 평가 및 발전방안 검토 워크숍 발표 논문, 2014.

나중식, “브라질 알레그레시의 주민참여예산제도 – 성공요인과 한계,” 『한국행정논집』, 제16권 제3호, 2004.

대전광역시 예산참여시민위원회 회의자료, 2007년도 제2차, 2007.

박광우, “주민참여예산제도의 모형에 관한 연구,” 전남대학교 석사학위 논문, 2006.

박남춘, 『국정감사 정책자료집』, 2014.

박민정 · 최성락, “주민참여예산제도의 절차적 합리성 분석,” 『한국정책과학학회보』, 제13권 제1호, 2009.

서울시, 『주민참여예산 운영계획, 참여예산 백서』, 각 연도.

______, 참여예산학교 교재, 2017.

서정섭, “지방자치단체 유형별 주민참여예산제 운영모델,” 주민참여예산제도 활성화 대토론회(행정안전부 주최), 2018. 3.

송창석, 『서울시 주민참여예산 민관협력 추진체계 개선방안 연구』, 서울연구원, 2015.

안성민 · 최윤주, “주민참여예산제도의 경험과 성과: 5개 자치구를 중심으로,” 『한국행정논집』, 제21권 제4호, 2009.

안성민 · 임동완, “참여기구와 참여수준에 따른 주민참여예산제도의 유형과 시사점,” 『한국콘텐츠학회논문집』, 제16권 제6호, 2016.

윤성일 · 최성락, “주민참여예산제도의 절차적 합리성 분석,” 『한국정책과학학회보』, 제13권 제1호, 2009.

이강원, “주민참여예산제도 실현을 위한 현실적 과제,” 한국정책지식센터, 제51회 정책포럼 토론2, 2003.

이 호, “서울시 참여예산 시행 2년, 평가와 개선방안,” 서울시 참여예산제 2년 평가 및 발전방안 검토 워크숍 발표 논문, 2014.

임동욱, “주민참여예산제도의 현실적 한계,” 한국정책지식센터, 제51회 정책포럼 발제2, 2003.

임성일, “재정 투명성의 개념과 지방자치단체의 재정 투명성 확보방안,” 2006 지방재정 세미나 발제 논문, 한국지방재정공제회 · 한국지방재정학회, 2006.

______, “주민참여예산제도 실시의 주요 과제와 발전방안,” ‘주민참여예산제, 어떻게 운영해야 하나?’, 국회의원 유정현 정책간담회, 2011. 6.

______, “서울시 주민참여예산제도의 현재와 미래 방향,” 서울시 주민참여예산제도 세미나 기조발표, 2014.

______, “서울시 주민참여예산제도의 발전 방향,” 『서울시 참여예산 백서』, 2016.

______, “서울시 주민참여예산제도의 미래발전 방향,” 서울시 주민참여예산제도 세미나 기조발표, 2017.

임성일 · 서정섭, 『주민참여예산제도 활성화 방안』, 한국지방행정연구원, 2015.

전주상, “예산과정상의 주민참여제도에 관한 연구: 주민참여예산제도의 국내외 사례 비교분석,” 『한국정당학회보』, 제7권 제2호, 2008.

최상한, “지방정부 주민참여예산제도의 확산과 영향요인,” 『한국행정학보』, 제44권 제3호, 2010.

최인욱, 『지방자치단체 돈이 새고 있다』, 살림, 2012.

______, “2016 서울시 주민참여예산,” PPT 자료, 2016, 2017.

한국조세재정연구원, 『주민참여제 운영방안 연구』, 2018.

희망제작소 부설 자치재정연구소, 『주민참여예산제, 아직도 칠부능선을 오간다』, 자치재정 월례포럼 자료집, 2007.

Apolitical Features / Governance Citizen Engagement, “Portugal Has Announced the World's First Nationwide Participatory Budget,” October 27, 2016(http://apolitical.co/portugal-world-first-prticipatory-budget/, 2018. 1 26 접속).

Cabannes, Yves, “The Impact of Participatory Budgeting on Basic Services: Municipal Practices and Evidence from the Field,” *Environment and*

*Urbanization*, 27(1), 2015.

Community Pride Initiative, A Citizens' Budget, excox@communitypride.org.uk.

Department for Communities and Local Government(UK), *National Evaluation of Participatory Budgeting in England*, 2010.

______, *Communities in the Driving Seat: A Study of Participatory Budgeting in England*, 2011.

Engagement Global Gmbh(Y. Sintomer et al.), *Participatory Budgeting Worldwide-Updated Version, Digital Global*, No. 25, 2013.

Ling, C. and D. Roberts, "Evidence of Development from Institution Change: A Review of the Evidence on Open Budgeting," World Bank, 2014.

Nelson Dias(org), *Hope for Democracy – 25 Years of Participatory Budgeting Worldwide*, 2014.

New York City Council, *New York City Council Participatory Budgeting*(Rule Book), 2016, 2017.

OECD, *Reflections on OECD's Draft Principles of Budgetary Governance, 35th Annual Meeting of Senior Budget Officials*, 2014.

______, "Towards a New Partnership with Citizens," *OECD Public Governance Review*, 2017.

Oxfam, *Bringing Budgets Alive: Participatory Budgeting in Practice*, 2005.

Pew Research Center(A. Smith), *Civic Engagement in the Digital Age*, April 2013(http://pewinternet.org/Reports/2013/Civic-Engagement.aspx).

Pinnington, Elizabeth et al., "Participatory Budgeting in North America: The Case of Guelph, Canada," *Journal of Public Budgeting, Accounting & Financial Management*, Vol. 21, No. 3, 2009.

Röcke, Anja, "Participatory Budgeting in the UK: from the 'Grassroots' to the National Agenda," 2008.

Sintomer, Yves et al., "Participatory Budgeting in Europe: Potentials and Challenges," *International Journal of Urban and Regional Research*, Vol. 32, March 2008.

Sintomer, Y., A. Röcke, and C. Herzberg, *Participatory Democracy and Public Service Modernisation: A Survey of European Participatory Budgeting*

*Institution*, Ashgate, Franham, 2011.

Stotsky, J., "Gender Budgeting," IMF Working Paper, 06/232, 2006.

Tanaka, Susan, "Engaging the Public in National Budgeting: A Non-Governmental Perspective," *OECD Journal on Budgeting*, Vol. 7, No. 2, 2007.

The Democratic Society(The Scottish Government), Digital Tools and Scotland's *Participatory Budgeting Programme*, February 2016.

The Scottish Government, "Community Choices Fund"(http://www.gov.scot/Topics/People/engage/CommunityChoicesFund).

*Time*, "How Would Students Spend the Principal's Money?," 2015(http://time.com/3740510/phoenix–budgeting–experiment/, 2018. 1. 26 접속).

UN–HABITAT, *72 Frequently Asked Questions about Participatory Budgeting*, July 2004.

Urban Justice Center, A People's Budget: *A Research and Evaluation Report on Participatory Budgeting in New York City*, 2015.

Véron, Pauline, "Why Paris is Building the World's Biggest Participatory Budget," New Cities Foundation, 2015(http:/www.newcitiesfoundation.org/why-paris-is-building-the-worlds-biggest-participatory-budget/).

Wampler, B. and M. Touchton, "Participatory Budgeting: Adoption and Transformation," Making All Voices Count Research Briefing, Brighton: IDS, 2017.

World Bank, *Participatory Budgeting Toolkit for Local Governments in Albania, Social Development Team(Europe and Central Asia region)*, 2006.

______, *Participatory Budgeting*, edited by Anwar Shah, 2007.

______, "Effects of the Internet on Participation: Study of a Public Policy Referendum in Brazil," Policy Research Working Paper 7204, 2015.

Zamboni, Yves, "Participatory Budgeting and Local Governance: An Evidence-Based Evaluation of Participatory Budgeting Experiences in Brazil," World Bank working paper, 2007.